Viaje al centro de la filosofía

Divulgación

Nemrod Carrasco

Viaje al centro de la filosofía

De los sabios que miraban las estrellas al profeta que abrazaba los caballos

PAIDÓS

Obra editada en colaboración con Editorial Planeta – España

Bajo el sello editorial PAIDÓS M.R.
Avenida Presidente Masarik núm. 111,
Piso 2, Polanco V Sección, Miguel Hidalgo
C.P. 11560, Ciudad de México
www.planetadelibros.com.mx
www.paidos.com.mx

Adaptación de portada: Booket / Área Editorial Grupo Planeta
Ilustración de la portada: © Edmon de Haro

Primera edición impresa en España en Booket: marzo de 2022
ISBN: 978-84-08-25505-5

Primera edición impresa en México en Booket: julio de 2022
ISBN: 978-607-569-266-1

Impreso en los talleres de Impregráfica Digital, S.A. de C.V.
Av. Coyoacán 100-D, Valle Norte, Benito Juárez
Ciudad De Mexico, C.P. 03103
Impreso en México –*Printed in Mexico*

Biografía

Nemrod Carrasco nació en Barcelona en 1974 y es profesor de Filosofía en la Universidad de Barcelona. Se doctoró con una tesis sobre Platón y últimamente se ha especializado en temas de estética. Es el responsable del asesoramiento filosófico de *Merlí*, la serie de ficción que ha logrado despertar el interés por la filosofía entre los más jóvenes y que se ha convertido en uno de los programas televisivos más populares.

SUMARIO

¿EN QUÉ MUNDO VIVIMOS?

Decía Hegel que una de las cosas más difíciles en este mundo es decir exactamente lo que uno quiere decir. La prueba de ello es que normalmente decimos lo primero que se nos pasa por la cabeza. Muy a menudo se nos exige: «¡Di lo que piensas!», cuando lo realmente interesante debería ser lo contrario: piensa lo que dices y, tal vez así, dirás exactamente lo que quieres decir. Esto es lo primero que nos enseña la filosofía: lo difícil no es tener buenas ideas y expresarlas, sino más bien resistirnos a ellas, ponerlas a prueba, interrogarlas.

Un historiador, por ejemplo, puede afirmar con precisión que tal hecho tuvo lugar en algún momento del pasado, pero un filósofo preguntará: «¿Qué es un hecho?». Un físico constata que hay leyes en el universo, pero un filósofo preguntará: «¿Qué es el universo?». Un psicólogo puede investigar cómo aprenden a hablar los niños, pero un filósofo preguntará: «¿Qué relación hay entre las palabras y las cosas?». Cualquiera que eche un vistazo a las desgracias que suceden a nuestro alrededor, exclamará horrorizado: «¡En qué mundo vivimos!», pero un filósofo preguntará: «Eso es: ¿en qué mundo vivimos?».

La filosofía está ligada desde sus orígenes a esta pregunta tan sencilla como inocente: ¿en qué mundo vivimos? En lugar de apresurarnos y querer darle una respuesta, en lugar de opinar y dejarnos llevar por las ideas que tenemos sobre el mundo, hay que prestar atención a lo que la pregunta plantea.

De entrada, establece una separación, una distancia. Hay algo ahí que nos asombra y hace que nos comportemos como si en el mundo nada fuera evidente. El simple hecho de preguntarnos «¿en qué mundo vivimos?» nos revela que algo falla; pone de manifiesto que las cosas no parecen tan sólidas como creíamos; muestra que hay algo extraño en todo lo que nos resultaba tan familiar. En pocas palabras: nos hace sospechar de todo lo que considerábamos verdadero.

Esto es lo que distingue a la filosofía de cualquier otra forma de pensar. Se pone a buscar la verdad y de esta manera se sitúa para siempre ante nosotros en un lugar distinto de aquel otro que nos resulta tan obvio. En el fondo, la historia de la filosofía no es otra cosa que la historia de esta búsqueda que nos invita a salir de nuestro mundo hacia no se sabe muy bien qué. Si eres de los que nunca ha hecho filosofía pero está enamorado de la verdad, si tienes ganas de aventurarte en ella aunque no sepas muy bien lo que te espera, si buscas un lugar por donde empezar a pensar sin importarte mucho adónde pueda llevarte, si te sabe a poco una vida desprovista de preguntas y perplejidades, si eres de los que no quiere dejar de asombrarse, entonces te animo a realizar este viaje que ya emprendieron en algún momento los filósofos. Empecemos.

1

SÓCRATES Y PLATÓN: DEL POZO A LA FOSA

LA RISA DE LA ESCLAVA TRACIA

Una de las fábulas más conocidas de Esopo (600-564 a. C.) cuenta que un astrónomo se había impuesto como norma salir de su casa todas las noches para observar las estrellas. Una vez, cuando merodeaba por los alrededores de la ciudad con toda la fuerza de su espíritu concentrada en el firmamento, no se percató de que había un pozo en su camino y cayó en su interior. Entonces gritó de dolor y pidió socorro. Una persona que pasaba por allí oyó sus lamentos, se acercó y, viendo lo que había sucedido, le dijo: «¿Así que eres uno de esos que por querer ver lo que hay en el cielo se olvida de lo que hay en la tierra?». Esopo escribe estas palabras contra aquellos pensadores que, ensimismados en el conocimiento de las estrellas, son incapaces de atender los asuntos de la vida práctica. Expertos en lo teórico, se adentran en los misterios de los cielos, pero carecen de la habilidad necesaria para manejarse con las cosas de este mundo. Tras su reflexión se halla, pues, la crítica a quienes no se permiten descender a lo más cercano y palpable. Lo que Esopo no podía figurarse es que estaba describiendo a todos los que en el siglo v a. C. recibirían el nombre de filósofos.

En el diálogo *Teeteto*, Platón (427-347 a. C.) reproduce la misma anécdota. Pero la historia no se refiere ya a un sabio cualquiera, sino concretamente a Tales de Mileto, y su caída provoca ahora la risa de una sirvienta tracia, alegre y burlona, que no duda en ridiculizarlo. Lo que nos sugiere Platón es que quienes se dedican a la filosofía son unos tipos de lo más estrafalario: tienen una ambición teórica desmesurada (quieren preguntarlo todo: «¿por qué?», «¿por qué?» y más «¿por qué?»), pero sus resultados prácticos son más bien escasos (casi todas sus respuestas valen lo mismo que sus preguntas y no suelen servir para nada «eficaz»). No es extraño, pues, que los filósofos sean el hazmerreír de las jóvenes esclavas. Sus razonamientos no sólo chocan frecuentemente contra las evidencias del sentido común o las respetables tradiciones que la gente decente rara vez cuestiona. Por lo general, se hacen preguntas que no tienen respuesta, se creen superiores al resto de los mortales y, para colmo, todo lo que aseguran pensar carece de «realismo». Esto es lo primero que se pierde cuando se alza la vista, con terrible arrogancia y banal pedantería, hacia las estrellas mismas. Y las criadas lo saben perfectamente: cualquiera que camine de noche tiene que asegu-

rarse bien de dónde pone los pies. Por eso, los filósofos resultan tan torpes: ellos, que pretenden atrapar lo que no está a nuestro alcance y están dispuestos a iluminar lo que se encuentra por encima de nosotros, son incapaces de iluminarse a sí mismos y saber por dónde andan.

Cuando comenzamos a hacer filosofía conviene tener en cuenta esta perspectiva. Siempre hay una joven esclava que nos está mirando, que nos está recordando lo terriblemente grotesco que puede llegar a ser el filósofo cuando, pretendiendo tener una vista más aguda y penetrante que los demás, ignora que hay un mundo mucho más cercano por explorar. Esta es la primera lección del *Teeteto*: pertrechado únicamente con el conocimiento de las cosas de arriba, el filósofo no puede iluminar las cosas de este mundo. Hacer filosofía no es solamente plantearse las «grandes cuestiones de la vida», el sentido profundo de la existencia, formular preguntas trascendentales del tipo: ¿Quién soy yo? ¿Cuál es mi origen? ¿Cuál es mi destino? ¿Cuál es el sentido y el trasfondo de la vida? El problema de este tipo de interrogantes es que nos obligan a mirar en una dirección que con frecuencia nada tiene que ver con las cosas concretas de este mundo. Hacer filosofía no significa trascender, liberarnos de la triste materialidad, aproximarnos al misterio insondable de la existencia, como si el objetivo de la filosofía fuera levantar el velo que cubre el verdadero significado de las cosas. Esta es la principal advertencia que la muchacha tracia nos plantea con el eco permanente de su risa. El filósofo debe tener cuidado, si no quiere que la distancia entre los dos mundos (el de allá arriba, el de las grandes preguntas, y el de aquí abajo, el de las cuestiones concretas) se vuelva absolutamente insalvable.

LAS NUBES DE ARISTÓFANES: LA CARCAJADA SE HACE VIRAL

Hay un momento en el que la carcajada de la joven esclava se transforma en una burla colectiva. Un personaje cómico por naturaleza como es el del filósofo no podía pasar desapercibido para los humoristas de la época. En *Las nubes*, una de las comedias más célebres de la Atenas de finales de siglo v a. C., Aristófanes (444-385 a. C.) se ríe con desvergonzada crueldad de todos sus pensadores, pero especialmente de Sócrates: parodia sus aptitudes intelectuales hasta el ridículo y le presenta como el dueño de una academia que se dedica a maquillar la verdad mediante la retórica y la tergiversación deliberada de los discursos. En ese centro formativo hay de todo: alumnos que investigan cuánto puede saltar una pulga por sí sola, Sócrates mismo colgado en lo alto de una cesta para estudiar mejor las estrellas, una deidad llamada las Nubes a la que se adora como única divinidad realmente existente... El Sócrates de Aristófanes discursea sobre los cielos y enseña a la gente a ganar cualquier pleito, aunque sea empleando métodos deshonestos. Probablemente sea un hombre capaz de aunar la vida contemplativa con la enseñanza de la retórica, pero se comporta como un idiota ejemplar. Hoy representaría un tipo muy característico de estupidez: el del individuo aparentemente inteligente que «no se entera de nada», que puede saber muchas cosas, pero que es incapaz de captar el contexto que habitualmente acompaña cualquier situación.

Para ilustrar todo esto, las comedias de Aristófanes se sirven tradicionalmente de dos personajes fundamentales: el *eiron* y el *alazon* (lo que llamaríamos «el chico listo» y «el chico tonto»). El primero tiene una forma de actuar muy característica: se hace preguntas a sí mismo y pregunta igualmente a los

demás. El segundo, por el contrario, actúa como un fanfarrón, un sabiondo. Mientras el primero disimula su conocimiento, el otro lo finge y alardea. Aristófanes tiene muy claro qué papel representa Sócrates: es el chico que se hace pasar por listo cuando en realidad es bien tonto. El problema de las personas como Sócrates es que se empeñan en saber más que nadie acerca de todo lo imaginable, aunque en realidad no son más que unos charlatanes. Vendedores de palabras huecas, los filósofos no se privan de dar lecciones sublimes de moral: fingen conocer la vida humana, pero detentan un saber que no se preocupa ni lo más mínimo de ella. Especialistas en un conocimiento que no sirve absolutamente para nada, son la viva encarnación del *alazon* por excelencia. Esta es la visión general que la comedia ateniense nos ofrece de la filosofía.

APOLOGÍA DE SÓCRATES: EL CHICO LISTO SE HACE PASAR POR TONTO

Hacia principios del siglo IV a. C., Platón escribe la *Apología de Sócrates*, un discurso sencillo y lleno de orgullo en el que trata de defender a su maestro de las acusaciones de impiedad y corrupción a la juventud que amenazan con condenarlo a muerte. Estamos en el año 399 a. C., en la ciudad de Atenas. Sócrates se defiende, sin rodeos ni artificios, dispuesto a decir la verdad y a exponer su inocencia ante el tribunal formado por los ciudadanos. Ahora ya no se representa ninguna comedia. El filósofo se ha hecho insoportable en un grado máximo y se le debe castigar con la muerte. Hace tiempo que le tienen ganas a Sócrates: por fin va a ser juzgado, por fin han encontrado la excusa perfecta... Se dice que es un sabiondo, un maestro de la oratoria, un experto en el dominio del lenguaje, capaz de conocer los múltiples significados de las palabras, de destacarlas y ocultarlas en un juego cuyas reglas maneja a la perfección. Se comporta como el líder de una secta, persuade en pro de su propio interés, se aprovecha de los jóvenes... En *Las nubes*, Aristófanes podía aún ridiculizar al filósofo porque no se lo tomaba en serio. Pero el Sócrates que nos describe Platón se ha convertido en un personaje peligroso para el orden de la ciudad. Aquí ya nadie se ríe: Atenas quiere librarse de Sócrates, de este terrible y despreciable *alazon* que corrompe a los jóvenes y emponzoña la ciudad contaminándola con falsos dioses.

Pero ¿qué es lo que hace Sócrates para suscitar esta reacción tan airada? Sócrates molesta porque pregunta, pero no acerca de las cosas del cielo, sino sobre las cosas de la ciudad. Pone así de manifiesto hasta qué punto nuestras convicciones son contradictorias y nuestras creencias, insostenibles. Con Sócrates al lado, todas esas opiniones que creemos tener bien arraigadas se desvanecen con sólo ponerlas en duda. Su pasión por la pregunta nos deja inermes, desposeídos de nuestros puntos cardinales, sin anclas ni rumbo. Eso es lo que hace Sócrates cuando se pone a interrogarnos: nos hace pasar por el duro trance de perder nuestras certezas más firmes, como si nos arrebatasen todo lo que nos proporciona seguridad. No es extraño que la relación entre el filósofo y la ciudad se haya tensado. Sócrates no se limita a aceptar las cosas como son: es un tipo irritante que no deja de preguntar y de ponernos en evidencia. Se comporta de la única manera que sabe. Así lo cuenta Platón en la *Apología*:

> En efecto, atenienses, yo he adquirido el renombre de sabio por una razón distinta a la que se me atribuye. De mi sabiduría, si hay alguna y cuál es, os voy a presentar como testigo al dios que está en Delfos. Una vez Querefonte estuvo allí y tuvo la audacia de preguntar al oráculo si había alguien más sabio que yo. Apolo le respondió que nadie era más sabio. Así pues, tras oír yo estas palabras reflexionaba así: «¿Qué dice realmente el dios y qué indica en enigma? Yo tengo conciencia de que no soy sabio, ni poco ni mucho. ¿Qué es lo que realmente dice al afirmar que yo soy muy sabio? Sin duda, no miente, no le es lícito». Y durante mucho tiempo estuve yo confuso sobre lo que en verdad quería decir. Más tarde, me dirigí a uno de los que parecían ser sabios, en la idea de que, si en alguna parte era posible, allí demostraría que el oráculo no era verdadero. Ahora bien, cuando lo hice, experimenté lo siguiente: me pareció que otros muchos atenienses creían que ese hombre era sabio y, especialmente, lo creía él mismo, pero no lo era. A continuación intentaba yo demostrarle que él creía ser sabio, pero que no lo era. A consecuencia de ello, me gané la enemistad de él y de muchos de los presentes.[1]

Apolo le dijo a Sócrates que era el hombre más sabio de la ciudad. Aunque en ningún momento se plantea la posibilidad de que el dios mienta, nada resulta más oscuro que sus palabras. De ahí que, para Sócrates, el único modo de descifrar el mensaje de Apolo sea el de confrontar su propia sabiduría con la de quienes, en un aspecto u otro, son reconocidos como sabios por la ciudad. Si Sócrates quiere saber si es sabio, tiene que interrogar a los que supuestamente saben. De entrada, resulta obvio que muchos atenienses saben más que Sócrates: hay artesanos que dominan con maestría su oficio, poetas que disponen de una extraordinaria capacidad lírica, políticos sumamente hábiles en dirigir los asuntos de la ciudad. Muchos de ellos se creen sabios. Ahora bien, todo eso que dicen saber, ¿tiene algo que ver con la sabiduría?

Esto es precisamente lo que va descubriendo Sócrates. A medida que pregunta a los artesanos, a los poetas y a los políticos, se da cuenta de que aquellos que se creen más sabios, no lo son. Y al mismo tiempo, parece comprender mejor el mensaje de Apolo: en el fondo, los sabiondos son ellos. Esos hombres se las dan de sabios, pero jamás se han preguntado qué significa saber. No tienen idea de lo que hablan cuando dicen que saben; en cambio, Sócrates dice: «Sólo sé que no sé nada». Esto es lo que diferencia la sabiduría de Sócrates de la del resto de los ciudadanos, lo que hace que se describa una y otra vez como «ignorante», recordando en todo momento que el único conocimiento que le caracteriza es su propia ignorancia. No es casualidad que Platón invierta las posiciones de Aristófanes: Sócrates se hace pasar ahora por el chico tonto (*alazon*) que no sabe hacer otra cosa que preguntar, cuando en realidad es el chico listo (*eiron*): al reconocer su propia ignorancia, muestra la ignorancia de los demás con respecto a la auténtica sabiduría. Lejos de impartir un conocimiento verdadero, la interrogación socrática nos enfrenta con la incoherencia de nuestros propios saberes, cuestiona aquellas creencias compartidas que usamos cada día sin pensar y sacude todas nuestras contradicciones hasta el punto de hacernos estremecer. Como un tábano para una manada de caballos poderosa pero indolente, así es Sócrates para la ciudad:

> En efecto, si me condenáis a muerte, no encontraréis fácilmente, aunque sea un tanto ridículo decirlo, a otro semejante colocado en la ciudad por el dios como un tábano a un caballo que, aunque grande y noble pero un poco lento por su tamaño, necesita ser despertado con aguijón. Según creo, el dios me ha colocado junto a la ciudad para una función semejante, y como tal, despertándoos, persuadiéndoos y reprochándoos uno a uno, me posaré en todas partes durante todo el día.[2]

Sócrates ataca a los que creen que saben y lo hace sin ofrecer a cambio ninguna creencia u opinión alternativa. No puede descartarse que esta sea una de las principales razones por las cuales Sócrates no dejó en vida ningún escrito. Al fin y al cabo, Sócrates no tiene nada que explicar, no tiene teorías que presentar. Es el tábano que arroja sobre la ciudad la manzana de la discordia. Su aguijón provoca el estallido de una ira salvaje. Pero también puede despertar a la ciudad de su largo letargo, del embotamiento en que se encuentra sumida, y envolverla en ese deseo tan irresistible y acuciante por volver a alcanzar la sabiduría.

Lo que Platón nos enseña con el símil del tábano es que las cosas no son tan simples. La filosofía puede ser una cuestión de amor o de ira. No hay modo alguno de resolver esa ambivalencia. Su carácter puramente destructivo convierte a Sócrates en el mejor amante de la ciudad, pero también en su peor

DATO CURIOSO

Las obras completas de Sócrates

Se cuenta que en una ocasión se le preguntó al expresidente argentino Carlos Menem acerca de sus gustos literarios. Es sabido que, cuando a alguien se le formula una pregunta de estas características, siempre cabe el recurso de declararse profundo admirador de los escritos griegos clásicos. Ahora bien, el exmandatario argentino no contaba con que el entrevistador quisiera concretar su respuesta y conocer cuál era su autor favorito. Ante lo cual, y sin el más mínimo titubeo, dijo: «Sócrates, me encanta leer las obras completas de Sócrates».

Menem cometió un desliz bastante cómico, puesto que Sócrates no escribió ninguna obra a lo largo de su vida. Sin embargo, la cuestión es más seria de lo que parece. Si hemos podido reconstruir la figura histórica de Sócrates, llegar a adivinar quién era ese hombre llamado Sócrates (porque no había modo de conocerlo sino a través de otras personas), es sólo porque Platón lo ha dejado por escrito y lo ha hecho en la única forma que sabía recordarlo. Platón pudo haber redactado tratados o manuales de filosofía, pero prefirió escribir sus impresiones en forma de diálogo, convencido, al igual que su maestro, de que la verdad es algo que siempre debemos buscar. En muchas de sus obras, Sócrates es el protagonista; en otras, ni tan siquiera aparece. Pero lo más importante es que se trata de un personaje de ficción, con el que Platón no tiene por qué simpatizar en cualquier circunstancia. En realidad, no resulta nada fácil saber cuáles son las doctrinas que defendió Platón. Nunca, en ninguna parte, expone de forma explícita y completa, afirmativa y razonada, en qué consiste *su* enseñanza filosófica. En sus diálogos, Platón jamás se representa a sí mismo: se oculta a sus lectores como el autor de un inagotable teatro de pensamientos.

rival. Al filósofo se le ama o se le odia hasta la muerte. Para la mayoría de sus conciudadanos, Sócrates era una dificultad que debían eliminar. Optaron por la vía más directa y lo condenaron a muerte. El famoso pozo del que nos hablaron Esopo y Platón se ha convertido en una fosa. No deja de ser triste que, sólo después de la muerte de Sócrates, algunos de sus amigos y seguidores inventasen un nombre en el que albergar lo que había significado su figura. La ciudad podía matar a Sócrates, pero algo había nacido con él y ya no iba a morir. A eso le dieron el nombre de filosofía.

LA REPÚBLICA: LA SALIDA DE LA CAVERNA

Como era previsible, la condena a muerte de Sócrates constituyó, a juicio de Platón, un escándalo supremo para los propios atenienses. Ver morir al hombre más sabio por orden de aquellos que se hacían pasar por sabios supuso un duro golpe para su joven discípulo. Podría haberlo interpretado como una señal de que, en adelante, la filosofía deberá alejarse de la ciudad y dedicarse nuevamente a mirar los cielos, tratando de adoptar una posición que resulte lo más contemplativa y menos incómoda posible. No deja de ser irónico que Platón extraiga la lección radicalmente opuesta: si la filosofía quiere seguir haciendo lo que hace, no puede prescindir de la ciudad. Esto es lo que Platón escenifica en el libro VII de *La república*, mediante la famosa alegoría de la caverna. Un mito decisivo por dos rasgos esenciales. Primero, porque nos permite ver el modo en que Platón funda la teoría de los dos mundos; y segundo, porque descubrimos que la actividad del filósofo sólo tiene sentido en la ciudad.

En este mito, Sócrates comienza describiéndonos a unos «extraños prisioneros» que son «parecidos a nosotros». Desde su infancia, están encadenados en el interior de una caverna oscura y miran al frente, sin poder volver la cabeza. A su espalda, bien lejos, arde un fuego que hace de proyector luminoso. Lo que están obligados a mirar en la pared de la caverna es una proyección. Como si estuviéramos en una sala de cine, los prisioneros son los espectadores de una película que toman por la realidad. Estos habitantes subterráneos, en el relato de Platón, no parecen preguntarse jamás de dónde vienen las imágenes, cómo se forman, por qué están allí y se ven obligados a mirarlas. No tienen necesidad de saber dónde se encuentra la verdad. Ahora bien, en un momento dado, uno de esos prisioneros es desatado. Sin saber muy bien adónde dirigirse, logra encontrar la salida de la caverna y subir hacia el exterior. Una vez fuera, un sol cegador le deslumbra completamente. Cuando sus ojos logran acostumbrarse a la luz, contempla las realidades (y no sólo su reflejo sobre una pared) y

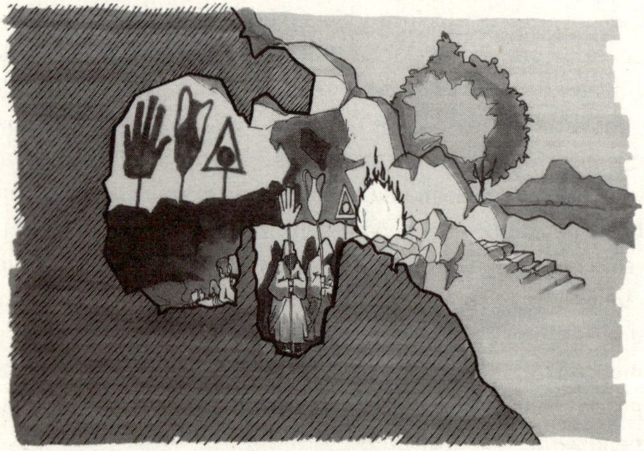

así descubre que lo que hasta entonces había conocido no eran más que simples sombras.

En este primer momento del mito, el de la ascensión, Platón da a entender que este mundo en el que estamos es el reflejo de otro, mucho más real. Para comprender qué quiere decir Platón con el mundo de las ideas, podemos partir de la geometría. Cuando pensamos en un círculo, por ejemplo, no necesitamos saber si es azul o rojo, de qué material está compuesto o sobre qué superficie se ha representado. Lo único que importa ahí es la idea de círculo, tener la forma perfectamente clara y delimitada que podamos asociar a cualquier círculo: en este caso, una curva plana, cerrada, cuyos puntos son equidistantes al centro. Es evidente que esa idea no podemos verla con nuestros ojos. Pero si logramos percibir cosas circulares es porque vemos en ellas una correspondencia con esta «forma» de la que tenemos conocimiento (hay que recordar que para un griego «forma» se designa con la palabra *eidos*, vocablo del que se deriva justamente lo que hoy llamamos «idea»).

Cuando en geometría hablamos de círculos, lo habitual es que tengamos en mente una cierta forma y que la definición de círculo sea lo más clara posible para todos. Pues bien, lo que nos dice Platón es que debemos conseguir una certeza similar cuando hablamos del resto de las ideas. Lo que ocurre con el círculo tiene que poder extrapolarse a las ideas de belleza, de valor o de justicia. Para ello, es preciso un cambio de actitud, una auténtica conversión de la mirada. En nuestra vida cotidiana podemos percibir cuerpos bellos, comportamientos valerosos o decisiones justas. Pero lo que habitualmente pasamos por alto es que detrás de esos cuerpos bellos y esas acciones valerosas o justas se encuentra una idea (*la* belleza, *la* valentía, *la* justicia) y, lo que es más importante, solemos olvidar que para poder discernir qué cuerpos son bellos o qué accio-

DATO CURIOSO

«Que nadie entre aquí sin saber geometría»

Se cuenta que en torno al año 430 a. C. se declaró en Atenas una epidemia de peste de una virulencia desconocida hasta entonces. Abatidos por aquella calamidad, los atenienses mandaron mensajeros a los oráculos. Querían preguntar de qué modo podrían detener la ruina que se les venía encima. Como suele ocurrir en estos casos, los oráculos ofrecieron una respuesta imposible de entender. Según decían, debía duplicarse el tamaño del altar de Apolo si querían poner fin a sus males. La obra en cuestión entrañaba una dificultad geométrica sin precedentes, ya que el altar de Apolo era cúbico. Sin duda, los atenienses se dejaron llevar por las prisas y no se detuvieron a resolver adecuadamente el problema geométrico de la duplicación del cubo. Construyeron un nuevo altar que, en lugar de ser dos veces más grande que el anterior, lo era ocho veces.

Los resultados de ese error enfurecieron a Apolo, que no dudó en multiplicar la pestilencia y los horrores sobre la ciudad de Atenas. Fue tal el espanto y el impacto de aquella peste que quedó reflejada para la posteridad en los versos del historiador Tucídides. No hay que descartar que, con el recuerdo todavía presente de las desdichadas consecuencias de aquel infame cálculo, Platón se animara a fundar una escuela de filosofía y pusiera a las puertas de su Academia aquel cartel famoso que decía: «Que nadie entre aquí sin saber geometría».

nes son valerosas o justas, es necesario saber previamente en qué consiste la belleza, el valor o la justicia. Si no conociéramos de antemano esas ideas-forma, difícilmente podríamos hallar en esos cuerpos concretos o en esas acciones reales las cualidades que les atribuimos.

Esto es lo primero que descubre el filósofo al salir de la caverna: que hay una relación entre las ideas y las cosas. Hay algo anterior que me permite reconocer un conjunto de cuerpos bellos, de actos valerosos o decisiones justas (eso que tienen en común y que me permite hablar de *la* belleza, *la* valentía o *la* justicia). El filósofo es capaz de mirar aquello que en la caverna no puede mirarse de ningún modo, pues ahí no es posible separarse ni distanciarse de las cosas: se da por hecho que todo lo que se presenta ante los ojos es real y verdadero. Así pues, habría que volver a formular la pregunta «¿qué es...?» (la belleza, la valentía, la justicia) y no dar por descontado que sabemos de lo que hablamos. El problema de los prisioneros es que dirigen su mirada a las cosas creyendo conocerlas, cuando lo único que conocen son las sombras que se proyectan en la caverna. No ven a través de «los ojos del alma». Su visión no está orientada hacia el lado correcto: sólo ven reflejos y no las ideas-forma de las que ellos mismos proceden. Para conocer esa forma originaria, hay que pasar de las copias al original, de las cosas concretas (siempre expuestas al cambio) a las ideas-forma (eternamente idénticas a sí mismas). No están ahí esperándonos, pero eso no impide que, en determinadas circunstancias, se pueda llegar a contemplarlas, aunque sólo sea un atisbo.

EL REGRESO AL REINO DE LAS SOMBRAS

El ascenso al mundo de las ideas es extraordinariamente duro y repleto de penalidades. Sin embargo, una vez que el filósofo se ha acostumbrado a él, debe volver a bajar a la caverna. Es un retorno no deseable porque sabe que lo de abajo es mentira y que los prisioneros no saben de lo que hablan. Para el filósofo, supone abandonar un lugar en el que las almas «tienden a permanecer siempre en las alturas», cuando ya se han habituado a vivir en compañía de la verdad. Además, el regreso no está exento de riesgos: nada impide que al filósofo lo tomen por loco y sea castigado por la ciudad. ¿Por qué dejar entonces la vida contemplativa y embarcarse en un regreso incierto que no le importa a nadie? ¿Por qué abandonar la teoría, la pura visión de lo que es, para adentrarse de nuevo en las tinieblas de la caverna, en el mundo de la opinión? No hay ningún motivo para emprender la vuelta a la prisión. Y, pese a todo, el filósofo sabe que hay que bajar y sospecha que debe hacerlo por razones semejantes a las que le empujaron a subir.

Uno por uno, como dice Platón, tienen que bajar a la morada de los demás. No es en el monte de las ideas donde hay que situar el observatorio filosófico. Hay que volver a situarlo en el centro mismo de la ciudad, en el ágora, el mercado. Hay que azuzar a los que creen que saben, hacerles ver que no tienen ni *idea* de aquello de lo que hablan. Hay que repetir el gesto de Sócrates, pero sabiendo ahora que detrás de las opiniones, de las creencias infundadas, de los saberes ficticios, se perfila otro mundo que está por descubrir y al que hay que encaminarse. El filósofo no puede enseñarle a la ciudad qué es la verdad. A lo sumo, puede hacerla consciente de su propia ignorancia. La antorcha que porta el filósofo es radiante. Algunos de sus seguidores creen que la lleva para iluminarlos a ellos y obligarlos a compartir su viaje; muchos de sus detractores sospechan que lo hace para confundir a la ciudad. Sin embargo, la verdadera tarea del filósofo no es acceder a los lugares iluminados, ni a los que están excesivamente alumbrados: lo suyo es iluminar la ciudad. Este es el único modo de hacer que la ciudad pueda pensar las sombras y de esta manera «viva a la luz del día, y no entre sueños, como viven ahora». El trayecto filosófico no acaba en el monte de las ideas, sino en la caverna iluminada.

EL *FEDÓN*: APRENDER A PENSAR ES APRENDER A MORIR

Si *La república* es el diálogo en el que Platón asienta la diferencia entre las ideas y las cosas y trata de escenificar la relación del filósofo con la ciudad, el *Fedón* es el portal a través del cual se nos revela la enseñanza secreta más decisiva de Sócrates: el significado del alma. A diferencia de la *Apología*, aquí Sócrates ya no necesita defenderse de ninguna acusación. Ha sido condenado a muerte por la ciudad, es su último día antes de la ejecución de la sentencia y sólo le queda una cosa por hacer: convencer a sus discípulos de que, pese a todo, vale la pena vivir filosóficamente. Sin embargo, el argumento que emplea Sócrates es desconcertante. Según nos cuenta, todo el que aspire a comportarse como un filósofo debe estar dispuesto a aprender una sola cosa, quizá la más difícil de todas: que filosofar es desear la muerte, aguardarla pacientemente, saborearla sin precipitarla por medio del suicidio. «Vivir filosóficamente es aprender a morir», nos dice Sócrates.

Tan pronto como acaba de pronunciar estas palabras, la reacción de algunos de sus discípulos es una sonora carcajada.

Es un gesto similar al de la muchedumbre ateniense, esa multitud que, con la sombra todavía presente de Aristófanes, se ríe de los filósofos. Es la misma masa incapaz de preguntar por qué el filósofo ama la muerte por encima de cualquier cosa. ¿Acaso no es inherente al deseo el tender hacia cualquier cosa salvo la muerte? Si uno se pone a desear la muerte, ¿no resulta eso contradictorio con la propia función del deseo? Querer morir no es un deseo tan obvio, y aún menos en la ciudad, donde el deseo está directamente ligado al cuerpo. A eso que los griegos llaman *sôma*, a sus cuidados y placeres, Atenas parece entregar una parte decisiva de su tiempo.

Lo que pide Sócrates es, pues, algo estrambótico. Desde el mismo momento en que el filósofo está dispuesto a renunciar a los placeres del cuerpo, convierte su vida en algo muy parecido a la existencia de un moribundo. En este sentido, corre el riesgo de ser percibido como si fuera un zombi, una especie de muerto en vida obsesionado con desligarse y purificarse de cualquier tipo de contacto con la realidad del cuerpo. La habilidad de Platón consistirá precisamente en mostrar lo contrario. En el *Fedón* nos dirá que los filósofos, esos que aprenden a morir, son los que realmente viven. Ellos son los únicos capaces de reconocer aquello que, por vez primera, hace su entrada oficial en el pensamiento griego: la *psykhe*, el alma.

Es verdad que del alma ya se había hablado en Grecia mucho antes. En un capítulo de la *Odisea*, Homero nos cuenta que Ulises desciende al reino de los muertos, al Hades, y que las sombras con las que se topa no sólo carecen de cuerpo, sino que tampoco tienen sentimientos, ni voluntad, ni conciencia: son como almas que no piensan ni sienten nada, duplicados casi idénticos del mundo real, pero sin ningún tipo de sustancia sólida que se pueda agarrar o tocar. Así pues, el alma que está en el Hades no es más que una imagen del muerto, una imagen sin vida ni conciencia. Hay que pensar, por lo tanto, que la *psykhe* de la que nos habla la *Odisea* está de alguna manera presente en cada ser vivo. Ahora bien, Homero no nos dice nada acerca de qué es la *psykhe*, ni qué hace en el hombre mientras está vivo. Nunca se la menciona como sede de la conciencia, como algo que piensa, es decir, como lo que será «el alma» para el *Fedón* y toda la tradición posterior.

Para Platón, en cambio, el alma es una realidad tan tangible como la del cuerpo, como si estuviera al lado de él (por dentro, atravesada, sin saber muy bien dónde se localiza): una entidad que tiende a concentrarse en sí misma y que, tal como nos dice el *Fedón*, no se alimenta de otra cosa que no sea el pensamiento. A eso consagran su vida los filósofos: se dedican a pensar, a ejercitar algo que no se agota en la realidad del cuerpo y que se distingue de él (anticipando así su propia muerte, lo que sucederá el día en que el cuerpo y el alma se vean obligados a separarse definitivamente). Y al tratar este tipo de vida, es cuando Sócrates se muestra en el *Fedón* como un alma pensante, en el instante previo a abandonar su cuerpo. Emblema de una vida infatigable, obsesionada con examinarse a sí misma y a los demás, Sócrates transmite en su último aliento, a los aprendices de filósofo, una verdad tan rotunda como imperecedera: si hay algo verdaderamente vivo e inmortal, es justamente el pensamiento.

EL BANQUETE: UNA NUEVA FORMA DE ATRACCIÓN AMOROSA

Podríamos pensar que la filosofía está entonces relacionada con un modo de vida ascético, un tipo de existencia caracterizado por su combate permanente con las pasiones y los deseos del cuerpo. Sin embargo, nada de eso se insinúa en un diálogo como *El banquete*. Platón nos sitúa en un festín en el que varios comensales, además de comer y beber en compañía, se han reunido para hablar del amor y elogiar aquellas cualidades que hacen del *eros* algo tan bello. Estamos muy lejos de la atmósfera sobria del *Fedón* y de sus sesudas reflexiones acerca de la inmortalidad del alma. En *El banquete* descubrimos, sobre un trasfondo de homosexualidad masculina y de transmisión de saber entre individuos varones, los vínculos que mantiene unida el alma con el deseo. Pese a lo que dice el *Fedón*, no nos basta con reconocer la presencia del alma. Es preciso una fuerza que la ponga en movimiento. De nada nos sirve el alma si no existe el amor.

No es ningún misterio que Sócrates se siente atraído por la belleza de los jóvenes atenienses. Le encanta el encuentro amoroso con cuerpos bellos. Pero también nos recuerda que la búsqueda de la belleza no se reduce a una mera fascinación corpórea. Al filósofo le seducen una cara y un cuerpo concretos cuando ve que hay un alma que vale la pena conocer. Se enamora del alma de los jóvenes y hace el amor con ellas si son almas realmente bellas. Tampoco es ningún misterio que, a pesar de su fealdad, Sócrates lleva asociada una irresistible carga erótica que enloquece a muchos de sus amantes. Pero ¿qué es lo que resulta realmente seductor de Sócrates? ¿Qué es lo que admiran los jóvenes amantes que se le acercan? No hay más que observar el tipo de reacciones que despierta su presencia. Hay algo en Sócrates realmente bello, capaz de arrebatarnos de amor.

Situémonos al final de *El banquete*, cuando los presentes ya han disertado de muchas cosas bellas a propósito del amor. En ese momento, Alcibíades irrumpe en la fiesta, completamente ebrio. Poseedor de una gran fortuna y con una prometedora carrera política por delante, Alcibíades es conocido sobre todo por su extraordinaria belleza. Está tan orgulloso de ella que su arrogancia le lleva a rechazar a cuantos le persiguen. Sócrates, en cambio, es el único que se obstina en no perseguirle. Alcibíades está tan convencido de su belleza que no acaba de creérselo. Quiere desenmascarar a Sócrates y oír en boca del hombre más sabio de la ciudad que le ama. Esto es lo que se propone Alcibíades con el discurso que piensa pronunciar. Aparentemente se trata de un elogio a Sócrates, aunque pronto descubriremos sus verdaderas intenciones: quiere doblegar el deseo del filósofo.

Alcibíades comienza su alabanza comparando a Sócrates con un sileno, una figura mitológica harto conocida por sus borracheras y su lealtad a Dioniso. Según nos cuenta, Sócrates es como uno de esos silenos que solían esculpirse en las cajas que contenían las estatuas de los dioses: tiene un embalaje, un continente, un aspecto externo, pero este nada tiene que ver con lo que oculta en su interior. De eso se ha enamorado locamente Alcibíades. Y por eso nos advierte que no nos dejemos engañar por las apariencias, porque Sócrates es un tipo que se hace pasar por tonto para enterarse de todo y se comporta como un niño que bromea sin cesar. Debemos ir con cuidado cuando estamos cerca de Sócrates porque hay algo en él que, una vez volcado en palabras, es capaz de producir un efecto cautivador, deslumbrante:

> Por lo menos nosotros, cuando oímos a algún otro, aunque sea muy buen orador, pronunciar otras palabras, a ninguno nos importa, por así decirlo, nada. En cambio, cada vez que alguien te escucha a ti o a otro pronunciando tus palabras, aunque el que habla sea muy mediocre, ya te escuche una mujer, un hombre o un muchacho, quedamos estupefactos y posesos.[3]

Alcibíades cree que con su belleza conquistará a Sócrates y que le despojará de ese preciado bien que tan celosamente guarda en su interior. Así, nos cuenta cómo una noche le invita a cenar y, alegando que es tarde, le fuerza a quedarse y le encierra en su habitación para que duerma con él. Alcibíades desea que Sócrates le transmita aquello que puede convertirle en algo más que un cuerpo bonito, en alguien realmente bello. A Alcibíades le gustaría atraer a los jóvenes como lo hace Sócrates. Querría tener eso que tiene Sócrates para atraerlo de verdad. Tanto es así que está dispuesto a ofrecerle sus favores amatorios a cambio de ese saber que supuestamente sólo posee Sócrates. Sin embargo, sabemos por el relato de Alcibíades que aquella noche no sucede absolutamente nada. Esta es la respuesta de Sócrates:

> Es probable que realmente no seas un hombre vulgar, si en efecto es verdad lo que dices de mí y hay en mí algún poder mediante el cual tú podrías hacerte mejor. En tal caso, estarías viendo en mí una belleza indescriptible y muy diferente a tu buen aspecto físico. Por eso, si al contemplarla quieres compartirla conmigo y cambiar belleza por belleza, no es poco lo que piensas obtener de mí, sino que intentas adquirir, a cambio de lo que es bello en apariencia, lo que es verdaderamente bello, y en realidad pretendes trocar *oro por bronce*.[4]

Alcibíades interpreta esta declaración como una especie de regateo amoroso. Cree que Sócrates se ha comportado como un seductor de lo más sofisticado, un jugador muy sutil que, con su debilidad fingida, le ha tendido una trampa mortal. Ahora bien, el verdadero error de Alcibíades es haber imaginado que Sócrates poseía una sabiduría que podía ser intercambiada. No entiende que aquello que hace de Sócrates alguien realmente bello no es algo que se pueda vender, del mismo modo que Sócrates no puede enseñar la belleza a quienes no están dispuestos a enamorarse de veras. Platón nos habla aquí de un tipo de amor muy distinto. Nos dice que si Alcibíades quiere aprender alguna cosa de Sócrates debe convertirse en un amante de la belleza. Pero esto es precisamente lo que no va a suceder en *El banquete*. Porque lo único que desea Alcibíades es ser deseado por Sócrates.

SÓCRATES, LA COMADRONA

Así pues, Alcibíades querría apoderarse del secreto que oculta Sócrates. Pero lo cierto es que Sócrates no tiene nada que ocultarle. No está en su poder hacer de Alcibíades alguien mejor y más bello. Ese saber no está en sus manos. Si así fuera, bastaría con acostarse junto a él y que fuera fluyendo la belleza de su alma hasta llenar la del joven. Pero la transmisión de la sabiduría no funciona de este modo. Esto se entiende muy bien en el *Teeteto*, cuando Sócrates se presenta a sí mismo como una comadrona. Parece ser que ese era el oficio de su madre y que Sócrates domina como nadie la técnica de esas mujeres, la *mayéutica*. Ellas saben si una mujer está embarazada, la ayudan cuando está de parto y, si es necesario, pueden provocarle un aborto. Esto mismo es lo que Sócrates hace con el alma de los jóvenes atenienses. Sabe qué es lo que sucede en su interior y si alumbrarán una mentira o una verdad. Pero Sócrates no da a luz. Como dice en el *Teeteto*: «El dios me fuerza a ser comadrón, pero me ha impedido que por mí mismo alumbre algo». Sería difícil imaginar a un héroe clásico diciendo algo remotamente semejante y, sin embargo, Sócrates se jacta de ello con toda naturalidad, descubriendo la singularidad de su erotismo.

A quienes recurren a Sócrates les sucede como a las parturientas que sufren dolores de parto. Llenos de contradicciones sufren día y noche, pero él, Sócrates, no fecunda a nadie. Sólo puede suscitar o calmar esos dolores, nada más. Sócrates es simplemente el que ayuda a alumbrar a esas almas. De este modo, el aprendizaje filosófico se nos presenta de una manera muy cercana a las contracciones previas al parto. Hay, pues, una parte de feminidad en el alma de la que habla Sócrates. Ahora bien, dado que parir no es una actividad placentera, lo habitual es que algunos abandonen a Sócrates porque comienzan a sentir los dolores de su perplejidad. Y, tal como se sugiere en el *Teeteto*, la perplejidad es la fuente de toda búsqueda. Sentirse desconcertado es el principio mismo de la filosofía.

UNAS ÚLTIMAS PALABRAS SOBRE *EROS*

Si volvemos a *El banquete*, la lección que pretende inculcarnos Platón se nos vuelve más nítida. No puede haber filosofía sin amor, y no puede haber amor sin ese deseo por interrogarlo todo y encaminarnos hacia el mundo de las ideas. Eso es lo único que tiene Sócrates. Y no puede transmitirlo a quien no esté dispuesto a dejarse arrastrar por él. Para ello, Alcibíades debería convertirse en un amante de la sabiduría y sentir el deseo de ser algo más que un cuerpo bello. Pero Sócrates no puede embellecer a quien no tiene esa clase de deseo. De ahí que no pueda obsequiarle con nada que esté a la altura de aquello que verdaderamente ama el filósofo. De hecho, no hay ningún objeto en el mundo que pueda satisfacer su deseo. Sólo le anima el deseo de contemplar las ideas y ser lo más bello posible.

En definitiva, el filósofo del que nos habla Platón no se vende, porque no tiene nada que vender. Diciendo que no tiene nada que intercambiar desvela lo que constituye la verdadera enseñanza de *El banquete* y, en general, de cualquier diálogo platónico: que amar la sabiduría significa reconocer que no la tenemos; que la filosofía es una pasión inagotable, el vacío de una interrogación continuamente ejercitada por quienes saben que no saben; que la búsqueda de las ideas y, en particular, de la belleza es una experiencia compartida (la de aquellos que se reconocen mutuamente como amantes de la verdad); y que si hay algo que es capaz de reanudar los dos mundos que nos presenta Platón, tan sólo puede merecer el apelativo del amor: *eros*.

¿QUÉ HEMOS APRENDIDO?

Hemos visto que las criadas y los cómicos se burlan con saña de los filósofos. La tradición nos los presenta como unos tipos que se ocupan de cuestiones sumamente abstractas, pero completamente ineptos en los asuntos de la vida cotidiana. Sin embargo, ese carácter ridículo que acompaña la imagen del filósofo también presenta una dimensión trágica. Nos lo ha advertido Platón tras la condena de Sócrates por la *pólis*.

En la *Apología* dejamos definitivamente atrás la comedia. El comportamiento extravagante de Sócrates, su capacidad de entrometerse en los asuntos de la ciudad, su afán por dejar en evidencia a quienes se las dan de sabios...: nada invita a reírse del filósofo porque les ha robado a los cómicos su secreto más preciado: la ironía. Ahora el filósofo se hace pasar por tonto y dice que no sabe; pero, a fuerza de preguntar «¿qué es...?», enseña a los jóvenes atenienses a cuestionar las cosas y a no aceptar aquellas mentiras que la ciudad pretende hacer pasar por verdades.

En *La república* hemos visto que, detrás de la interrogación socrática, se dibuja además otro mundo. Un paisaje que sólo puede verse con los ojos del alma, el gran descubrimiento del *Fedón*. Esto no significa que el filósofo sepa qué es la belleza o qué es la justicia, como si hubiera en esas ideas un contenido claro y auténtico que pudiera ser transmitido. Nos invita simplemente a cambiar nuestra mirada, a no fiarnos de las realidades que se presentan inmediatamente ante los ojos, a darnos cuenta de que la vía para llegar a la verdad pasa por el conocimiento de las ideas.

En *El banquete*, Platón nos habla del amor como un deseo que impulsa a las almas a ser bellas. Sin la presencia de esta fuerza erótica no sería posible soldar los dos mundos que ha descubierto Platón: el *eros* es el puente que nos permite cruzar del reino de las cosas sensibles al de las formas inteligibles.

Sin embargo, ese concepto platónico del amor pronto se revelará problemático. Tanto Aristóteles como Epicuro se plantearán de nuevo qué es lo que quiere realmente la filosofía. En vez de examinar el mundo de las ideas, dirigirán su mirada a lo que ellos consideran el único mundo realmente existente. Mientras Aristóteles focalizará todos sus esfuerzos en la búsqueda de un principio firme y sustancial de las cosas, Epicuro decretará que no hay más realidad que la de los átomos y el vacío.

¿QUÉ EMPEZAR A LEER DE PLATÓN?

Sin duda, debes comenzar por la *Apología de Sócrates*. A partir de ahí, puedes degustar cuatro diálogos clave de lo que podría denominarse el período intermedio de Platón: *La república*, el *Fedro*, el *Fedón* y *El banquete*. Deja para el final un diálogo de la dificultad del *Teeteto*, donde aparece la referencia a la *mayéutica* socrática y la célebre anécdota de Tales de Mileto.

Otras lecturas recomendables

Brun, Jean, *Platón y la Academia*, Barcelona, Paidós, 1992.

Cornford, Francis M., *La teoría platónica del conocimiento*, Barcelona, Paidós, 2007.

Luri, Gregorio, *El proceso de Sócrates,* Madrid, Trotta, 1998.

Nussbaum, Martha, *La fragilidad del bien*, Madrid, La Balsa de la Medusa, 1995.

Strauss, Leo, «El problema de Sócrates: cinco lecciones», en *¿Progreso o retorno?*, Barcelona, Paidós, 2004.

2

ARISTÓTELES Y EPICURO: EL COSMOS SE EROTIZA

SLOW DOWN, PLATÓN

La mejor manera de aproximarnos a Aristóteles (384-322 a. C.) es detenernos unos instantes en la célebre obra de Rafael *La escuela de Atenas*. Este famoso fresco, acabado en 1510, nos ofrece una representación de las principales escuelas del primer período de la historia de la filosofía. Platón y Aristóteles aparecen juntos en el centro de la escena. Platón va descalzo, siguiendo el ejemplo de austeridad de su maestro Sócrates. Con el dedo índice de la mano derecha señala al cielo, como si el pensamiento no tuviera otro camino que el de las ideas. En la otra mano lleva oculto su *Timeo*, un diálogo en el que se abordan cuestiones de orden cosmológico y matemático. Aristóteles, en cambio, lleva sandalias y el bordado de su túnica sugiere una actitud menos sobria, más proclive a la comodidad. Utiliza la mano entera, con la palma vuelta hacia el suelo, en un gesto con el que parece querer decirle a Platón: «Chiss... *Slow down*, fijemos nuestra atención en lo terrenal». Por ello, lleva al descubierto la *Ética a Nicómaco*, una obra donde Aristóteles intenta descubrir qué género de vida conviene más al ser humano. En el cuadro de Rafael, las poses de ambos filósofos delatan una divergencia de fondo: Platón sitúa la búsqueda de la verdad en el mundo de las ideas. Para Aristóteles, no hay más que un solo mundo y es en él donde debemos encontrar las claves del conocimiento verdadero.

Aunque Aristóteles fue discípulo de Platón, asistimos a una ruptura decisiva entre ambos pensadores. La filosofía de Platón nos abre el camino hacia un reino de formas inmutables y eternas. Aristóteles, por el contrario, se dedica a explorar este mundo del modo más metódico posible. Platón escribe diálogos, nos presenta escenas, crea unos personajes que nos dicen cosas y a los que les pasan cosas y, cuando le conviene, nos cuenta relatos y mitos. Aristóteles no es un prosista especialmente inspirado, su estilo es mucho más arduo y técnico, y prefiere escribir tratados filosóficos. Platón, en cambio, es un genio literario y se sirve del diálogo como forma de poner por escrito la oralidad interrogativa de su maestro Sócrates. Aristóteles lee en privado, esquematiza, hace fichas, acopia datos y explicaciones en un grado y a una velocidad insospechables para la generación anterior. Ya no estamos en la Academia de Platón, con enseñanzas morosamente comentadas y discutidas en comunidades de individuos excelentes. En el Liceo, la escuela fundada por Aristóteles, impera la costumbre de discutir caminando (de ahí que se les llame «peripatéticos», es decir, «los que deambulan»), pero comienza a abrirse paso una nueva cultura de lectores individuales. Hay una relación más intensa con los textos: se interpretan, se citan, se invocan de un modo más activo y presente que en Platón.

También resulta significativo que Aristóteles nos transmita la anécdota de Tales de forma opuesta a la de Platón. Así nos lo cuenta en la *Política*:

> Se le reprochaba a Tales su pobreza, porque mostraba la inutilidad de la filosofía. Entonces, según se cuenta, Tales, gracias a sus conocimientos de astronomía, previó que habría una buena cosecha de aceitunas, y, todavía en invierno, aprovechando que tenía un poco de dinero, se aseguró por un anticipo todos los molinos de aceite de Mileto y Quíos; pudo alquilarlos baratos ya que nadie superó su oferta. Cuando llegó la temporada, se produjo de repente una gran demanda de ellos; entonces los realquiló según sus condiciones, ganó mucho dinero y demostró que los filósofos, si quieren, pueden hacerse fácilmente ricos, pero que no es ese su objetivo.[1]

¡Qué lejos estamos de Platón! Vista desde el *Teeteto*, la anécdota de Tales suponía un choque de mundos. El filósofo vivía una realidad que nada tenía que ver con la de la ciudad, lo cual parecía conducirle al ridículo y a la risotada, pero también al odio y a la muerte. Aristóteles se niega a presentar a los filósofos como gente poco «práctica». Le cuesta imaginarse a Tales sin una mínima porción de «realismo». ¿Por qué no suponer que el conocimiento de los fenómenos celestes le habría servido para ahuyentar el miedo a los eclipses de sol, pero también para tener más éxito que otros en los negocios? Esto mismo es lo que Aristóteles piensa de los filósofos. Si quisieran, podrían hacerse ricos, pero no parece que eso les interese. Así es como Aristóteles le da la vuelta a Platón: el filósofo no sólo no vive en un mundo distinto al de la ciudad, sino que además puede enriquecerse gracias a sus conocimientos. El caso es que no quiere.

Esta oposición a la hora de concebir la figura del filósofo se ve aún más acentuada en sus distintos modos de entender la filosofía. En los diálogos de Platón, la filosofía designa un camino: si queremos alcanzar la verdad, debemos cuestionar todos nuestros saberes y creencias, indagar en el sentido y la significación de las ideas que empleamos. Aristóteles, por el contrario, intenta determinar en qué consiste ese camino. Su filosofía no se limita al simple hecho de pensar, sino que trata de interrogarse sobre cómo hay que pensar. Puestos a filosofar, hay que examinar los instrumentos y categorías con los que se ejerce el pensamiento, la estructura de los enunciados, las formas de razonamiento... Comenzamos a pensar cuando somos conscientes de la importancia del uso y las reglas del lenguaje. El filósofo actúa entonces como un cirujano que revisa su mesa de operaciones: debe elegir con sumo cuidado las herramientas con las que puede pensar y cerciorarse de que sean lo suficientemente útiles para adentrarse en la realidad.

LA *METAFÍSICA* DE ARISTÓTELES: FILOSOFAMOS PORQUE NOS APETECE

Aristóteles es el principal encargado de educar a la filosofía, de someterla a una cierta disciplina. Es algo que puede advertirse en la *Metafísica*, probablemente la obra más significativa de Aristóteles. Su objetivo es construir un saber sistemático, rigurosamente codificado, capaz de remontarse a aquellas

DATO CURIOSO

La carpeta de la *Metafísica*

Se ha escrito mucho acerca de la trascendencia filosófica de la *Metafísica*. Sin embargo, Aristóteles nunca redactó ninguna obra con semejante título. Además, la palabra en cuestión no aparece en ninguno de los tratados reunidos bajo este nombre. Fue Andrónico de Rodas quien, en el siglo I a. C., clasificó la obra de Aristóteles y, al no saber muy bien dónde ubicar estos textos, decidió agruparlos en la última de sus carpetas, donde se hallaban los libros de la física. Siempre quedará la duda de si la *Metafísica* se llamó así porque su objeto de estudio estaba situado «más allá» de la física (ese es el significado del prefijo griego *meta-*) y constituía un orden distinto del de la realidad o, simplemente, por tratarse de una obra que venía «después» de la física. Lo que sí nos cuenta la tradición es que cada vez que a Andrónico le preguntaban por estos textos, solía decir: «Son los libros de la metafísica». Parece un chiste, pero este es el motivo más probable por el que estos tratados han pasado a la posteridad con el nombre de *Metafísica*.

«primeras causas y primeros principios» que den cuenta de la totalidad del mundo presente. Cualquier tentativa de aproximarse a la filosofía de Aristóteles, de captar aquello que constituye su verdadero significado, pasa precisamente por este tipo de pasajes:

> Pues los hombres comienzan y comenzaron siempre a filosofar movidos por el asombro; al principio, estupefactos ante los fenómenos sorprendentes más comunes; luego, avanzando poco a poco y planteándose problemas mayores, como los cambios de la luna y los relativos al sol, a las estrellas y a la generación del universo. Pero el que se plantea un problema o se admira, reconoce su ignorancia. De suerte que, si filosofamos para huir de la igno-

rancia, es claro que buscaban el saber en busca del conocimiento, y no por ninguna utilidad. Y así lo atestigua lo ocurrido. Pues esta disciplina comenzó a buscarse cuando ya estaban casi todas las cosas necesarias y las relativas al descanso y al ornato de la vida. Es, pues, evidente que no la buscamos por ninguna otra utilidad, sino que, así como llamamos hombre libre al que es para sí mismo y no para otro, así consideramos a esta como la única ciencia libre, pues esta sola es para sí misma. Por eso también su posesión podría con justicia ser considerada impropia del hombre. Pues la naturaleza humana es esclava en muchos aspectos; de suerte que según Simónides, «sólo un Dios puede tener tal privilegio, aunque es indigno de un varón no buscar la ciencia a él proporcionada».[2]

Lo primero que llama la atención de estas líneas es la estrecha correlación entre la filosofía y el asombro. Es imposible buscar la verdad si no tenemos capacidad para asombrarnos. Asombrarse implica establecer una distancia, una separación, ver de otra manera lo que uno tiene ante sí. Según Aristóteles, comenzamos a hacer filosofía cuando descubrimos que la realidad no es tan evidente como podría parecernos a simple vista. Sólo cuando alcanzamos esa distancia, las cosas se nos presentan de un modo que antes no habíamos advertido: ellas mismas provocan preguntas, se manifiestan plenas de contradicciones, suscitan problemas. En pocas palabras, nos impulsan a investigar. No nos darán tregua hasta que nuestro asombro llegue a ser inverso, es decir, hasta que nos preguntemos qué nos ocurrió para no reconocer las cosas tal como son, qué fue lo que hizo que nos dejáramos llevar por ellas en lugar de mantenernos a distancia y abordarlas en toda su problemática.

La filosofía consiste, pues, en no dejar de asombrarse. He ahí lo que, según Aristóteles, constituye su razón de ser. Al igual que en Platón, la filosofía pone en tela de juicio el suelo que pisamos. Es algo que está intrínsecamente relacionado con el deseo que la impulsa. La búsqueda de la sabiduría implica un tipo de indagación que, como señala Aristóteles, se halla convenientemente desligado de cualquier consideración práctica. No filosofamos porque podamos extraer de ello una utilidad. Al contrario: como nos recuerda el pasaje inicial de la *Metafísica*, «los hombres por naturaleza quieren saber». Y es tal la inmediatez de ese deseo que a la pregunta «¿por qué filosofar?» Aristóteles nos responde con otra pregunta: «¿Por qué nos sentimos inmediatamente atraídos por el afán de conocer la verdad?». Y lo que la *Metafísica* nos permite decir, a falta de una respuesta mejor, es lo siguiente: filosofamos porque queremos, porque nos apetece.

La filosofía significa reconocer la posibilidad de un placer específico, un goce especial que sólo puede aparecer tan pronto como se han satisfecho «las cosas necesarias de esta vida». Es el único saber realmente libre. Tal como sugiere Aristóteles, requiere la holgura de quien tiene las necesidades cubiertas, de quien no tiene que rendir cuentas de su tiempo a ningún amo, de quien no tiene que «trabajar» para ganarse la vida, porque no es esclavo de nadie, ni siquiera de su propio tiempo. Sólo quien dispone de su tiempo, puede «perder el tiempo» haciendo filosofía. La búsqueda de la sabiduría, la búsqueda libre de los hombres libres es algo, pues, que debe desplegarse en ese tiempo incondicionalmente disponible, pues sólo en un tiempo así, lo suficientemente flexible y elástico, puede desarrollarse de forma exhaustiva un saber de «las primeras causas y los primeros principios», explicitando hasta el agotamiento todos sus presupuestos, respondiendo de antemano toda posible objeción, poniendo ante nuestros ojos la totalidad y la unidad de un saber perfectamente razonado e irrefutable.

NO HAY NADA SIN ALGO DE SUSTANCIA

Quienes gozan del privilegio de «disponer de su tiempo» pueden lanzarse, por lo tanto, a la búsqueda de este saber absoluto. Quienes no temen perderse en los laberintos de este saber, más propio de dioses que de humanos, pueden afrontar este reto mayúsculo. Porque hacer filosofía significa, para Aristóteles, atreverse a preguntar el porqué de todo. Ante una evidencia como que «hay una totalidad real y ordenada que llamamos cosmos», el filósofo se pregunta cómo es posible, exige conocer la razón por la que las cosas sean así. La *Metafísica* nos desliza esta cuestión radical, inverosímil, inquietante. Esta pregunta sobre el porqué del cosmos constituye un desafío apasionante al que el filósofo ya no puede renunciar: una vez que lo ha planteado, su inquietud no cesará hasta que haya respondido a la cuestión de una u otra manera, hasta que haya encontrado una base, un fundamento que garantice que el todo está ordenado, es decir, que hay un todo, un orden.

Según Aristóteles, tiene que haber algo subyacente, un principio lo suficientemente firme para no hallarse expuesto a ningún cambio o transformación. Ahora bien, ¿dónde podemos buscar esa especie de sustancia primordial? ¿Cómo detectarla? ¿Cómo reconocerla? Desde el mismo momento en que nos planteamos estas preguntas y tratamos de resolverlas, se advierte cómo ese sustrato sobre el que Aristóteles pretende fundamentar la totalidad de lo real no es nada fácil de localizar ni de autentificar. Si nos tomamos en serio la suposición de Aristóteles, ya no se puede aplicar a ese sustrato permanente el nombre de ninguna cosa en particular. No podemos afirmar como hacía el pensamiento milesio en el siglo VI a. C. que ese principio es «aire» o «agua» o lo que sea. Y todo ello por un motivo crucial: el principio que permite explicar las cosas no puede a su vez ser una cosa.

En efecto, esa materia primordial no puede hallarse en la realidad de las cosas sensibles porque si efectivamente pudiéramos identificarla con algo físico como el «aire» o el «agua» ya no podría erigirse en un principio explicativo. Para que algo sea calificado de «sustancia», a juicio de Aristóteles, es preciso que sea eterno. La sustancia tiene que ser entonces algo idéntico a sí mismo, lo cual contrasta nítidamente con lo que observamos en la realidad sensible: ahí vemos cómo las cosas crecen y se degradan, se hacen y se deshacen, se generan y se corrompen. En ese mundo donde impera el cambio no hay quien capte sustancia alguna, como tampoco parece que haya nada que permanezca igual consigo mismo. Esto es precisamente lo que ya nos había advertido Platón. Ahora bien, tampoco se puede decir que las cosas no sean de algún modo, pues, aunque las cosas no cesen de cambiar, tenemos que poder referirnos a todo eso que cambia. Si sólo hubiera cambio, cualquier intento, no ya de captar la sustancia, sino de decir siquiera algo a propósito de cualquier cosa o individuo, resultaría inimaginable. Pero el hecho, según Aristóteles, de que sucedan cosas y de que podamos decirlo, no niega que haya algo o alguien de quien podemos decir que le pasan y suceden efectivamente cosas.

Como puede verse, nada resulta más complicado que tratar de entender a qué se refiere Aristóteles cuando habla de la sustancia de las cosas. Lo que está claro es que alude a algo que debe permanecer siempre igual a sí mismo, aunque tampoco puede ser independiente o ajeno a las realidades de este mundo cambiante. Si lo pensamos bien, todos los días nos vemos expuestos a esta paradoja: los individuos vamos cambiando y, sin embargo, tenemos que seguir siendo de alguna manera los mismos individuos, es decir, tiene que haber algo en nosotros que sea idéntico. Es lo que evoca la famosa sentencia de Heráclito que dice: «En los mismos ríos entramos y no entramos, somos y no somos». En un sentido bastante obvio, el río es siempre el mismo río (del mismo modo que nuestro yo es siempre el mismo yo). Aun así, las aguas fluyen y no vuelven nunca; y lo mismo que le pasa al río nos pasa también a nosotros, que a cada instante que vivimos no podemos ser exactamente los mismos que antes (de lo contrario, ¿cómo podrían pasarnos cosas?). Cualquiera que coja una foto de su infancia puede sentir vivamente esta contradicción: estoy convencido de que aquel que aparece en la fotografía soy yo, aun cuando es evidente que ya no soy el mismo que el de la imagen. Puedo incluso haber cambiado tanto que ni siquiera se me reconozca. La pregunta es obvia: ¿qué me lleva a pensar que el yo que en ese mismo momento está viendo la foto es más yo que el que aparece retratado en ella?

Estamos ante una contradicción difícil de solucionar: no podemos ser los mismos porque continuamente nos pasan cosas distintas. Y, sin embargo, es evidente que para poder decir que los individuos cambiamos necesitamos referirnos a alguien al que le pasa eso. Es en este punto donde la *Metafísica* introduce la célebre distinción entre la sustancia y los accidentes. Para entender lo que significa esta pareja de conceptos, basta con recurrir al siguiente ejemplo: si queremos hablar de un caballo, no parece que sea lo mismo referirse al ser del caballo que a otras cosas que se dicen de él (como, por ejemplo, que el caballo corre, es esbelto, se dirige al establo, es o no es de raza). A lo primero, según Aristóteles, debemos considerarlo la esencia del caballo, es decir, aquella forma o constituyente necesario sin el cual no podríamos hablar de algo llamado caballo; lo segundo, en cambio, reúne todas aquellas propiedades o atributos que podemos predicar de un caballo de manera circunstancial (su velocidad, su altura, sus andares...).

Es importante darse cuenta de que el ser de cualquier cosa se puede decir, al menos, de dos maneras: bien como sustancia, bien como accidente. Pero hay algo todavía más decisivo: reconocer que los accidentes están en función de las sustancias. Lo que nos dice Aristóteles es que si queremos pensar en las manchas oscuras de un caballo blanco, tenemos que pensar de algún modo en el ser del caballo. Si no supiéramos o no tuviéramos en mente qué es un caballo, difícilmente podríamos referirnos a una de sus cualidades. Esto es lo que convierte a las manchas oscuras y a la blancura de la piel en accidentes de esa sustancia que llamamos caballo. Así pues, cualquier atributo que se diga, por muy circunstancial que sea, sólo puede atribuirse a algo, y por eso mismo no hay ningún accidente que podamos pensar independientemente de su sustancia. Lo que se dice sólo puede decirse de algo (de lo contrario, no estaríamos diciendo nada de nadie).

Si la distinción entre «sustancia» y «accidente» es crucial en la filosofía aristotélica, no menos relevante resulta la diferencia entre «forma» y «materia». En Platón, las ideas-forma jamás se encuentran en la misma realidad que las cosas (pues sólo a partir de las ideas podemos saber qué son las cosas en toda su materialidad). Aristóteles, por el contrario, no cree que sea necesario referirse a otro mundo para poder hablar de las cosas. Tal como reconoce en su *Metafísica*, no hay forma sin materia ni materia sin forma, lo cual quiere decir que no hay una idea llamada caballo que pueda ser ajena a todos y cada uno de los caballos considerados individualmente, sean pesados o ligeros, marrones o negros, altos o bajos. Y a la inversa, no hay una materia que se presente desprovista de una forma: el porte, el color, la altura, siempre tienen una forma, por más que esta pueda cambiar en cada caballo. Por lo tanto, es en este mundo, el de las cosas que podemos tocar y percibir, donde podemos hablar de formas. No necesitamos suponer, como hacía Platón, la presencia de otro mundo. La materia y la forma presuponen una misma realidad.

EL NUEVO AMORÍO DE ARISTÓTELES

Al igual que en el caso de la forma y la materia, Aristóteles nos dice que el cuerpo y el alma no son dos entidades que pertenezcan a mundos distintos. Su escrito *Sobre el alma* es un intento de mostrar que las relaciones entre ambos son más estrechas de lo que Platón podía imaginar. Lo que nos dice a propósito del alma es mucho más extenso de lo que cabría esperar del *Fedón*, donde la tarea del filósofo consiste precisamente en mantener estrictamente separadas la realidad del cuerpo y la del alma. Aristóteles se atreve a concebir el alma en un sentido mucho más amplio que el de una entidad pensante. Tiene alma cualquier ser vivo que sea capaz de efectuar alguna de las siguientes acciones: conocer, percibir, opinar, desear, querer, tender, pero también crecer, madurar, desaparecer... Con el alma entera pensamos, percibimos, nos movemos, obramos y padecemos. Su interrelación con los procesos vitales es máxima. Tanto es así que Aristóteles vincula las principales manifestaciones del alma a estados corporales: el alma se altera en las enfermedades, se calma con el opio, se excita con el café y el vino; el hambre la hace cruel y salvaje; es adolescente, madura, decrépita; cambia con la edad lo mismo que varía con los climas... En una palabra, el alma no existe en cuanto entidad diferente de la materia. Prácticamente todas sus funciones están ligadas fisiológicamente al cuerpo. Sólo hay una que se mantiene al margen: la que tiene que ver con el *nous* o el pensamiento. Como dice Aristóteles, esta parte del alma se relaciona con lo corpóreo del mismo modo que lo cóncavo con lo convexo.

En el *Fedón*, Platón nos había dicho que el alma pensante se mueve a sí misma. No necesita ser movida más que por el deseo de pensar. Ahora bien, el alma en Aristóteles no se mueve por sí misma, sino que es movida por otra cosa. Lo mismo cabe decir de esa totalidad viviente llamada cosmos: el mundo en general no se mueve porque sí, sino porque hay algo que lo anima, una especie de fin último que da sentido a todo movimiento. Este principio capaz de mover la realidad es lo que Aristóteles denomina «primer motor inmóvil». El hecho de que se trate de un «motor originario» vincula necesariamente el movimiento de nuestra alma y del cosmos a la presencia de un principio. Para Aristóteles, no existe propiamente un motor si no hay algo que sea movido por él, del mismo modo que no existe movimiento sin algo que lo mueva. Pero este motor del que nos habla en la *Metafísica* mueve al mundo (y a nosotros con él) de una manera novedosa: lo hace al modo de un ser amado.

Recordemos que las ideas en Platón sólo son deseables para aquel que las busca. Sólo el filósofo, en su empeño por conocer la verdad, encuentra especialmente atractivo este mundo de las formas. En el caso de Aristóteles, se nos habla de un impulso erótico, de un empuje irresistible hacia aquello que parece significar el «primer motor», pero se trata de un movimiento que forma parte de nuestra realidad. Es un erotismo que funciona en el plano cósmico y, por consiguiente, del que puede participar cualquier ser. Esa sustancia última que Aristóteles llama de distintos modos —dios, acto puro, causa final— es tan perfecta que no tiene necesidad de moverse. Su inmovilidad está directamente asociada a su autosuficiencia. Es un estado deseable por sí mismo a causa de su completud. De ahí que Aristóteles conciba el primer motor como una sustancia que no necesita de ninguna acción para estar bien. En esto consiste la perfección de su ser, en decir que está bien por sí solo, mientras que el resto de las cosas, para estar bien, para conseguir sus propios fines, necesitan ser movidas.

No es extraño que en un momento de la *Metafísica*, Aristóteles diga explícitamente que la materia ansía la forma. Es como si todo el cosmos se organizara con arreglo a ese deseo amoroso, como si todo aquello que nos mueve a alcanzar nuestra propia completud estuviera determinado por la propia perfección del motor inmóvil, como si todo el pensamiento se viera arrastrado hacia la búsqueda inevitable de ese principio último. Los «hombres realmente libres» se lanzan a buscarlo como quien persigue a su objeto más amado: poseídos por un deseo que no parece alcanzar una satisfacción definitiva, asumen que no podrán colmarlo hasta que hayan logrado abrazarse a ese primer principio. Para ellos, que no son dioses ni sabios, la filosofía es esta movilización permanente del conocimiento, este cortejo inacabable de lo humano con aquello que

DATO CURIOSO

Aristóteles montado por Filis

En la *Metafísica*, Aristóteles nos dice que la materia desea a la forma tal como la hembra desea al macho. El símil deja muy claro cuál es su posición acerca de la mujer: Aristóteles la consideraba un ser imperfecto, jerárquicamente inferior al hombre, que debía «vivir encerrada en su casa y subordinada al hombre». Vistas sus opiniones acerca de la mujer, no es extraño que haya llegado hasta nosotros uno de los episodios menos conocidos de la vida de Aristóteles: las supuestas humillaciones a las que se vio expuesto tras enamorarse locamente de Filis, la esposa (o amante) de Alejandro Magno.

Según nos cuenta Henri d'Andeli, clérigo y escriba francés del siglo XIII, Aristóteles habría acompañado a su discípulo Alejandro Magno en una de sus expediciones a la India, donde el joven rey se quedó absolutamente prendado de una bella cortesana llamada Filis. Al constituir una distracción para sus responsabilidades de gobierno, Aristóteles le recomendó de inmediato que abandonara la compañía de aquella mujer. Pero en cuanto la cortesana se enteró de los consejos del filósofo, comenzó a urdir su peculiar venganza. Una mañana, la joven se puso a bailar de manera sensual y a cantar canciones de amor en el jardín contiguo adonde se hallaba Aristóteles. El filósofo, sintiéndose irresistiblemente atraído por la belleza de aquel canto, ya no pudo sino amarla desesperadamente. Era tal su ardor amoroso que estaba dispuesto a hacer cualquier cosa para procurarse sus atenciones. Filis, preparada ya para la propuesta, respondió que sólo se entregaría a él si fingía ser un caballo y se dejaba montar sobre la espalda para pasearla por el jardín.

Aristóteles asintió, ella lo ensilló y, montada sobre él, le hizo correr a cuatro patas hasta que Alejandro, que había permanecido escondido, los descubrió. Al exigirle a su maestro una explicación, la respuesta de Aristóteles fue clara: si a un viejo como él se le había nublado la mente a causa del amor, ¡qué no habría de pasarle a un joven inexperto como Alejandro!

Es muy probable que la anécdota sea apócrifa, que se hubiera escrito con la sola intención de reírse del filósofo o, simplemente, para extraer de ella una lección moralizante acerca de los peligros del deseo erótico, que no atiende a edades, ni reputaciones, ni conocimientos. Pero se puede entender perfectamente como lo que es: como la lógica venganza que puede adoptar cualquier mujer contra aquellos que, como Aristóteles, profesan opiniones tan nefastas respecto al sexo femenino.

constituye su verdadero fin. La felicidad, para Aristóteles, estará directamente vinculada al mantenimiento apasionado de esta cacería amorosa. Lamentablemente, sólo podrán aspirar a ella quienes dispongan del tiempo necesario para dedicarse a la filosofía. Este será el principal campo de batalla de Epicuro. En su mundo ya no habrá tiempo que perder.

EPICURO: NUEVAS PROCLAMAS EN LA PERIFERIA

Aristóteles concibe la filosofía, esa búsqueda de «las causas y principios últimos», como un trayecto sin fin, un andar a tientas propio de hombres ociosos; en ningún caso se trata de una perfección que se posee definitivamente ni de un estado sin vuelta atrás. Ahora bien, ¿de qué sirve la construcción de este saber si no nos permite alcanzar una felicidad para toda la vida? ¿Por qué no tratamos de perseguir una felicidad que trate de acabar con la desdicha, los miedos y las patologías de todo tipo que impiden a los seres humanos vivir como dioses? ¿Por qué no idear algún remedio que nos permita librarnos de aquello que nos hace infelices? Estas son las preguntas que nos formula Epicuro (341-270 a. C.); preguntas que la filosofía no se había dignado abordar y que ahora constituyen su principal foco de interés.

La Atenas en la que vive Epicuro no tiene mucho que ver con esa imagen del cosmos que nos transmite Aristóteles. Ya no es aquel hábitat en el que la filosofía se desenvuelve con absoluta naturalidad. Muerto Alejandro Magno, sus generales se disputan el liderazgo político y militar mientras Grecia se encamina lentamente hacia su fin. El panorama es desolador: falta de trabajo, deportación a las colonias de individuos que rápidamente se convierten en vagabundos y delincuentes, enrolamientos masivos en las tropas mercenarias... En este preciso contexto, crea Epicuro su escuela, construye su doctrina y trata de impartirla a sus amigos más íntimos. Atenas es una ciudad completamente descalabrada y sometida, que requiere con urgencia una fórmula de reposo y un remedio contra la ansiedad. La filosofía se desliza significativamente hacia el campo de la terapia. A diferencia de lo que defendía Aristóteles, ya no tiene por qué ser una actividad recreativa incautada por las élites. Curar —y, sobre todo, curarse— es la principal ambición de Epicuro:

> Vana es la palabra del filósofo que no remedia ningún sufrimiento del hombre. Porque así como no es útil la medicina si no cura las enfermedades del cuerpo, así tampoco la filosofía si no suprime las enfermedades del alma.[3]

Dado que el fin de la filosofía es procurar los medios para la salud del alma, la actividad filosófica debe ser un ejercicio real y no una apariencia. Tal como se dice en una de las sentencias morales atribuidas a Epicuro: «No hay que pretender filosofar, sino filosofar realmente; pues tampoco necesitamos parecer sanos, sino estar sanos de verdad».[4] El filósofo no debe crear conceptos o pensamientos que no tengan ningún tipo de relación con la vida. No tiene que entregarse necesariamente a la producción de majestuosos edificios teóricos, despegados de los verdaderos problemas de la realidad. Esto es lo que sucede, dice Epicuro, cuando se incurre en los excesos metafísicos de la escuela peripatética. El problema de Aristóteles y de sus seguidores es que no han logrado convertir la filosofía en algo realmente terrenal (eso que precisamente le reprochaban a Platón). Al contrario, han convertido la filosofía en un saber realmente inútil: han vuelto a introducirla en ese pozo en el que los filósofos son objeto de burla y escarnio por parte de las criadas.

Hay que restablecer la salud del alma y eso significa que es preciso desprenderse de temores inútiles, de ideas falsas y de aquellos errores y extravíos que continuamente nos causan dolor y sufrimiento. Esto es lo que puede ofrecernos la filosofía: un instrumento de liberación frente a la tristeza y la infelicidad; una herramienta con la que poder contrarrestar las prin-

DATO CURIOSO

El huerto de Epicuro

El Jardín es el nombre con el que se conoce la escuela fundada por Epicuro en el año 306 a. C. Sabemos por Cicerón que la casa habitada por Epicuro no era demasiado grande, de ahí que el jardín sirviera como punto de reunión de la gran cantidad de amigos y discípulos que seguían la vida del maestro. Ahora bien, ese jardín del que tanto se ha hablado no era, como podría imaginarse, un terreno al aire libre lleno de flores y plantas donde se pudiera pasear y recrearse en la naturaleza. Se trataba de un lugar en el que, según la descripción de Teofrasto, crecían más bien berzas, rábanos, nabos, remolachas, lechugas, puerros y un largo etcétera de hortalizas; un huerto cuyo cultivo quizá corriera a cargo de esclavos o discípulos, y gracias al cual se realizaron numerosas comidas o banquetes comunitarios.

Una de sus principales peculiaridades es que admitía la presencia de mujeres. No era preciso que fueran vestidas de hombres, tal como sucedía en la Academia platónica. En el Jardín eran acogidas con la misma incondicionalidad con la que se aceptó el ingreso de esclavos entre sus miembros. Antes de fundar su escuela, Epicuro ya tenía discípulas importantes como Themista y Batis, de posición social acomodada. Ello no impidió que concurrieran en el Jardín mujeres de las más diversas clases y condiciones sociales. Esposas, cortesanas y alguna meretriz formaron parte del nutrido elenco de participantes de esta corriente filosófica. Nada que ver con Aristóteles, quien consideraba que las mujeres no podían dedicarse a la filosofía.

cipales perturbaciones del alma. Esta es la terapia que Epicuro proporciona a los seguidores y discípulos que se congregan en el Jardín (la escuela epicúrea, abierta en Atenas en el 306 a. C.), a sus pequeñas comunidades dispersas en el mundo griego (con las cuales Epicuro mantiene un intenso intercambio epistolar) y a los reducidos círculos epicúreos todavía existentes hasta el comienzo de la era cristiana.

Siendo, pues, la filosofía una terapia del alma, capaz de proporcionar «los elementos de una vida feliz», tampoco hay motivos para restringir el acceso a su ejercicio. Tal como se dice en la apertura de la *Carta a Meneceo*:

> Nadie por ser joven vacile en filosofar ni por hallarse viejo de filosofar se hastíe. Pues nadie está demasiado adelantado ni retardado para lo que concierne a la salud de su alma. El que dice que aún no le llegó la hora de filosofar o que ya le ha pasado es como quien dice que no se le presenta o que ya no hay tiempo para la felicidad. De modo que deben filosofar tanto el joven como el viejo: el uno para que, envejeciendo, se rejuvenezca en bienes por el recuerdo agradecido de los días pasados; el otro para ser a un tiempo joven y maduro por su serenidad ante el futuro. Así pues, hay que meditar lo que produce la felicidad, ya que cuando está presente lo tenemos todo y, cuando falta, todo lo hacemos por poseerla.[5]

La filosofía debe dar sus frutos de manera inmediata. En este sentido, es todo lo contrario a la larga formación educativa de quienes ingresan en la Academia o en el Liceo. Estamos ante un instrumento terapéutico cuya eficacia debe ser exigible desde el primer momento. Esto significa que el sabio debe estar pendiente de las diferentes situaciones, necesidades y grados de conocimiento de sus discípulos. El propio Epicuro ejemplifica esta actitud pedagógica en las obras que han llegado hasta nosotros: la epístola a Heródoto presupone un público avanzado frente al carácter sencillo e introductorio de las epístolas de Pitocles y Meneceo. Esta actitud coincide con el rechazo de la enseñanza filosófica entendida como un simple «ciclo de estudios» (*enkýklia mathémata*), inútil y ajeno a las verdaderas necesidades de la vida. Dos fragmentos son explícitos a este respecto: «Te estimo dichoso, Apeles, porque limpio de toda educación te entregaste a la filosofía»;[6] y otro en que dice: «¡Huye, afortunado, a velas desplegadas de toda forma de educación!».[7]

ANALGÉSICOS PARA EL CUERPO Y EL ALMA

Como vemos, Epicuro no rinde ningún tipo de tributo a las escuelas filosóficas dominantes. Las explicaciones de la Academia y del Liceo ya no nos sirven para guiar la vida. La mente del filósofo, casi siempre propensa a emprender altos vuelos, no es un juez competente, ni es capaz de ofrecer una separación nítida entre lo verdadero y lo falso. La felicidad no se puede dejar exclusivamente en manos de la razón. Ese ha sido el error de Platón y Aristóteles. Los únicos criterios de verdad a los que debemos atenernos son el placer y el dolor. Epicuro es taxativo en este punto: «El placer es principio y fin de la vida feliz»; y Diógenes Laercio afirma por su parte: «Para demostrar que el fin es el placer observa que los seres vivos, desde el mismo instante de su nacimiento, gozan del placer y evitan el dolor de manera natural e irracional». A partir de ahora, el placer y el dolor constituyen la regla de conducta de lo que se ha de buscar y evitar. La *Carta a Meneceo* precisa aún más la concepción del placer:

> Cuando decimos que el placer es el fin no nos referimos a los placeres de los disolutos o a los que se dan en el goce, como creen algunos que desconocen o no están de acuerdo o interpretan erróneamente nuestra doctrina, sino al no sufrir dolor en el cuerpo ni turbación en el alma.[8]

Contrariamente a lo que podría imaginarse, el hedonismo de Epicuro no incluye pasiones desbordantes ni placeres desbocados. Lo único que necesita el filósofo es ausencia de dolor en el cuerpo (*aponia*) e imperturbabilidad del alma (*ataraxia*). A fin de evitar el sufrimiento, Epicuro recomienda un placer que no produzca excitación ni desemboque en riesgos. No esperemos de la vida grandes cambios ni grandes hazañas. No la expongamos a posibles peligros ni a los avatares de la fortuna. De lo que se trata es de escabullirnos del dolor, huir de la enfermedad, salvarnos de esta sombra capaz de adherirse como un intruso a nuestros cuerpos y almas. La felicidad epicúrea es, en este sentido, extraordinariamente trivial: en cada momento requiere ir sorteando cualquier sufrimiento que nos impida vivir. En el fondo, a los epicúreos les encantaría poder apresar el dolor con las manos, sujetarlo con todas sus fuerzas y convertirlo en una superficie vidriosa: un cristal tenuamente azul por donde atisbar esa paz del alma llamada *ataraxia*. Les gustaría pasar al otro lado del espejo, estar en un mundo distinto que mitigara los estragos de la enfermedad. Donde el desasosiego se apagara con una cierta indiferencia hacia la realidad.

En el seno de esta filosofía comprendemos por primera vez el placer de comer cuando se tiene hambre, de beber cuando se tiene sed, de dormir cuando se tiene sueño o de calentarse cuando se tiene frío. Desde luego, el placer de los epicúreos es muy semejante a la felicidad de los ascetas, a su rigor y

DATO CURIOSO

Los cochinos

Desde el primer momento, el Jardín tuvo que hacer frente a su mala reputación. La imagen con la que inmediatamente quedó asociada la figura de Epicuro y la de sus discípulos fue la de un cerdo. Para Gregorio de Nisa, la comparación estaba más que justificada, pues si algo caracteriza la complexión física de este animal rosado y rollizo es que no puede levantar la cabeza y contemplar el cielo. Lo mismo se decía de los epicúreos: incapaces de poner el acento en el mundo de las ideas, piensan y se comportan como puercos. Condenados a rebuscar con su hocico en la tierra más inmunda, no saben hacer otra cosa que revolcar su filosofía entre la mierda. Para los Padres de la Iglesia, el epicureísmo profesaba un modo de vida excesivamente próximo a este mundo. De ahí que fuera rápidamente estigmatizado como un hedonismo obsceno y aberrante, y que se propagaran miles de historias falsas acerca de la vida disoluta de sus miembros, las orgías sexuales en el Jardín y la presencia de gente comiendo y bebiendo hasta desfallecer.

Semejante retrato es manifiestamente contradictorio con los insistentes elogios que Epicuro le dedicó a la prudencia, la moderación y la práctica sosegada de la filosofía. No deja de ser irónico que se digan tales cosas de Epicuro, cuando se tiene constancia de que vivía a base de pan y agua, debido a una terrible enfermedad que le hacía vomitar dos veces al día. De constitución más bien endeble, Epicuro se vio traicionado por su cuerpo pero, además, se vio obligado a combatir una campaña de desprestigio perfectamente orquestada por quienes dirigían las «redes sociales» del momento.

austeridad, pues una vida demasiado cómoda aniquila fácilmente el placer de la satisfacción de las necesidades. Sin embargo, no todos los placeres se obtienen tan sencillamente. La vida sería feliz y alegre si no tuviera que calmar muchos más dolores que los que van asociados a la falta de bebida, de alimentos o de sueño. Epicuro lo sabe por propia experiencia. Pero así como el cuerpo puede ser torturado por enemigos mucho más enconados que el hambre, la sed o el sueño, hay dos temores fundamentales a los que el alma debe enfrentarse si desea alcanzar aquella serenidad, aquel estado en reposo, que tanto ansía. La verdadera terapia para un epicúreo comienza cuando tratamos de superar el miedo a los dioses y a la muerte.

DIOSES INDOLENTES, DIOSES FELICES

La forma de vida feliz y no turbada a la que aspira el filósofo supone, en primer lugar, una nueva concepción de la divinidad. Para Epicuro, la conciencia que se tiene de los dioses es suficiente para demostrar que son reales. Por otra parte, la multitud se engaña cuando se los imagina accesibles a la plegaria humana. Los dioses de los que nos habla el epicureísmo no tienen en sus manos el porvenir de los individuos y no parecen muy dispuestos a cambiar el curso de las cosas porque se los invoque mediante ensalmos sagrados. Recluidos en su autosuficiencia, se desentienden absolutamente del mundo y de los seres humanos:

> Los seres vivos incorruptibles y felices, saciados de todos los bienes y exentos de todo mal, completamente entregados al goce continuo de su propia felicidad e incorruptibilidad, son indiferentes

> a los asuntos humanos. Sería infeliz si, a modo de un operario o de un artesano, soportara pesadumbres y afanes por la construcción del cosmos.[9]

Esta indiferencia e imperturbabilidad de los dioses guarda alguna semejanza con el ensimismamiento del ser inmóvil de Aristóteles, ese prototipo divino, igual de lejano e inalcanzable, que mueve el conjunto del cosmos como objeto de deseo. Sólo que ahora ya no estamos ante un primer motor cuya sustancia es incorpórea e inmortal, sino ante múltiples dioses condenados a perecer por la propia materialidad de sus cuerpos, completamente ajenos a cualquier fin que no sea el puro placer de existir. En efecto, los dioses epicúreos, que habitan en los espacios vacíos del gran templo del mundo, no tienen la menor intención de empuñar las riendas del destino, de impulsar el giro armónico de las esferas o de vigilar en todas partes y en todo momento la marcha de las cosas. Tampoco emiten juicios de valor ni esperan nada de la humanidad. Esa magnificencia autónoma de la que hacen gala es una llamada a ocuparnos de nosotros mismos. Así pues, no tenemos ningún motivo para sentirnos atemorizados. No hay ningún castigo esperándonos después de la muerte. No hace falta pensar en infiernos y paraísos, en condenaciones y faltas *post-mortem*. Nada de eso resulta necesario cuando nos percatamos de que los dioses no se preocupan en absoluto de nuestras decisiones ni de nuestra suerte. Su imperturbabilidad y su alegría constituyen el prototipo ideal de los hombres y las mujeres que viven en las comunidades epicúreas. Sin dolor alguno, bienaventurados e indiferentes respecto de todo aquello que no sea su propia felicidad, los dioses son el auténtico modelo para cualquier persona.

CÓMO MATAR EL MIEDO A LA MUERTE

Epicuro no quiere una humanidad maleable, miedosa, fácil de conducir. Cuanto más dócil es a causa de los embustes y la superchería religiosa, más dúctil resulta para la obediencia, la sumisión y la renuncia de sí misma. Epicuro quiere una humanidad liberada de las supersticiones, pero también emancipada del miedo a la muerte. En efecto, algunos temen que después de la muerte haya algo terrible; otros, en cambio, lo que temen es que no haya nada, y esa nada les resulta lo más aterrador de todo. Epicuro trata de convencernos de que no hay ningún motivo para inquietarse ante la muerte:

> La muerte nada es para nosotros, porque todo bien y todo mal residen en la sensación y la muerte es privación de los sentidos [...]. Nada terrible hay, en efecto, en el vivir para quien ha comprendido realmente que nada hay temible en el no vivir [...]. Así pues, el más terrible de todos los males, la muerte, nada es para nosotros, porque cuando nosotros somos, la muerte no está presente y cuando la muerte está presente, entonces ya no somos nosotros.[10]

La muerte no es algo temible porque, como dice Epicuro, supone la privación de toda sensación. Nunca llegamos a cohabitar con ella: mientras estamos nosotros, no está la muerte; cuando llega la muerte, dejamos de estar nosotros. El razonamiento no puede ser más simple. Lo importante es que nos morimos, pero nunca estamos muertos. Por mucho que imaginemos nuestra agonía, nuestro entierro o cómo arde nuestro cuerpo incinerado; por muy conscientes que seamos de que algún día dejaremos de ver la luz del día; por más desazón que estas ideas puedan producirnos, lo que no debemos olvidar es que todas esas imágenes se hallan presentes en nuestra cabeza, con nuestro cuerpo en vida. Cuando estemos muertos, dejarán de existir porque ya no estaremos. Así de sencillo, como toda la filosofía epicúrea: si la muerte es un espectáculo es porque siempre vivimos las muertes de los demás, pero jamás la propia. Y lo cierto es que no podemos imaginarnos muertos: la muerte es inimaginable y cualquier intento de hacerla concebible se acaba convirtiendo inevitablemente en el pensamiento de una persona viva.

Además, no tiene sentido inquietarse por los años y los siglos en que ya no estaremos entre los vivos. En el fondo, resultaría tan caprichoso como preocuparse por los años y los siglos en los que aún no habíamos venido al mundo. Si antes no nos dolió no estar, tampoco cabe esperar que deba dolernos luego, cuando se produzca nuestra ausencia definitiva. El problema del terror ante la muerte es que no nos permite ser conscientes del mismo asombro que supone haber nacido. Si la muerte equivale a no ser, el día que nacimos debería suponer toda una victoria. Aunque seamos mortales, ya hemos escapado de la muerte eterna, hemos conseguido robarle un cierto tiempo —de hecho, cada uno de los instantes que seguimos viviendo— y ese tiempo, pase lo que pase, no hay nada ni nadie que pueda arrebatárnoslo. Es el tiempo que pertenece a los triunfalmente nacidos: tiempo arrancado del no-ser, de la muerte, aunque tarde o temprano acabemos muriendo irremediablemente.

Saber que algún día moriremos nos plantea, en realidad, muchos más problemas que el hecho mismo de morir. Porque esta idea nefasta que no dejan de inculcarnos desde que somos niños reduce nuestra vida a una sola dimensión: el futuro. Epicuro nos invita a habitar intensamente el presente y a no perturbar este momento con el temor del futuro, pues lo que tiene que pasar todavía no es. Saber morir es dejarse vivir. Aunque la muerte sea temida por la mayoría de los mortales, e incluso deseada por el filósofo moribundo que nos describe el *Fedón*, lo que realmente cuenta es la vida y cómo nos la explicamos. El mundo sigue como sigue porque nos engañamos a nosotros mismos, nos montamos decorados de teatro para no toparnos cara a cara con la crueldad de las evidencias. De ahí el empeño epicúreo en comprender la vida en toda su inexorabilidad y en conocer el alcance preciso de sus verdades, por muy desagradables y ásperas que puedan resultarnos.

EL MUNDO ES COSA DE DOS: ÁTOMOS Y VACÍO

El conocimiento epicúreo de la realidad huye de las sutilezas conceptuales que podemos encontrar en la *Metafísica* de Aristóteles. Es una explicación que no deja lugar a la duda, que no quiere dejar ningún resquicio a lo inexplicable o lo inexplicado. Nada de alimentar lo religioso, la superstición o los mitos. Reducido a sus constituyentes más básicos, el mundo es cosa de dos: átomos y vacío. Este es el leitmotiv de donde se deriva toda su física. Abandonar esta explicación significa reincidir en todas aquellas creencias que nos tienen maniatados al temor, a la angustia y al terror. Desde luego, el conocimiento del mundo no parece depender de una forma y una materia. Tampoco requiere la presencia de esa sustancia de la que nos había hablado Aristóteles, con su realidad esencial y sus accidentes. Epicuro no necesita de un aparato categorial excesivamente complejo: cree que hay un cosmos y que podemos conocerlo como una simple conjunción de átomos y vacío, un movimiento capaz de vibrar en su totalidad como un inmenso cuerpo vivo.

Si hay un lugar donde esta imagen reluce con especial intensidad y la impronta de la física epicúrea es defendida con suma elocuencia, esa es la obra de Lucrecio *De la naturaleza* (en latín, *De rerum natura*). Sobre la vida de este epicúreo tardío que pudo haber nacido en el año 95 o 93 a. C. no tenemos más que interrogantes. Los escasos indicios que obran en nuestro poder proceden de algunas declaraciones de San Jerónimo, cuya veracidad debe ser puesta en entredicho. Según este testimonio, Lucrecio se suicidó a los cuarenta y cuatro años, completamente desquiciado tras haber sido hechizado por un filtro amoroso. Es extraño que, loco de remate, Lucrecio conservara la suficiente lucidez para seguir escribiendo su poema, el cual parece en ciertos puntos inacabado. En cambio, es mucho más plausible que los cristianos, hostiles a su materialismo y contrariados por sus persistentes ataques a la religión, quisieran desacreditar su figura al no poder impedir la difusión de su obra.

Su poema *De rerum natura* es un texto de singular importancia, porque Lucrecio nos transmite fragmentos enteros y sumamente importantes de la doctrina epicúrea. Algo muy valioso si tenemos en cuenta que la mayoría de los escritos de Epicuro se han perdido y apenas pueden reconstruirse por otras fuentes. La obra de Lucrecio tiene además la virtud de ser un poema filosófico. Mientras Platón escribe diálogos y Aristóteles se decanta por el tratado filosófico, Lucrecio apuesta por el poema como vehículo de expresión de sus enseñanzas. Y el hecho de que esté escrito en latín plantea un problema no menos apasionante: la dificultad que supone trasponer el pensamiento de un filósofo griego como Epicuro a los términos y conceptos propios de la lengua latina, con formas de expresar y de ver el mundo distintas.

El poema intenta liberarnos de los temores que impiden la

ataraxia, tanto mediante la reflexión como mediante la evocación poética de las enseñanzas epicúreas. A la hora de explicar el mundo, no tenemos por qué suponer un espíritu o alma inmortal. En el fondo, sólo hay átomos y vacío. Los átomos son partículas indivisibles, perfectamente individuales, cada uno de ellos con su identidad fijada en un ser absolutamente compacto, inmortal e indestructible. En cuanto al vacío, no puede significar más que la pura ausencia de átomos. De ahí que el movimiento se imponga como una consecuencia necesaria. Si el único apoyo que tienen los átomos es el vacío, estos, por definición, tienen que «caer». A partir de ahí, no tiene por qué haber un movimiento con una dirección predeterminada. Tampoco es preciso que en ese cosmos haya ningún centro, ni tan siquiera un lugar natural que fije de antemano el movimiento que deben seguir los átomos. Al contrario, si algo caracteriza el universo epicúreo y lo distingue de la cosmología aristotélica es la aceptación de la infinitud.

El argumento al que recurre Lucrecio para exponer el carácter infinito del cosmos es especialmente gráfico. Supongamos que todo el espacio está limitado, que alguien llegue hasta el borde y que desde allí lance una flecha con gran fuerza. Si nos dejamos llevar por este experimento mental, únicamente caben dos posibilidades: que la flecha siga su curso indefinidamente, o que acabe detenida por algún obstáculo. Ahora bien, las dos opciones nos obligan a reconocer lo mismo: que el universo no puede tener fin porque si hay un obstáculo que detiene la flecha no hemos llegado al fin del universo. Y lo mismo se puede decir si la flecha prosigue su recorrido. En este punto, la mirada de Lucrecio no parece muy distinta a la del niño que, alzando la vista hacia el cielo, se pregunta si aquello que está mirando tiene o no tiene fin. Por un lado, ha de acabar, pues la referencia a todo lo que llamamos cielo debe

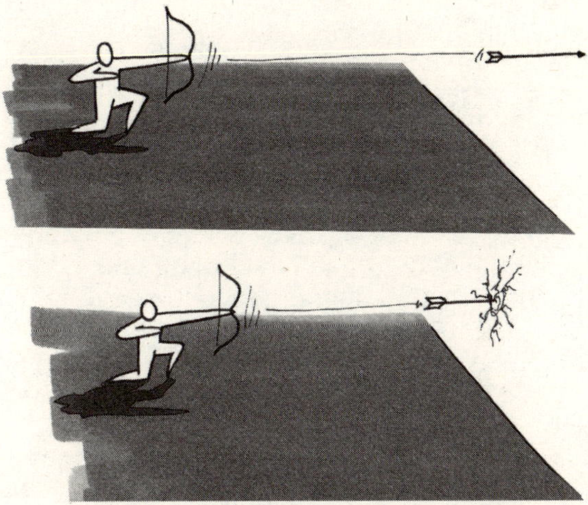

tener algún tipo de límite; pero, por otro lado, por mucho que intentemos imaginar el fin de todo eso, no cesa de presentarse la terrible cuestión de qué pueda haber más allá de ese límite. Lo que es evidente es que nada puede tener final si no hay algo más allá que pueda limitarlo. La diferencia entre el niño y el poeta epicúreo es que el primero se queda con esta paradoja; el segundo parte del vacío y, como más allá de él no parece haber nada, concluye que el universo carece de límites y fronteras.

UNA FUERZA CAPRICHOSA: EL *CLINAMEN*

Sin embargo, hay una paradoja obvia en la teoría de los átomos. Al principio, tenemos una gran lluvia vertical de átomos cayendo en el vacío. Al chocar entre sí, los átomos se com-

binan, se engarzan y consiguen agregarse unos a otros para trazar las formas del mundo. El problema radica en comprender cómo se pasa de esa lluvia vertical, donde los átomos caen indefinidamente sin poder encontrarse jamás, a esos choques en serie que producen el mundo. De ahí que deba concebirse una variación minúscula, un desvío muy ligero de la trayectoria original de los átomos, una declinación, como se suele decir, o *clinamen.* Sin este postulado, la nada y la eternidad coincidirían y no habría modo alguno de crear la vida. De modo que en un momento incierto, en un sitio igual de indeterminado, un átomo, mejor dicho, los átomos en general, tendrán que salirse de su camino. Contrariando la ley que los obliga a caer por su propio peso, sufrirán una desviación mínima que, por supuesto, tendrá que proceder del átomo mismo, como si llevara incrustado en su naturaleza un aliento misterioso.

Así que donde Aristóteles coloca un motor inmóvil, Lucrecio instala una fuerza libre y caprichosa. No hay duda de que este postulado tiene su origen en Lucrecio y no en Epicuro, en cuyos fragmentos no aparece nunca esta tesis. Hay quien cree que este desvío minúsculo es una manera de desplazar el problema. Pero lo cierto es que, por muy enigmático que sea, Lucrecio tiene que invocarlo para no convertir el mundo en un simple producto mecánico donde todo lo que sucede ya está de algún modo perfectamente determinado. Sin la libertad, el mundo se convierte en una potencia ciega ante la cual no podemos hacer absolutamente nada. En un universo donde infinitos átomos crean y destruyen continuamente mundos, es perfectamente posible elegir una vida feliz y alegre. Esa vida, la de la saciedad y el sosiego, la de la necesidad física satisfecha y la ausencia completa de perturbaciones, se fundamenta en una sola idea que el poema de Lucrecio se encarga de expresar magistralmente. En realidad, la clave de la sabiduría epicúrea consiste en comprender que el mero hecho de sentirse vivo constituye la felicidad.

¿QUIÉN SE PUEDE RESISTIR A VENUS?

Una vez que el universo ha sido creado, todo oscila, va y viene, en esa lógica implacable de átomos que en su infinito danzar hacen y deshacen mundos. Que Lucrecio habla del placer, de la alegría y del amor es algo evidente. Pero también habla de las miserias, los dolores y los sufrimientos. El nacimiento de un niño aquí, la muerte de un viejo allá. Dichas y desdichas perfectamente entrelazadas en el juego eterno de los átomos en movimiento. Se entiende que Lucrecio evoque la presencia luminosa, viva e infinita de Venus, la diosa romana del amor. No es que crea en ella y le profese un culto semejante al que podría tributarle un creyente religioso. Estamos ante una figura poética que para el poeta ejemplifica a la perfección la fuerza de la vida. Venus es la primavera en la tierra, el retroceso de la tormenta, los campos cubiertos de flores, la luz del sol inundando el cielo sereno, el impulso poderoso que sienten en su corazón todas las especies animales. Aprender a vivir es entregarse a Venus, ese sublime amor que nos incita a sentir todos los latidos de esta inmensa noche estrellada que es el cosmos.

Si sólo existiera Venus, quizá el mundo sería más sencillo. Pero, evidentemente, no sería el mundo que conoce un epicúreo, el único real y verdadero, donde también existe, profundamente arraigado, Marte, con sus mil caras y su insaciable propensión a destruirlo todo. Venus es el impulso que produce vida, atando, reuniendo y ensamblando unas cosas con otras; Marte, por el contrario, es el impulso mortífero que desliga, deshace y dispersa las cosas. Este mundo, tal y como lo conocemos, se disolverá algún día en todos sus elementos, y no porque haya un fin que así lo determine, sino porque su solidez es tan sólo aparente: es un simple parpadeo en el movimiento eterno e infinito de la vida. Como todo lo que genera esta inagotable corriente de átomos, no hay nada en este mundo que no vaya a desvanecerse tarde o temprano. Tanto los seres humanos como los dioses agotarán su existencia. Ni siquiera sobrevivirá el alma, convertida en una simple combinación de átomos. No somos seres eternos ni inmortales: lo único verdaderamente eterno e inmortal son todos y cada uno de los átomos simples que flotan en el cosmos. Cualquier combinación entre ellos, incluso la más sublime, está condenada a desaparecer.

De ese combate eterno entre Venus y Marte, entre la vida y la muerte, proceden las transformaciones del mundo. En su pequeño jardín, el filósofo epicúreo asiste a ese espectáculo interminable que es la danza infinita de los átomos, esa corriente universal que continuamente destruye para crear y crea para destruir. En un mundo así, no parece que haya mucho que ganar, pero tampoco parece que haya mucho que perder. «Seamos razonables», nos enseña Epicuro. Sigamos a Venus, tratemos de inspirarnos en su fuerza apaciguadora para burlar, en la medida de lo posible, la voluntad y los caprichos del dios de la perturbación, del caos y de la guerra. Amemos la vida como a esa ola que debe elevarse antes de deshacerse, porque todo lo que participa de la vida finalmente declina y muere.

¿QUÉ HEMOS APRENDIDO?

A pesar de sus discrepancias con Platón, hemos visto que la filosofía de Aristóteles permanece todavía muy vinculada a la vida contemplativa. Para el fundador del Liceo, sigue siendo la mejor vida. A ella se consagra el hombre que dispone de tiempo para ello, aunque ya no se dedique a escrutar el reino celeste de las ideas y se ponga a estudiar la única realidad que podemos conocer: el cosmos.

Epicuro nos plantea algo de carácter radicalmente distinto. No pensamos para conocer, como si hubiera algo en la naturaleza humana que nos empujara a ello. Al contrario, pensamos para vivir. El problema de la felicidad es previo a cualquier otra consideración. De ahí que deban atacarse los mitos, las creencias, las religiones, los dogmas, las ilusiones y otras evasiones imaginativas si queremos evitar todo lo que produce miedo, temor, dolor y sufrimiento. La suya es una medicina preventiva. Procede a partir de una sola preocupación: la consecución de la paz en el alma y en el cuerpo.

Aristóteles plantea un experimento metafísico, la idea de

una pregunta inicial que pone todo en cuestión: ¿qué es esta totalidad que llamamos cosmos? ¿Hay un principio que sustente este orden? ¿Qué tipo de saber nos permite acceder a la contemplación de este fundamento? Lo que busca la filosofía de Aristóteles es algo verdaderamente sustancial, aquello de lo que no es posible prescindir sin someterlo a una drástica pérdida de realidad. A partir de ahí, Aristóteles construye todo un edificio conceptual para seguir dando cuenta del orden del mundo, donde sobresalen categorías tan decisivas como «forma» y «materia», «sustancia» y «accidentes».

Epicuro tiende más bien a la materialización: sólo le interesa producir conceptos o pensamientos con efectos concretos en la vida cotidiana. Como la realidad en su conjunto procede del movimiento de los átomos en el vacío, todo se reduce a esta proposición simple y evidente. Fuera de la materia no hay nada, como tampoco hay ninguna verdad más allá del placer o del dolor. Esclarecido en sus repliegues más nimios, el mundo se nos presenta como lo que es: átomos infinitos danzando en un espacio infinito, vibrando todos ellos al modo de un inmenso cuerpo viviente.

Ya sea mediante un primer motor inmóvil o mediante la presencia de Venus, Aristóteles y Epicuro todavía se pueden referir a esa totalidad llamada cosmos, cuyas partes se mantienen unidas en virtud del amor. Conforme avance el helenismo, irá palideciendo esta imagen de un mundo ordenado, se acentuará la distancia entre el mundo celeste y el terrenal y aquello que le servía de centro dejará de presentarse como algo evidente. Cuando lleguemos al siglo II d. C., el mundo se habrá ensombrecido, la relación entre el orden divino y el material se habrá transformado en una oposición insalvable y comenzaremos a sentir un cierto extrañamiento respecto de la realidad. Serán tiempos propicios para las escuelas filosóficas. Escépticos, gnósticos, estoicos y neoplatónicos nos acogerán con los brazos abiertos.

¿QUÉ EMPEZAR A LEER DE ARISTÓTELES Y EPICURO?

En el caso de Aristóteles, la *Metafísica* es un punto de partida excelente, porque esta obra constituye el leitmotiv teórico de toda su filosofía y porque en ella encontrarás una amplia gama de nociones que han sido reiteradamente recogidas y desarrolladas a lo largo de la historia del pensamiento. Es interesante que sigas con la *Ética a Nicómaco*, donde Aristóteles trata de descubrir qué forma de actividad es la más elevada y capaz de dar sentido a nuestra vida.

En lo que se refiere a Epicuro, comienza por la *Carta a Meneceo*, una lectura obligatoria si quieres conocer los puntos más decisivos de su terapia filosófica. Luego puedes continuar con el estremecedor «Himno a Venus» del poema de Lucrecio. El *De rerum natura*, además de ser un excelente compendio de las principales enseñanzas de la física epicúrea, es una de las obras más bellas de la literatura latina. Vale la pena disfrutar de su lectura.

Otras lecturas recomendables

Aubenque, Pierre, *El problema del ser en Aristóteles*, Madrid, Escolar y Mayo, 2008.

Cappelletti, Ángel J., *Lucrecio: la filosofía como liberación*, Caracas, Monte Ávila, 1987.

During, Ingemar, *Aristóteles*, México, Universidad Nacional Autónoma de México, 2001.

García Gual, Carlos, *Epicuro*, Madrid, Alianza, 1981.

Gómez Pin, Víctor, *El orden aristotélico*, Barcelona, Ariel, 1984.

Jaeger, Werner, *Aristóteles*, México, Fondo de Cultura Económica, 1999.

Lledó, Emilio, *El epicureísmo*, Madrid, Taurus, 2003.

Onfray, Michel, *Las sabidurías de la Antigüedad. Contrahistoria de la filosofía I*, Barcelona, Anagrama, 2013.

Reale, Giovanni, *Introducción a Aristóteles*, Barcelona, Herder, 2009.

3

ESCUELAS FILOSÓFICAS EN TIEMPOS DE INDIGENCIA

LA FILOSOFÍA: UN MODO DE VIDA

Las escuelas filosóficas de la Antigüedad griega y romana no son meros lugares donde se comentan textos y los profesores enseñan distintas teorías. Los miembros de una misma escuela no se limitan a estudiar un conjunto de preceptos teóricos, sino que adoptan un modo de vida compartido. Lo que se pone en juego no es simplemente una doctrina fundada por un maestro y transmitida a través de una serie de libros. Mientras reflexionan, sus discípulos se esfuerzan por cambiar su mirada sobre el mundo y sobre ellos mismos. La filosofía se asocia a un estilo de vida. Incluso sus especulaciones más abstractas (en física, metafísica, astronomía) están en cierto sentido destinadas a comprender cómo podemos actuar mejor, y no sólo a saber por el simple placer de saber. De modo que, día tras día, los miembros de estas escuelas se ejercitan para incorporar a su vida los principios de su propia doctrina.

Lo que se transmite en tales escuelas no son contenidos puramente teóricos, ideas convenientemente pulidas y elaboradas en arduos sistemas categoriales. Las escuelas de la Antigüedad son, en primer lugar y ante todo, escuelas «buscadoras de sabiduría». Sólo que ahora, además, tienden a una acción terapéutica y consideran la verdad no simplemente como un objeto de conocimiento, sino como una palanca decisiva para transformar la vida. Son instituciones con una vocación redentora, pues lo que se decide en ellas es, nada más y nada menos, que la salvación del alma. Estamos en el segundo y tercer siglo de nuestra era. Son tiempos de cautela para el Imperio romano, que todavía disfruta en su ocaso de los fastos de una estructura política cada vez más consolidada y de tamaño gigantesco; pero también son tiempos de indigencia, en los que la vida de centenares de individuos (en cuanto ciudadanos de un imperio tan vasto como el romano) va perdiendo su sentido y se convierte en una existencia cada vez más desarraigada.

Entre la aparición de Marco Aurelio y la conversión de Constantino asistimos a un momento histórico especialmente significativo: es la etapa en la que se intensifica en Roma la actividad de las escuelas filosóficas, al tiempo que se acentúa la fermentación de nuevos sentimientos religiosos en la cuenca del Mediterráneo. Cuando sube al trono Marco Aurelio, no se aprecia todavía ninguna señal de alarma. Nada parece presagiar el fin de la *pax romana*, ni que a esta iba a sucederle una época de invasiones bárbaras, de sangrientas guerras civiles y de epidemias cada vez más continuas y acuciantes. Sin embargo, hay elementos que comienzan a apuntar a ese cataclismo. En Roma, los pretorianos degüellan a sus emperadores, las fortunas pueden confiscarse en cualquier momento y nada parece garantizar la propia integridad física. No es extraño que en este clima de inquietud generalizada, sobrevenga el repliegue hacia formas distintas de vivir: modos de vida que pretenden materializar un nuevo tipo de relación con el mundo, con uno mismo y con los demás. Son tiempos de indigencia y es preciso encontrar algún lugar en el que el alma pueda sentirse acogida. Escépticos, gnósticos, estoicos y neoplatónicos consagrarán toda su tarea filosófica a la búsqueda de ese refugio interior en el que podamos estar a salvo.

EL PURGANTE ESCÉPTICO

Lo que habitualmente se denomina «escepticismo» abarca toda una serie de transformaciones históricas que cubren al menos seis siglos de existencia. El nombre mismo de la escuela viene del griego *skeptomai* y se refiere a los *skeptikoi*, los que tienen la cualidad de observar las cosas de un modo agudo y penetrante. Esto es lo primero que podemos decir de un escéptico: que no se relaciona con la realidad de un modo cualquiera, sino que la mira atentamente. Por desgracia, no tenemos prácticamente ninguna información sobre cómo vivían los primeros escépticos, qué clase de comunidad crearon, quiénes eran sus discípulos y cómo actuaban con ellos.

Sexto Empírico (160-210 d. C.) es una de las figuras centrales del escepticismo. En su obra principal, los *Esbozos pirrónicos*, se hallan algunas de las fuentes más valiosas de esta escuela filosófica a lo largo de sus seis siglos de existencia: desde Pirrón de Elis y Heródoto de Tarso, pasando por Enesidemo de Cnoso, hasta llegar a Carnéades y Cicerón. Pero la obra de Sexto Empírico es algo más que un simple almacén repleto de referencias eruditas y citas clásicas: nos muestra a un pensador dispuesto a hacer un balance filosófico de toda la tradición escéptica.

Lo primero que llama la atención es que Sexto se presenta a sí mismo como un doctor. Este es un rasgo decisivo que el escéptico comparte con el epicúreo. Nos recuerda que la filosofía trata las opiniones de los demás como enfermedades, pues las concibe como una fuente de vulnerabilidad y perturbación para el alma. De ahí que pretenda liberarse de su presencia de la misma manera que un purgante cuando actúa sobre los contenidos sobrantes de nuestro cuerpo. Si el purgante se encarga de evacuar el vientre, el razonamiento, en cambio, limpia nuestra mente purificándola del daño causado por todo tipo de creencias y opiniones. En cuanto finaliza el tratamiento, podemos prescindir de ambas. Como señala Sexto Empírico, es lo mismo que le pasa a una persona que haya trepado por una escalera hasta un lugar elevado: nada le impide echar abajo la escalera después de haber subido por ella.

El escéptico se distingue del epicúreo en este punto decisivo: no puede llegar a afirmar que los razonamientos que emplea son verdaderos, pues pone en duda que estemos en posesión de ninguna verdad. Pero tampoco tiene por qué rechazarlos ni considerarlos falsos. Lo único que nos dice es que el sabio no puede aseverar nada: se limita a practicar lo que los primeros escépticos ya denominaban *epojé*, o sea, el abstenerse de emitir cualquier juicio. Antes de predicar la verdad o falsedad de cualquier aspecto de nuestro mundo, es preferible dejar entre paréntesis cualquier afirmación que podamos expresar sobre la realidad y permanecer sumidos en el silencio. Esto es lo único que podemos hacer para alcanzar una vida sin creencias, vaciada de toda clase de apegos y compromisos firmes. Sin embargo, hay quienes entienden que no es nada fácil poner en práctica la *epojé* y, aún menos, ofrecer un modo de vida perfectamente consecuente con ella. El mejor ejemplo es la vida misma de Pirrón de Elis, el fundador de la escuela. Así parece deducirse del testimonio de Diógenes Laercio, el biógrafo más importante de la Antigüedad tardía:

> Pirrón se conducía en la vida de acuerdo con su doctrina, sin esquivar ni cuidarse de nada, sino arrostrándolo todo: carros, si se terciaban, precipicios, perros y todo lo demás, no fiándose en nada de las sensaciones; aunque lo salvaban, según dicen Antígono de Caristo y los suyos, los amigos que lo acompañaban. Enesidemo,

en cambio, asegura que filosofaba según la razón de la suspensión del juicio, pero que en realidad no obraba al descuido; y vivió noventa años.[1]

Si leemos con atención este párrafo, vemos que hay dos posibles maneras de concebir la *epojé*. La interpretación atribuida a Antígono nos dice lo siguiente: sí, la vida de Pirrón es exquisitamente coherente con su pensamiento; pero si vive de acuerdo a la *epojé* y, por tanto, duda de todo y de la realidad tal como se la presentan sus sentidos, es lógico que se comporte como un loco y se despreocupe de todo lo que pueda salirle al paso, porque, al fin y al cabo, no está dispuesto a creer que ahí donde él ve un precipicio, lo haya realmente. Esta imagen de un Pirrón lunático, que no tiene los pies en el suelo, reproduce fielmente la anécdota de Tales: el tópico del filósofo separado de la vida ordinaria y de las consecuencias completa-

mente absurdas que supone llevar su teoría hasta el final. Aquí sí que se puede decir, en sentido estricto, que el filósofo vive en su mundo. Nada impide que ponga en suspenso los hoyos que pueda encontrarse a lo largo del camino; puede dudar de su existencia, desconfiar de lo que le dicen los sentidos e, incluso, actuar como si esos agujeros no existieran. Pero lo más probable es que el filósofo caiga fácilmente en cualquiera de ellos, a no ser que algún discípulo suyo se apreste a impedirlo.

La segunda interpretación nos muestra a un Pirrón menos cómico y seguramente más acorde con el verdadero espíritu de sus enseñanzas. Enesidemo parece decirnos que Pirrón practica la *epojé* y que no por ello tiene que comportarse como un lunático encerrado en una torre de marfil. En efecto, dejar en suspenso nuestro juicio no significa adoptar un modo de vida apartado de todo, sino dudar de todo aquello que el lenguaje pueda decirnos de las cosas. Cuando el escéptico afirma «yo no digo nada porque no puedo afirmar nada», lo que está diciendo, en el fondo, es que las palabras no siempre tienen un significado claro. No podemos decir nada acerca de cómo son las cosas, porque el mundo se ha convertido en un juego amenazado por la excesiva complejidad del lenguaje, por las sutilezas gramaticales, las creencias demasiado rígidas, las convicciones poco elásticas, los conceptos demasiado espesos. Abstenerse de cualquier juicio es mantenerse en una posición sabia: eso es lo único que nos queda cuando prestamos atención a las cosas.

Como puede verse, cualquier representación que podamos hacernos del escepticismo bascula entre estas dos imágenes. Podemos dar credibilidad a la primera e imaginarnos a un Pirrón tan inflexible en el ejercicio de su *epojé* que acabe resultando un personaje ridículo y estrafalario. En el fondo, esta imagen del escéptico se aproxima mucho al filósofo descrito

DATO CURIOSO

La baba del caballo y la esponja

Una de las imágenes tradicionales para representar cómo podemos alcanzar la serenidad a partir de la *epojé* está protagonizada por el pintor Apeles. Según Enesidemo, el célebre artista, que trabajaba al servicio de Alejandro Magno, estaba pintando un caballo, tal vez el famoso Bucéfalo. Pero al llegar a la baba que debía salir de los belfos equinos, el pobre Apeles, que en otro tiempo había logrado pintar la Afrodita más bella de cuantas se habían retratado jamás, se las ve y se las desea para reproducir semejante fluido orgánico. Se cuenta que, tras muchos intentos, el pintor de Colofón, desesperado, arrojó al cuadro la esponja con la que había mezclado los colores. Y fue entonces cuando, de manera inesperada, el pintor consiguió plasmar la baba del caballo.

Esto mismo es lo que les sucede a los escépticos. Si trataran de conocer los medios que han de conducirnos a la *ataraxia*, correrían el riesgo de desesperarse y pondrían en peligro la posibilidad de alcanzar semejante estado. Por el contrario, dice Sexto Empírico, «a quienes suspenden el juicio, les acompaña como por azar la serenidad de espíritu, lo mismo que la sombra sigue al cuerpo». Así como Apeles no esperaba nada cuando tiró la esponja y, pese a todo, logró el efecto pictórico deseado por una feliz coincidencia, exactamente lo mismo sucede al escéptico cuando le viene la *ataraxia*. Al ponerlo todo en duda, él no la anda buscando, no cree en ella: simplemente es algo que le sucede.

por Platón en el *Fedón*: desapegado radicalmente del mundo sensible, corre el riesgo de convertirse en un muerto en vida.

Pero también podemos separarnos de esta representación y pensar la figura del escéptico como un observador agudo de la realidad; alguien que se entrega a la duda y la injerta en sus huesos con el fin de hacer tambalear todas las certidumbres, de poner en tela de juicio toda evidencia. Sólo la duda atenta y continuamente activa, siempre en guardia contra una recaída en la creencia, puede constituir un modo de vida lo más imperturbable posible. Para Sexto Empírico y el escepticismo en general, eso es lo único que verdaderamente importa: no hay nada que impida al filósofo actuar en este mundo, pero sabiendo siempre que nada es sólido, que todo es infundado.

Esa es la lucidez que logra retener quien pone un mínimo de atención a las cosas. En la Roma del Bajo Imperio muy pocos querrán para sí esa lucidez, ni el vértigo que la acompaña. El escéptico, por su parte, se convertirá en un desengañado al que nadie soporta, un observador que ha logrado ver lo esencial, una anomalía en medio de una vida cada vez más llena de angustia. Lamentablemente, el escepticismo no surtirá los efectos terapéuticos que tanto se prometía. Tanto la escuela pirrónica como su orientación filosófica se irán disolviendo hasta desaparecer, sin dejar rastro alguno, poco después de la muerte de Sexto.

LA MAZMORRA GNÓSTICA

Hemos visto que el escéptico cree en la posibilidad de curar a los que creen, de sanarlos de todos sus prejuicios, opiniones y falsas verdades. Pone todo su énfasis en una duda purgativa y, cuanto más se aferra a ella, sin una opinión definida sobre cómo deberían ser las cosas, sin estar continuamente forzando la realidad para adaptarla a sus exigencias, más deja vivir. En lugar de despegarse del mundo, prefiere despegarse de aquellas creencias que impiden que la vida sea algo donde efectivamente pasen cosas. El escéptico puede sospechar del carácter ilusorio de los sentidos, admitir que en el juego de las evidencias nada parece más engañoso que la realidad. Pero, aun así, jamás se atrevería a condenar el mundo en su totalidad. Esta es precisamente una de las tesis centrales del gnosticismo.

Corriente extraordinariamente variopinta y difícil de clasificar, el gnosticismo es una extraña mezcla en la que se amalgaman creencias orientalistas, ideas de la filosofía griega y elementos religiosos del primer cristianismo. Algunas de sus personalidades más relevantes son Marción (85-160 d. C.), Valentín (100-160 d. C.) y Basílides, que enseñó en Alejandría durante el reinado de Adriano (117-138 d. C.). A pesar de la extraordinaria diversidad de sus doctrinas, hay un aspecto común en el pensamiento gnóstico que está relacionado con su odio hacia este mundo. Estamos en el siglo II y se ha acabado el tiempo de las *ataraxias*: la existencia en este mundo es un auténtico calvario y no hay ningún paraíso terrenal que pueda garantizar nuestra salvación. Al contrario, la distancia entre el mundo verdadero y el nuestro se ha hecho infinita. No hay ninguna conexión entre ambos: completamente alejados de nuestra patria celestial, vagamos por este mundo como quien ha sido arrojado a una tierra extranjera, condenados a vivir en una realidad completamente disconforme con nuestra verdadera naturaleza.

Con esta separación tan abrupta entre los dos mundos, los gnósticos abren un nuevo escenario. A ningún filósofo griego se le habría podido ocurrir que hubiera algo más aparte de «este» mundo. Platón había distinguido el reino de las ideas, pero no hasta el punto de separarlo completamente del mundo sensible, como si constituyera el contrapunto de una realidad opuesta. Epicuro podía multiplicar los mundos existentes, pero todos ellos formaban parte de esta única totalidad que conforman los átomos y el vacío. Pero ahora resulta que a «este» mundo se le contrapone «otro» completamente distinto. Los gnósticos acentúan la antítesis dejando muy claro qué valoración les merece «este» mundo y el «otro». Si el mundo del más allá es en su concepción idéntico al bien y a la plenitud divina, el mundo de aquí, en cambio, les parece equivalente al mal y lo demoníaco. La luz y las tinieblas son las sustancias a partir de las cuales se construye la oposición entre «este» mundo y «aquel». Si en aquel mundo la luz brilla de manera esplendorosa, en este, por el contrario, nos hallamos sumidos en la espesura de una sombra donde la luz es tan solo una incrustación extraña.

Un simple vistazo al andamiaje material de este mundo les hace pensar que ha tenido que ser obra de un dios sin escrúpulos. El autor de la Primera Epístola de San Juan es rotundo: «El mundo terrenal está asentado en el maligno». En uno de los salmos de Qumrán, el cosmos es descrito como el «dominio del miedo y el terror, un lugar miserable y lleno de desolación». En el *Testimonio de la verdad* se nos presenta directamente como una pesadilla «en la que se huye no se sabe adónde o en la que uno se queda inerte persiguiendo no se sabe a quién». Para los gnósticos, el dolor de nuestras vidas cotidianas no es el resultado de ningún pecado originario, sino de un fallo fundamental en la estructura material de un universo creado por demonios defectuosos. Privado de toda elección, el ser humano teme ser abandonado a su suerte, le espanta ser olvidado en un mundo que dista mucho de ser su casa:

Y grité pidiendo ayuda y mi voz no se abrió paso fuera de las tinieblas y miré hacia las alturas para que la luz en la que había creído viniera en mi ayuda. Ahora estoy asediado en las tinieblas del caos [...]. Líbrame de la materia de estas tinieblas para que no quede sumergido en ellas [...]. Mi fuerza se asomó a mirar desde el centro del caos y el centro de las tinieblas y yo esperaba a mi par para que viniera y luchara por mí y él no ha venido. [...] Y cuando busqué la luz, me dieron tinieblas, cuando busqué mi fuerza, me dieron materia.[2]

Recordemos que en la caverna de Platón, se nos presenta a los seres humanos como prisioneros férreamente atados a sus asientos y obligados a ser espectadores de una oscura representación de lo que (engañados) consideran que es la realidad. En el gnosticismo, el mundo se convierte en una férrea mazmorra en la que los poderes del mundo luchan con todas sus fuerzas para que no salgamos de nuestra ignorancia. En Platón, el filósofo tiene la oportunidad de escapar de la cueva, ascender a la superficie de la tierra y encontrar la brillante superficie iluminada por los rayos de sol de antaño. Pero también sabemos que, una vez que se ha acostumbrado a contemplar el mundo de las ideas, debe emprender el camino de retorno. En la cárcel de los gnósticos, no hay escapatorias ni regresos posibles, sino solamente un inmenso muro hecho de materia, que apenas deja entrar la luz y obstaculiza cualquier intento de hallar una salida. Lo único que nos queda es mirar hacia dentro y después hacia el cielo, y comprobar que en ambos casos sólo podemos salvarnos atisbando en nuestro interior:

Los gnósticos —cuenta Ireneo de Lyon— no conciben la redención corporalmente, puesto que el cuerpo es corruptible; ni tampoco de un modo psíquico, pues el alma procede de la deficiencia y es como la casa del espíritu; por consiguiente, debe ser espiritual. El hombre interior, el espiritual, es redimido por medio del conocimiento, y le basta con el conocimiento de todas las cosas.[3]

De este modo, la única escalera posible hacia el cielo es la ejercitación del *pneuma*, esa chispa «divina» que habríamos conservado en nuestro interior a pesar de haber sido arrojados al mundo. Esta parte de nuestra naturaleza es precisamente lo que debe liberarse en cuanto iniciamos nuestra ruptura con el mundo. Pero para ello es preciso instruirnos y alcanzar la *gnosis*, es decir, aquel conocimiento que debería ponernos en contacto con nuestra verdadera espiritualidad. Dado que nuestra alma ha sido arrojada a un entorno extraño e inhóspito, el sendero de la salvación pasa única y exclusivamente por superar nuestra ignorancia, interiorizar con ayuda de un maestro el mensaje de los textos sagrados y trascender el mundo de las apariencias materiales mediante la obtención del verdadero conocimiento.

La cuestión consiste en elegir lo espiritual como forma de vida o, por el contrario, decantarse por lo material. Esta es la disyuntiva que debe afrontar el alma: participar de la vida del espíritu o permanecer recluida en la cárcel del cuerpo, esa mazmorra inexpugnable en la que entramos al nacer y de la que saldremos cuando muramos. Lo primero supone el ascenso del alma, que en su elevación hacia lo divino revierte la caída de los tiempos originarios; lo segundo nos deja completamente sumidos en la inercia de nuestro universo material, lejos de nuestro verdadero hogar. No sorprende pues que la *gnosis* se entienda finalmente como un reto a la deserción. Cualquier idea basada en que no pertenecemos a esta tierra, que el mundo es un universo abyecto, una prisión para nuestra alma que se debate para liberarse de la realidad del cuerpo, será acogida como una apuesta por la verdadera vida.

DATO CURIOSO

Los evangelios gnósticos

En diciembre de 1945, un campesino árabe realizó un asombroso hallazgo histórico en el Alto Egipto, en las cercanías de la aldea de Nag Hammadi. Se trataba de una vasija de cerca de un metro que contenía trece libros de papiro forrado en cuero escritos en los primeros siglos de nuestra era. De los manuscritos encontrados, 52 eran textos-evangelios, la mayoría de ellos desconocidos hasta entonces, de diversas sectas gnósticas que presentan una visión doctrinaria cristiana muy diferente a la ortodoxia defendida en el credo de los Apóstoles.

Sin ir más lejos, algunos de ellos narran la historia del género humano en términos muy distintos a los del Génesis. El *Testimonio de la verdad*, por ejemplo, cuenta la historia del Jardín del Edén ¡desde el punto de vista de la serpiente! En este texto, la serpiente convence a Adán y Eva para que compartan el conocimiento, mientras el Señor los amenaza de muerte, tratando celosamente de impedir que logren la *gnosis* y expulsándolos del Paraíso cuando lo logran. También resulta llamativo, entre otros, el Evangelio de Judas. En lugar de presentárnoslo como un traidor capaz de vender a su maestro por treinta monedas de plata, el texto nos muestra a un Judas actuando a petición de Jesús para que este llegue a cumplir su misión final, la crucifixión, y de este modo logre deshacerse del cuerpo que lo reviste, de su parte material, liberando así al Cristo verdadero, al ser divino alojado en su interior. Dejando a un lado su alcance mediático, el Evangelio de Judas nos muestra una faceta del cristianismo primitivo que, con razón, sigue levantando ampollas entre los partidarios de la religión institucionalizada. La tesis, cuando menos, resulta inquietante: ¿y si aquel que ha pasado a la historia del cristianismo como emblema de su traición a Cristo hubiese sido el discípulo más fiel de Jesús?

LA FORTALEZA ESTOICA

El estoicismo se halla en las antípodas de esta visión despreciativa del cosmos. Su nombre mismo es fruto del azar. *Stoa*, en griego antiguo, significa «pórtico». Como se da la circunstancia de que los primeros discípulos se reunían en un lugar llamado el «Pórtico pintado» (*Stoa poikile*), se les atribuyó el nombre de «estoicos», es decir, la «gente del Pórtico». Fundada en el año 301 a. C. por Zenón de Citio, la escuela estoica atraviesa tres períodos muy distintos: una fase inicial regida a lo largo del siglo III por Cleantes y Crisipo; una fase intermedia más bien ecléctica en la que destacan Panecio de Rodas y Posidonio; y una tercera fase romana protagonizada por Séneca, Epicteto y Marco Aurelio.

Lejos de propugnar la oposición entre dos mundos, el estoicismo reivindica la presencia de una única realidad que la razón divina rige y gobierna hacia lo mejor. El único modo de alcanzar la imperturbabilidad, de hacernos fuertes en nuestro interior, pasa por conectar con esa razón que dirige de modo providencial los designios del cosmos, aceptándola sin ninguna oposición. De lo que se trata, pues, es de acomodar nuestras vidas con el funcionamiento de esta razón que lo penetra todo, un ideal al que puede aspirar cualquiera, porque el estoicismo se dirige tanto a los señores como a los esclavos, tanto a los dignatarios como a los ciudadanos más sencillos. No hay más que ver la diversidad de categorías sociales a las que pertenecen algunos de los estoicos más insignes: Séneca (4 a. C.-65 d. C.) fue abogado y atesoró una gran fortuna; Epicteto (55-135 d. C.) fue esclavo de un secretario del emperador Nerón; Marco Aurelio (121-181 d. C.) dirigió los designios del Imperio durante dos décadas. Sea cual sea el papel que nos haya asignado el orden del universo, lo crucial para un estoico es ordenar nuestras vidas con arreglo a esta razón soberana, la única que puede situarnos por encima de las contingencias y hasta del azar, hacernos verdaderamente libres y procurarnos el estado de felicidad que necesita nuestra alma.

En este sentido, Séneca nos habla continuamente de que los afanes de los seres humanos no son más que puro juego, de que una vida sobreexpuesta a los vaivenes de la fortuna corre el riesgo de la pérdida y del sufrimiento, de que nos engañamos creyéndonos libres cuando en realidad no somos más que esclavos de nuestras pasiones. De ahí que presente al sabio estoico como un ser que ha alcanzado la *apatheia*, un estado ideal totalmente distanciado de las pasiones, ajeno al tumulto de la vida emocional, libre de toda vulnerabilidad en nuestra relación con el mundo:

> Si contemplas a un hombre que permanece impertérrito ante los peligros, entero ante los placeres, feliz ante la adversidad, sosegado en medio de las tempestades; que ve a los hombres desde una altura superior a los hombres y desde un plano igual a los dioses, ¿no penetrará en ti una veneración por él? ¿No dirás «esa cosa es bastante grande y elevada como para que pueda creerse proporcionada a este hombre insignificante en el cual está»? Una fuerza divina ha descendido ahí; un poder celestial mueve esa alma excelente, moderada, que trata a todas las cosas como inferiores, que se ríe de cuanto tememos y deseamos. No puede conservarse una cosa tan grande sin la ayuda de la divinidad; y así, está en la mayor parte de sí mismo allí donde ha descendido.[4]

Séneca nos habla de un ser plenamente autosuficiente: ningún acontecimiento puede perturbar su alma; su espíritu se encuentra imbuido de atributos divinos, «como el cielo que está sobre la luna, ya que allí reina siempre la serenidad». De algún modo, el sabio siente los acontecimientos como algo que meramente roza la superficie de su piel. No logran penetrar en el núcleo duro de su interioridad puesto que el alma es un lugar profundo e insondable. Séneca se imagina el espacio del alma de distintas maneras: como una oscura arboleda apartada de todo, como una cueva excavada en las rocas que sostiene sobre sí una montaña e, incluso, como un estanque sagrado debido a la hondura de sus aguas. Al estoico le corresponderá investigar esas profundidades y dominarlas. Tendrá que aprender a extirpar sus pasiones, pero esto no significa que deje de sentir emociones: lo decisivo es que no se implique en ellas, tratando de contemplarlas desde fuera. Unos versos de Horacio ilustran este reto a la perfección: «Si roto se desploma el Orbe, ¡hiéranlo a él impávido las ruinas!». Esa es la situación límite que el poeta se imagina: ya se derrumbe el orbe o se venga abajo el universo, el auténtico estoico no se inmuta jamás, no hace nada, permanece en todo momento imperturbable, como si nada de este mundo fuera con él y pu-

diera contemplarlo simplemente como quien se recrea ante un espectáculo.

La importancia que Séneca confiere a la *apatheia* queda confirmada en el papel central que adoptará el control de la razón. La expresión empleada por los estoicos para caracterizar la parte racional del alma es *to hegemonikon*, es decir, «lo que manda», «lo que domina». La razón debe comportarse en el alma como un capitán que tiene que doblegar y someter a latigazos cualquier intento de amotinamiento de las pasiones. Análogamente, al sabio se le suele comparar con el atleta o el luchador, cuya capacidad para dominarse en el aguante del esfuerzo y del propio dolor ejemplifica lo más característico de cualquier virtud. Quien depende de sí mismo está preparado para alcanzar la felicidad, mientras que quien se deja llevar está condenado a vagar por esta vida, completamente desorientado.

Esta distinción entre «lo que depende de nosotros» y «lo que no depende de nosotros» cobra una relevancia decisiva en el *Enquiridion* de Epicteto. Imaginemos que vamos a coger un avión para realizar un largo viaje. ¿Qué es lo que depende de nosotros? Elegir la compañía más apropiada, los asientos más seguros y un par de pastillas por si queremos tener un vuelo lo más apacible posible. Pero si una vez en el aire comenzamos a sentir una fuerte turbulencia, ¿qué es lo que depende de nosotros? No podemos calmarla, esquivarla o tomar los mandos del avión. Lo único que podemos hacer es controlar nuestro ánimo, dominar nuestras emociones, comprender que nada está en nuestras manos, y asumir que «la verdadera turbulencia está en nuestro interior». Todo lo demás no depende en absoluto de nosotros. En estos mismos términos se expresa Epicteto:

> Todo lo que hay en la naturaleza, o depende de nosotros, o no depende. Lo que depende de nosotros son nuestras opiniones, nuestras inclinaciones, nuestros deseos, nuestras repugnancias, en una palabra, todas nuestras acciones; lo que no depende son los cuerpos, los bienes, la reputación, las dignidades; en fin, todo aquello que no es obra nuestra.[5]

Tal como nos recuerda el *Enquiridion*, las circunstancias que nos rodean pueden ser distintas en cada momento: puedo gozar de salud o estar enfermo, ser rico o haberme arruinado de repente, tener buena reputación o caer en el peor de los descréditos. Hay algo, sin embargo, que no está sujeto a cambio alguno y que depende enteramente de nosotros: esté enfermo o sano, sea rico o pobre, me elogien o me insulten, siempre está en mi mano mantener el control de mis pensamientos y de mis decisiones. Este es el núcleo de la doctrina estoica según Epicteto. Y la única virtud que puede conferirnos la paz y la libertad necesarias para nuestra vida es la *enkrateia*, el dominio sobre nosotros mismos, la capacidad para seguir el rumbo que nos marcamos, lejos del flujo y reflujo de los hábitos dominantes y las circunstancias que nos envuelven. El estoico nos conmina a asumir las riendas de nuestra propia vida, aunque ello nos exija un autoexamen diario, como si este se realizara en una habitación oscura en la que el alma, privada de la luz exterior, vuelve su mirada sobre sí misma.

Al igual que Séneca y Epicteto, Marco Aurelio nos recomienda también ese ejercicio de confrontación con uno mismo. Pero a él no le basta con un simple repaso de lo que se ha dicho o hecho durante el día. En su lugar nos propone un examen constante, un estado permanente de control y vigilancia sobre nuestra alma:

> La facultad de disponer de sí mismo, de darse cuenta exacta de todos sus deberes, de analizar sus ideas una a una, de juzgar si ha llegado la hora de poner término a sus días, en fin, de examinar cuerdamente todas las cuestiones que lleva consigo el ejercicio de la razón, esta facultad, vuelvo a decir, se halla en el individuo completamente agotada. Es preciso, pues, aprovechar el tiempo, y no sólo porque cada instante es un paso más que damos hacia la muerte, sino también para prevenir este agotamiento total de nuestra razón.[6]

Marco Aurelio es tajante en lo que respecta a las consecuencias que acarrea no poner en práctica este examen de conciencia. Según las *Meditaciones*, bloquearíamos la voz de nuestra alma, que es la que nos indica lo que es bueno y malo; actuaríamos sin pensar en las consecuencias, lo cual podría repercutir en nosotros o en los demás; y, lo que es más importante, haríamos más pequeño nuestro interior. El objetivo de este autoexamen —que incluye asimismo prácticas tales como la abstinencia o el entrenamiento del cuerpo— es precisamente «engrandecer el alma», liberarla de esa amplia trama de opiniones y servidumbres que le impiden descubrir su verdadera naturaleza. Así como el filósofo, en correspondencia con el mítico Atlas, se empeña en cargar con el peso del mundo, quien se aferra a los asuntos pequeños y medianos, dice Marco Aurelio, no tiene las manos libres para los grandes. Las *Meditaciones* son una entusiasta defensa del ejercicio fatigoso y difícil que hace de la vida algo lo suficientemente serio para no irla perdiendo en futilidades.

Tal y como reconoce el estoicismo, no podemos confiar en nada ni en nadie salvo en nuestro propio compromiso con la razón. Ahora bien, la pregunta es obvia: ¿hasta qué punto puede el sabio estoico confiar en los demás y preocuparse por ellos? En las *Meditaciones* se nos recuerda que debe estar

DATO CURIOSO

Mirar un cuerpo como quien ve carne asada

Era prácticamente inevitable que en una filosofía como la estoica, donde las almas de los individuos se ven sometidas a un verdadero examen de conciencia, se produjera el fenómeno del resentimiento contra uno mismo. En una carta a Frontón, escrita a los veinticinco años, Marco Aurelio se muestra disgustado por no llevar la vida que corresponde al verdadero filósofo: «Estoy pesaroso —escribe— y de mal humor contra mí mismo, estoy triste y descontento, me siento lleno de miseria». Los mismos sentimientos lo acosan cuando ya es emperador: en lugar de realizar los ideales que se había propuesto y de llevar una vida que valga la pena vivir, se ve obligado a soportarse a sí mismo, con toda la dureza que conlleva una recriminación de este tipo.

Otros estoicos de aquella época sí que pueden soportarse a sí mismos, pero cargan sobre el cuerpo todo el peso de sus resentimientos. Basta recordar el consejo que el propio Marco Aurelio nos ofrece en sus *Meditaciones*. Siempre que nos veamos tentados por la voluptuosidad de un bello cuerpo femenino, la receta es, invariablemente, la misma: imaginar cómo será dentro de unas décadas, con la piel arrugada y los pechos flácidos. Es más, Marco Aurelio nos aconseja representárnoslo tal cual está, figurarnos lo que se encuentra en estos momentos bajo la piel, como si estuviéramos ante un cuadro de Francis Bacon y, en lugar de un cuerpo, nos limitáramos a contemplar un conjunto indefinido de órganos y tejidos vitales. Esta es la recomendación ascética del emperador romano:

> [Mira ese cuerpo] como quien ve carne asada y otros platos frente a uno mismo y se da cuenta de repente: esto es un pez muerto. Un pájaro muerto. Un cerdo muerto. O que este viejo vino no es más que zumo de uvas, y los ropajes púrpuras son lana de oveja teñida con sangre de crustáceos. [Imagina] hacer el amor; algo se frota

contra tu pene, un breve vahído y un pequeño líquido turbio. Percepciones como esta [nos obligan a] agarrar las cosas y perforarlas, para que podamos ver lo que realmente son. Eso es lo que necesitaríamos hacer constantemente —a lo largo de toda nuestra vida, cuando las cosas reclaman nuestra confianza—, dejarlas desnudas y ver cuán absurdas son, despojarlas de la leyenda que se incrusta en ellas.[7]

completamente alerta, tanto respecto de sí mismo como de sus apariencias e impulsos. Sin embargo, ¿no podría eso acabar con lo imprevisto y lo espontáneo, que tan determinantes son para la vida apasionada? Mientras la razón esté con nosotros, viviremos una vida plena. Mientras sea libre, alcanzaremos siempre la integridad perdida. No importa lo que el mundo haga con ella. Pero entonces, ¿qué hacemos con el *eros* del que tanto nos habían hablado los filósofos? ¿Es incompatible con la imperturbabilidad? ¿Se puede vivir en el reino de la razón, entendido a la manera del estoicismo, y prescindir de la fuerza singular de ese deseo? Esta es la cuestión que debe afrontar la filosofía neoplatónica.

EL AUTOCONOCIMIENTO NEOPLATÓNICO

Hemos visto que el estoicismo nos ofrece la puesta en práctica de un entrenamiento vital. Su rasgo esencial es que nos permite actuar en cualquier circunstancia, por muy adversa que sea, hacer frente a todas aquellas situaciones en las que la vida real parece ponernos a prueba. El neoplatonismo también habla de una ejercitación permanente de nuestra alma. Pero no se propone desarrollar ninguna regla de prudencia sobre el modo en que debemos conducir nuestra vida, ni trata de detectar en nuestro interior las huellas de nuestros defectos y debilidades: toda su práctica filosófica se asienta sobre el conocimiento de uno mismo. Unido a las figuras de Plotino

(204-270 d. C.), Porfirio (233-305 d. C.) y Proclo (412-485 d. C.), el neoplatonismo es una escuela cuya actividad filosófica se prolongó hasta bien entrado el siglo VI. Contrariamente a lo que sugiere su nombre, constituye una síntesis de tradiciones muy distintas, además de la platónica, con aportaciones significativas tanto del aristotelismo como de las inclinaciones místicas de origen hindú y judío.

Pese a su afinidad con el gnosticismo, los neoplatónicos no tienen ninguna intención de compartir los rasgos esenciales de este movimiento. En primer lugar, rechazan el carácter esencialmente antimundano de los gnósticos: el cosmos no debe atribuirse a la existencia de un demiurgo maligno, sino que brota originariamente de un principio que los escritos neoplatónicos identifican con el Uno o el Bien. En segundo lugar, el neoplatonismo considera el mundo y su relación con este principio como un yoyó que se enrolla rápidamente arriba y abajo en torno a un hilo; el gnosticismo, en cambio, corta ese hilo porque no ve ninguna conexión entre el universo y el Dios bueno. Finalmente, así como el gnosticismo lleva al extremo el desamparo radical del ser humano, interpretándolo como una suerte de desnaturalización o destierro de nuestro verdadero hogar, el neoplatonismo prefiere plantear nuestra estancia en este mundo como una prueba formativa por la que debe pasar nuestra alma. Estas tres ideas pueden rastrearse fácilmente en toda la literatura neoplatónica. Basta con dejarse llevar por el encanto de una fábula eterna como la de Eros y Psique.

LAS DIFÍCILES NUPCIAS ENTRE EL AMOR Y EL ALMA

La leyenda de Eros y Psique, uno de los relatos mitológicos más influyentes en Occidente, se encuentra en la parte central de los once libros que componen *El asno de oro* de Lucio Apuleyo. La historia empieza con Psique, la más bella de las tres hijas del rey de Anatolia. Es tal la admiración que suscita su hermosura que no tarda en despertar los celos de Venus, la diosa del amor y de la belleza, quien inmediatamente le encomienda a su hijo Eros la siguiente misión: lograr que Psique sienta el más abrasador de los amores por el hombre más monstruoso del mundo, «aquel a quien la fortuna le haya golpeado en su dignidad, en su patrimonio y en su integridad tan humillantemente que no se pueda encontrar en el mundo un desecho semejante».

Algún tiempo después, un oráculo ordena al padre de Psique, bajo la amenaza de una terrible calamidad, que abandone a su hija en una roca solitaria para que sea devorada por un monstruo. Pero cuando el dios Eros ve a la muchacha a punto de perecer en las terribles fauces de la criatura, cae profundamente enamorado de ella. Psique aguarda temblorosa la ejecución del oráculo, cuando de repente se siente transportada por una suave brisa y, tras caer en un profundo sueño, se despierta rodeada de un frondoso bosque y ante una bella mansión. Agasajada con todo tipo de atenciones, Psique sabe que se halla en la casa de su esposo, aún desconocido por ella. Al anochecer, el misterioso esposo comparece en la oscuridad. Aunque ella no consigue ver sus rasgos, es capaz de sentir la dulzura de su voz y el tacto de sus manos. Sin embargo, antes de que regrese la aurora, el extraño visitante desaparece apresuradamente, no sin antes hacerle prometer a Psique que jamás intentará ver su rostro.

Una noche, presa de la nostalgia, Psique pide a su marido que le permita ver a sus dos hermanas. Él accede a cambio de que ella mantenga la promesa y no contemple su rostro. A la mañana siguiente, Psique recibe a sus hermanas que, devoradas por la envidia, siembran en su corazón las semillas de la sospecha: «Sólo un monstruo querría ocultar su verdadera apariencia», le dicen. Así es que la convencen para que en medio de la noche encienda una lámpara de aceite y, tras iluminar el rostro de su marido, le corte el cuello con una afilada navaja. Psique decide llevar a cabo el plan urdido por sus hermanas, hasta que descubre que ese supuesto monstruo es, para su sorpresa, el joven más hermoso del mundo: Eros. Asustada por lo que estaba a punto de hacer, tropieza con una de sus flechas, con tan mala fortuna que derrama una gota de aceite caliente sobre el hombro desnudo de su amado. El dios se despierta enseguida y, profundamente abatido por la traición de su esposa, decide abandonarla.

El relato prosigue con los sufrimientos padecidos por Psique, las tareas imposibles que debe afrontar para reencontrar a su marido, las nuevas tentaciones que se irán cruzando en su camino. Pero el interés filosófico del relato se encuentra en este punto: la traición de Psique y la consiguiente pérdida de Eros. La situación inicial que nos describe Apuleyo responde a un estado de inocencia. Psique se halla en una mansión donde no parece echar nada en falta y se siente felizmente unida a su amante. Pero pronto surge una condición: Eros le advierte que se guarde bien de verle la cara, que resista la tentación de hacer visible su rostro. Es la misma prueba que pone Barbazul a su séptima esposa cuando deja todas las llaves del castillo a su alcance y le prohíbe entrar en el cuarto de la torre. La curiosidad lleva a Psique a incumplir la condición impuesta, desatando todas las penalidades posteriores. A partir de ese instante, su historia consistirá en una lucha constante por restablecer su estado originario con Eros.

El relato atestigua la presencia de un desencuentro: Psique disfruta cada noche de la complacencia amorosa de Eros, pero, tal como recuerda Apuleyo, eso no es suficiente. Hay algo en la naturaleza de su deseo que ya no la colma y que se le escabulle completamente. A Psique, convertida aquí en metáfora de lo que sucede en el alma, no le basta con sentir a Eros: necesita verlo con sus propios ojos para poseerlo. Y no se trata sólo de que Psique desee iluminar el cuerpo de Eros; el dios ofrece asimismo un reverso sombrío, una doblez oscura que parece asemejarlo a un ser monstruoso. Si en Platón *eros* es lo *daimónico*, «todo aquello que media entre la divinidad y los mortales, lo que une ambos extremos y llena el vacío que los separa», en el relato de Apuleyo aparece toda una serie de atributos que ponen en peligro su función mediadora. Detrás de ese dios llamado amor podría ocultarse un demonio maligno. Al menos, eso es lo que imagina Psique inducida por la envidia de sus hermanas. Todo lo que hasta entonces había sido felicidad y satisfacción queda de pronto cargado con matices terroríficos; todo lo que parecía claro en la oscuridad se vuelve inmediatamente mucho más oscuro.

Por otro lado, la ocultación de Eros abre el espacio de un deseo que, una vez desencadenado, Psique ya no podrá detener. Se trata de un deseo que, tal como pone de manifiesto el propio relato, está ligado a una dimensión corpórea. Hay quienes interpretan la curiosidad de Psique como una muestra de arrogancia. Otros, por el contrario, prefieren hablar de su debilidad frente a los irresistibles encantos de la materia. Sea quien sea quien tenga razón, lo cierto es que aquí se escenifican dos enseñanzas neoplatónicas: el deseo de Psique de ver el cuerpo de su amado Eros simboliza la caída del alma, su extrañamiento respecto de la realidad sensible; la invisibilidad deseada por Eros significa que el alma no debería sentirse atraída por las cosas bellas, sino más bien por la búsqueda de una belleza más esencial e inteligible. Esta necesidad de reorientar la mirada hacia una realidad más fundamental y alejada de cualquier apariencia sensible será una de las lecciones cruciales de las *Enéadas* de Plotino, la obra cumbre de la filosofía neoplatónica.

LA MIRADA DE NARCISO

Así como en el cuento de Apuleyo el alma se deja arrastrar por la realidad del cuerpo y se ve obligada a peregrinar en la sombría densidad de este mundo, Plotino describe esta misma experiencia de un modo muy gráfico: «Es como si uno se metiese en el barro o en el cieno; ya no se pondría de manifiesto la belleza que tenía; lo que se vería es la capa pegada que tomó del barro o del cieno». Este es el principal peligro que corre el alma cuando entra en contacto con el mundo sensible. Una vez que se embarra, lo único que percibimos de ella es su fealdad. Quien se siente atraído por la materialidad de los cuerpos bellos se expone a sufrir este triste destino. Si Apuleyo se sirve del relato de Eros y Psique para explicar en qué consiste la caída del alma, la figura empleada por Plotino es la leyenda de Narciso.

Según cuenta la mitología griega, Narciso es un joven bello del que todas las ninfas están enamoradas, pero a todas las rechaza porque no tiene ningún interés en el amor. Cuando sus padres consultan al adivino Tiresias acerca de su porvenir, este les responde que Narciso vivirá hasta avanzada edad, siempre que no se contemple jamás a sí mismo. Parece sencillo burlar semejante profecía. Basta con desterrar de su vida los espejos y demás objetos que puedan reflejar su rostro. Pero un día Narciso se cruza por el camino con una ninfa llamada Eco quien, enamorada de él, le mira expectante, ansiosa, como esperando una respuesta. Pero Narciso no sólo no le corresponde en su amor, sino que se ríe de ella haciéndola

morir de pena. Némesis, la diosa de la justicia, se las ingenia para que en un día muy caluroso Narciso se incline sobre una fuente para calmar su sed. Y allí, cuando está a punto de beber, ve su imagen reflejada. Tan prendado se queda de su belleza que no concibe que se trate de su propio reflejo. De modo que, al querer besarse, muere ahogado, precipitándose en lo más profundo de las aguas.

En las *Enéadas* de Plotino se alude precisamente a este mito en uno de los pasajes más significativos, aquel que versa sobre la belleza:

> Porque quien contempla la belleza corpórea no debe perderse en ella, sino que ha de reconocer que esta es sólo una imagen, una huella, una sombra. Ya que si se precipitara y quisiera aferrar como algo real lo que es sólo una bella imagen reflejada en el agua, le sucedería como a aquel otro, del que cuenta un mito muy significativo, que también quería aferrar una imagen reflejada, y desapareció en la profundidad de las aguas. Del mismo modo, el que se aferra a la belleza corpórea y no quiere desasirse de ella, se precipita, no con el cuerpo, sino con el alma, en oscuros abismos, que causan horror al espíritu, y donde permanece como un ciego en el Orco, allí como aquí, rodeado de sombras.[8]

El error de Narciso, dice Plotino, es haber ignorado que esa imagen de la que se ha enamorado es la suya propia. Si hubiera sabido que el reflejo no remitía más que a sí mismo, no habría intentado atrapar su imagen como si fuera algo real. El problema de Narciso es su falta de conocimiento de sí: si se hubiera reconocido, se habría podido distanciar de su propia imagen. Y eso es justamente lo que no ocurre: demasiado pegado a sí mismo, incapaz de superar la fascinación ejercida por su propio rostro reflejado en las aguas, Narciso sucumbe finalmente ante la belleza de su propio cuerpo. Al mirarse fijamente e ignorar quién es su reflejo, le acaba pasando lo mismo que al alma cuando se deja embrujar por las apariencias del mundo sensible: «rodeada de sombras», pierde de vista la verdadera realidad.

De ahí que el espejo constituya una prueba crucial para Plotino. Enfrentarse a su propia imagen es el primer paso que debe dar el filósofo. Si se piensa detenidamente, la prueba que nos plantean las *Enéadas* no es muy distinta del tipo de experiencia que cualquiera de nosotros puede tener ante una superficie reflectante. Cuando nos acercamos a un espejo, la imagen es por lo común el simple reflejo de uno y, como tal, nos devuelve la apariencia de nuestro propio rostro. Pero si fijamos la mirada a una distancia adecuada, se puede producir fácilmente una especie de desdoblamiento. Podemos incluso llegar a preguntarnos si realmente somos aquel que nos está mirando. Lo más probable es que se produzca un efecto perturbador, como si hubiera algo que no acabara de encajar y la naturalidad con la que vemos nuestra imagen sufriera repentinamente algún tipo de desengaño. Es como si, de repente, nos viéramos arrancados de nosotros mismos, despojados de nuestra mirada, cercados e invadidos por una cara que no reconocemos como propia y que suscita en nuestro fuero interno una suerte de extrañamiento.

Ante esa situación se nos abre una alternativa muy parecida a la descrita por Plotino: vivir tan absortos en nuestra identidad que no nos permitamos ningún tipo de distancia; o, por el contrario, romper con la fascinación de la imagen y volver a mirarnos a nosotros mismos desde una perspectiva ajena a la nuestra. Tal es el mensaje de las *Enéadas*:

> Retírate a ti mismo y mira. Y si no te ves aún bello, entonces, como escultor de una estatua que debe salir bella quita aquí, raspa allá, pule esto y limpia lo otro [...], así tú también quita todo lo

> superfluo, alinea todo lo torcido y abrillanta todo lo oscuro y no ceses de labrar tu propia estatua hasta que se encienda en ti el divino resplandor de la virtud. Si has llegado a ser esto, si has visto esto, si te juntaste limpio contigo mismo sin tener nada que te estorbe para llegar a ser uno de ese modo y sin tener cosa ajena dentro de ti mezclada contigo [...], entonces, hecho ya visión, mira de hito a hito y ve. Este es, en efecto, el único ojo que mira a la gran Belleza.[9]

En *El banquete*, Platón nos explica cómo el ascenso hacia la belleza se inicia con la atracción erótica que suscitan los bellos cuerpos de los jóvenes mancebos. Comenzamos a preguntarnos qué es la belleza gracias a la continua contemplación de sus cuerpos desnudos en los gimnasios. Esa visión tiene en el alma un efecto reminiscente: nos recuerda que la belleza de esos cuerpos, lo que brilla a través de ellos, procede en realidad de las ideas, cuyo significado verdadero debe irse descubriendo a través del diálogo y la interrogación compartida. En Plotino ocurre exactamente lo opuesto: el alma que desea conocer la belleza no espera que los cuerpos bellos de los jóvenes se la recuerden porque ve que está en unas carnes que no pueden dejar de deteriorarse con el paso del tiempo, que no pueden impedir su propia degradación, expuestas como están al envejecimiento paulatino e inexorable de cualquier realidad material. Al contrario, lo que debe hacer el alma es reproducir la belleza en su interior, ejercitarla como si fuera un verdadero artista de la moral, tratando de ser lo más virtuosa posible.

Si la belleza corpórea tiene en Platón el impulso suficiente para abrirnos a la contemplación del mundo de las ideas, Plotino la condena irremediablemente al ámbito de las imágenes sensibles. El filósofo no debe dejarse seducir por la presencia

DATO CURIOSO

El filósofo que odiaría hacerse un *selfie*

En su *Vida de Plotino*, Porfirio no se cansa de denunciar hasta qué punto la relación de Plotino con su propio cuerpo era no sólo tormentosa, sino también insufrible. Una de las anécdotas más conocidas la protagoniza su discípulo Amelio que, obsesionado con la inmortalidad de su maestro, le propuso hacerle un retrato. Tal como nos cuenta Porfirio, esta fue la respuesta dada por Plotino: «¿Es que no basta con sobrellevar la imagen con que la naturaleza nos tiene envueltos, sino que pretendes que encima yo mismo acceda a legar una imagen más duradera de mi imagen, como si fuera una obra digna de contemplación?». El mismo pensamiento se encuentra en un párrafo del Evangelio Apócrifo de Juan. Ahí se cuenta que un pagano neófito mandó hacer, como señal de gratitud, un cuadro del apóstol para venerarlo, a lo cual este se negó rotundamente. No estaba dispuesto a reconocer ningún parecido con su «imagen carnal», puesto que consideraba que todo retrato no es más que «una imagen muerta de un muerto». En una época de saturación iconográfica como la nuestra, resulta llamativa la aversión iconoclasta tanto de Plotino como de algunos de los «Testimonios de los Padres». El razonamiento resulta curioso: si el cuerpo es ya de por sí algo perecedero, ¿qué necesidad hay de inmortalizarlo en un retrato?

bella del otro, sino que ha de replegarse en sí mismo y esculpir su interior del modo más bello posible. Lo que en Platón es un diálogo, Plotino lo transforma en un monólogo: el ideal de belleza desciende, ilumina los recovecos de un alma que trata de purificarse de todo aquello que pueda constituir un resto material. Como el escultor que trata de extraer un dios de un bloque de piedra, el filósofo se lanza a la búsqueda de sí mismo, pero no de una imagen propia, ni de un cuerpo inferior. Actúa ciertamente por amor: es un *eros* en las antípodas de Narciso, que no mira hacia fuera, sino hacia dentro; que no se proyecta en las cosas visibles, sino en las invisibles. La suya es un alma noble que pugna por «elevarse a lo que hay de divino en nosotros» y trata de verse a sí misma henchida de luz y belleza, pero que, despojada del cuerpo y convertida en pura mirada, se acaba quedando sola en su propia interioridad. Ni que decir tiene que la espiritualidad cristiana quedará absolutamente prendada de esta imagen:

> El alma contempla a dios, que se manifiesta repentinamente en su interior, ya que nada media entonces entre ambos; ya no son dos, sino una sola cosa; mientras perdura la presencia, no puedes distinguirlos. Es esa unión que los amantes terrenos tratan de imitar cuando quisieran ser una sola carne. El alma ya no tiene conciencia de morar en un cuerpo ni de sí misma como dotada de identidad: hombre o ser viviente, cosa o suma de cosas... Porque no tiene espacio para ver qué es lo que está viendo. Cuando alcanza ese estado, el alma no cambiaría su condición actual por nada del mundo, ni aunque le ofrecieran el reino de todos los cielos, porque se trata del Bien, y nada puede haber mejor.[10]

¿QUÉ HEMOS APRENDIDO?

Entre Marco Aurelio y Constantino (161-306 d. C.) se extiende entre los romanos y los habitantes de las provincias la terrible sensación de estar asistiendo al desmoronamiento de su Imperio. En este clima de inseguridad material y desamparo espiritual, la filosofía pasa a concebirse como un medio para afrontar las dificultades más penosas de la vida humana. El escéptico ve al filósofo como un médico cuyos fármacos pueden curar muchos y diversos tipos de sufrimiento humano; el estoico concibe la filosofía como un modo de vida comprometido cuyo fin es la lucha contra la desdicha; el gnóstico entiende que sólo a través del conocimiento podemos orientar nuestra vida hacia la liberación y la salvación; el neoplatónico aspira a contemplar esa realidad suprema que designa como el Uno, el Bien o, en ocasiones, Dios, con el único objeto de alcanzar la forma de vida más noble.

Lo que caracteriza a estas escuelas es su empeño común por ilustrar y liquidar aquellas creencias y opiniones adquiridas a lo largo de nuestro aprendizaje y trato cotidiano con este mundo. El escéptico recurre a la *epojé*; el gnóstico se deshace de todo compromiso terrenal; el estoico plantea una sabiduría práctica, diaria, austera; el neoplatónico opta por una ejercitación orientada a la contemplación interior de la belleza. En vez de hacer lo necesario para acercar los bienes de este mundo a cada ser humano, las escuelas filosóficas de la Antigüedad tardía se centran en los cambios de creencias y deseos que deben efectuar sus discípulos para ser lo menos dependientes posible de los bienes de este mundo.

Por muy diversos que resulten sus tratamientos y remedios, el diagnóstico siempre es el mismo. Ante la fractura abierta entre los dos mundos, se impone el retiro a la intimidad, el repliegue del alma sobre sí misma, el vaciado de todo aquello que le impide retornar a su verdadera naturaleza. El escéptico prescribe el silencio; el gnóstico trata de insuflar vida a nuestro espíritu; el estoico nos conmina a ser fuertes para hacer frente a las adversidades; el neoplatónico entiende su relación con el mundo sensible como un aprendizaje irrenunciable si queremos contemplar el Bien.

En tiempos de indigencia, proliferan las filosofías a las que acogerse, las escuelas de vida entre las que poder elegir. Pese a esta masa floreciente de alternativas, crecerá el número de personas que no acaban de sentirse seguras y que, viéndose excluidas por el carácter elitista de algunas de estas escuelas, habrán de recobrar la convicción de que alguien se interesa por nosotros, en «este» mundo y en el «otro». No resulta sorprendente que, a partir del siglo IV, esa primacía de la vida interior, que tanto le había costado conquistar a la filosofía, comience el proceso de su cristianización.

¿QUÉ EMPEZAR A LEER DE LAS ESCUELAS FILOSÓFICAS DE LA ANTIGÜEDAD?

Si quieres reconstruir por ti mismo las fuentes principales del escepticismo, tienes que acercarte a los *Esbozos pirrónicos* de Sexto Empírico. Una de las mejores síntesis de la doctrina gnóstica la encontrarás en el *Pístis Sophía*, un libro crucial para completar la historia de este movimiento heterodoxo del cristianismo primitivo y su cruce con las religiones mistéricas de corte pagano. Del estoicismo romano son imprescindibles las *Cartas a Lucilio* de Séneca, el *Manual* de Epicteto, así como las *Meditaciones* de Marco Aurelio. Para el neoplatonismo, déjate seducir por la magia literaria de los once libros que componen *El asno de oro*. Las *Enéadas* de Plotino son el complemento filosófico indispensable a este viaje iniciático.

Otras lecturas recomendables

Dodds, E. R., *Paganos y cristianos en una época de angustia*, Madrid, Cristiandad, 1975.

Hadot, Pierre, *Plotino o la simplicidad de la mirada*, Barcelona, Alpha Decay, 2004.

Jonas, Hans, *La religión gnóstica*, Madrid, Siruela, 2003.

Long, Anthony A., *La filosofía helenística*, Madrid, Alianza, 1997.

Montserrat Torrents, Josep, *La sinagoga cristiana*, Madrid, Trotta, 2005.

Nussbaum, Martha, *La terapia del deseo*, Barcelona, Paidós, 2003.

Puech, Henri-Charles, *En torno al gnosticismo*, Madrid, Taurus, 1992.

Puente Ojea, Gonzalo, *El fenómeno estoico en la Edad Antigua*, Madrid, Siglo XXI, 1974.

4

SAN AGUSTÍN Y BOECIO: LA CRISTIANIZACIÓN DEL MUNDO

UN CATACLISMO EN FORMA RELIGIOSA

Fue un gran acontecimiento el que puso patas arriba la propia concepción de la filosofía. No se puede decir que fuera un suceso brusco, un evento cuya abrupta irrupción nadie supo anticipar. Al contrario, fue cociéndose a fuego lento durante siglos. Pero no por ello fue menos devastador. Puso en cuestión la esencia misma del mundo antiguo y dio como resultado una verdadera inversión de todos sus valores. Ese acontecimiento fue el cristianismo y su triunfo supuso la apertura de unas perspectivas realmente inéditas.

Hasta entonces, los filósofos habían concebido perfectamente que un ser humano pudiera convertirse en «divino». Esta cualidad podía reconocerse en el sabio, que albergaba en su interior algo infinitamente valioso, pero sin ninguna relación con el mundo exterior. Ahora bien, el hecho de que una divinidad pudiera ser mortal, elegir morir y sacrificarse por los pecados de la humanidad resultaba a todas luces una tesis inconcebible, un dogma de locos, una fórmula ridícula contraria al razonamiento más elemental. ¿Cómo entender que Dios pudiera hacerse humano? ¿Por qué algo de una entidad perfecta e inalcanzable habría de tomarse la molestia de descender al mundo de la imperfección misma y, de este modo, participar de la finitud, vulnerabilidad e incertidumbre características de lo humano?

A todo ello hay que añadir un segundo efecto no menos decisivo. El cosmos al que se referían los filósofos había representado una totalidad real y viviente que habría existido desde siempre. Muy pocos se habrían atrevido a cuestionar la necesidad de ese orden cosmovisional, la evidencia de su presencia eterna. Sin embargo, ¿cómo asimilar que ese mismo mundo podría haberlo creado Dios a partir de la nada? Si la creación se reducía a un acto voluntario, la existencia de este mundo dejaba de ser necesaria. Dicho de otro modo: dado que el universo había sido creado por Dios (y esa opción resultaba tan razonable como la contraria), este universo dejaba inmediatamente de tener valor en sí mismo. Pasaba a depender por entero de la libre voluntad de un ser divino.

Esta depreciación del mundo terrenal no era, por cierto, un atributo distintivo del pensamiento cristiano. El gnóstico trataba de «despertarse» y al hacerlo simplemente constataba que la vida es una pesadilla, «en la cual huimos no sabemos hacia dónde, o nos quedamos inertes persiguiendo algo, no sabemos qué». Marco Aurelio contemplaba el mundo como a través de la lente de un telescopio, hasta el punto de que las campañas militares apenas le causan más agitación que unos «cachorrillos que luchan por un hueso». Plotino se preguntaba qué tipo de degradación hemos tenido que sufrir para vernos obligados a permanecer en un cuerpo. La desvalorización del mundo sensible era un rasgo común de las escuelas filosóficas del Imperio romano tardío. Pero lo que no se habría podido admitir nunca es que la única felicidad que nos cabe esperar es la de la salvación eterna. O peor aún: que toda felicidad terrenal fuera pecaminosa y por lo tanto pusiera en peligro la bienaventuranza eterna. Que a partir de entonces tuviéramos que mortificarnos, tuviéramos que sufrir e infligirnos penitencias, ayunos, humillaciones, con el único fin de asegurar nuestra felicidad en el más allá era algo que constituía toda una rareza filosófica.

La aparición de esa felicidad ultraterrenal tenía que afectar necesariamente a la manera de plantear la vida y de considerar el cuerpo, su sufrimiento, su placer. La filosofía nos había brindado los medios necesarios para alcanzar la felicidad en esta vida. La consecución de ese estado quizá no fuera todo lo estable y continua que a uno le hubiera gustado, pero se encontraba al alcance de cualquier fuero interno que se hubiera ejercitado convenientemente. Con el cristianismo entra en juego una felicidad de carácter distinto: una plenitud infinita, inefable, celestial, eterna. Un estado ideal imposible de imaginar y de describir, pero que tuvo como efecto primordial la cristianización del mundo interior. Las obras de san Agustín (354-430) y de Boecio (480-526) nos muestran a la perfección el resultado de este proceso. Y, al mismo tiempo, nos permiten valorar en qué sentido el triunfo final del cristianismo trajo como consecuencia este cambio radical de los modos de pensamiento y las formas de vida más relevantes de la Antigüedad tardía.

LA VERDAD SE SEPARA DE LA FILOSOFÍA

Las *Confesiones* de san Agustín, escritas en las postrimerías del siglo IV, constituyen una especie de autobiografía espiritual. A lo largo de sus trece libros se nos presenta la niñez de san Agustín, los avatares de su juventud pecadora, su acercamiento al cristianismo y su conversión final. Pero las *Confesiones* son algo más que el simple relato de una vida: constituyen una extensa meditación en la que el autor mantiene un apasionado coloquio consigo mismo, con Dios y con el mundo. San Agustín nos propone un poderoso ejercicio de introspección y de fortalecimiento de su voluntad. Y aun cuando desea explorar al máximo los recovecos de su interioridad, también se ve a sí mismo como el portador de una misión pública. Emblema de una vida convertida a la fe cristiana, san Agustín se impone la tarea de predicar la buena nueva a otros feligreses:

> Confieso no sólo ante Ti [...], sino también a los oídos de los hijos de hombres que creen, compañeros de mi goce y compartidores de mi mortalidad, mis conciudadanos, mis compañeros de peregrinaje [...]. Esos son tus sirvientes, mis hermanos, que has escogido para que sean Tus hijos, mis amos a quienes me has ordenado servir.[1]

En el libro confluyen dos personalidades distintas —«lo que fui una vez» y «lo que soy ahora»— y entre esas dos identidades se sitúa el acontecimiento decisivo de su conversión. Cuenta san Agustín que se encontraba en un jardín de Milán, en julio de 386. Todavía vacilaba en su deseo de cambiar de vida. Escindido entre su afán de llevar una vida cristiana y su propio apego al goce, no sabía qué senda tomar. Llegó entonces a sus oídos la voz de un niño que gritaba a lo lejos: «*Tolle, lege*» («Toma, lee»); y fue a reunirse con un amigo que, efectivamente, estaba leyendo. Para san Agustín, ese texto en concreto, una apelación de san Pablo instando a renunciar a los placeres mundanos y a no dudar más de la necesidad de cambiar nuestra vida, fue una señal divina. Antes de la gran escena de su conversión, había estado desgarrado por el conflicto de «dos voluntades, una vieja, una nueva, una carnal, una espiritual»,[2] que le impulsaban simultáneamente hacia los bienes del mundo sensible y hacia el bien que está más allá de los sentidos y del mundo terrenal. En el jardín experimenta la angustia que supone la aniquilación de esa antigua identidad, pero también la esperanza que significa el nacimiento de una nueva personalidad.

En las *Confesiones* asistimos a una comprensión de la verdad desligada de la filosofía. Lo que nos dice san Agustín es que no basta con ser un filósofo conocedor de las verdades eternas: hay que ser un apóstol, un militante defensor de la verdad que declare ese acontecimiento preñado de fe al que está ligada la vida de todo cristiano: la encarnación de ese Dios único que acepta morir y expiar los pecados de la humanidad... por amor. La verdad tiene que ver con la comprensión de ese acontecimiento y, en particular, con la única fidelidad posible a ese acontecimiento, que es predicarlo con la máxima perseverancia. A diferencia de los gnósticos, san Agustín está convencido de lo que ha aprendido y no necesita ningún conocimiento auxiliar que le permita entender el verdadero sentido de la palabra divina. Su posición también está alejada de los neoplatónicos que, aunque pudieran compartir algunos aspectos básicos del cristianismo, jamás se habrían tomado en serio la posibilidad de alcanzar una verdad revelada sin ningún tipo de ejercitación filosófica.

LA CURIOSIDAD ENTRA EN EL CATÁLOGO DE LOS VICIOS HUMANOS

El nuevo universo cristiano plasmado en la obra de san Agustín no sólo representa una nueva manera de entender la verdad. La relación establecida con el saber se plantea en unos términos radicalmente distintos. En las *Confesiones*, el afán de conocimiento propio del ser humano no aparece, tal y como creía Aristóteles, como un atributo natural. Se trata de una inclinación con rasgos pecaminosos. San Agustín tiene claro que la Biblia ya nos ha revelado qué necesitamos saber y cuánto deberíamos aspirar a saber. Los peligros de la curiosidad saltan fácilmente a la vista desde el inicio del relato bíblico: «De todos los árboles del Jardín del Edén puedes comer, mas no del árbol de la ciencia del bien y del mal, porque el día en que lo hicieres morirás». Si hay un lugar donde el cristianismo determina la raíz de la «caída» es justo este: nuestra historia comienza precisamente con una transgresión, una infidelidad al don de la ignorancia que Dios nos ha dispensado.

De ahí que san Agustín considere la curiosidad como una «patología» de la que hay que curarse. Su razonamiento es bien sencillo: cuanto más rehenes seamos del deseo de conocer, mayor será la distancia que nos separe de Dios. Quien actúa presa de la curiosidad, lo hace como un profanador y un traidor. Según san Agustín, los seres humanos podrían ha-

berse contentado con Dios. No tenían ninguna necesidad de abalanzarse hacia lo desconocido y lo nuevo. Sin embargo, quisieron emanciparse y desprenderse de Él, con lo que no solamente rompieron la unidad del paraíso, sino también la de los seres humanos:

> De este achaque y dolencia de la curiosidad ha nacido todo cuanto se ejecuta de extraño y admirable en los espectáculos. Ella es la que nos hace andar investigando los efectos ocultos de la naturaleza, que no es exterior y está fuera de nosotros, que para nada aprovecha averiguarlos, y los desean saber los hombres no más que por saberlos; con el mismo fin de satisfacer su curiosidad perversa procuran averiguar algunas cosas por arte mágica. Ella es, finalmente, la que en el seno mismo de la Religión ha incitado a los fieles a tentar a Dios, pidiéndole milagros y prodigios, no para conseguir algún bien o salud del cuerpo o alma, sino por espíritu de curiosidad.[3]

La curiosidad tiende a pervertir y a fomentar el interés por la naturaleza, la magia y los espectáculos asombrosos. Nos acostumbra a lo insustancial, al juego de las ilusiones y a la costumbre adquirida de considerar como existentes cosas que no lo son. Especializados en apariencias y ejercitados en naderías, aquellos que se dejan seducir por la *curiositas* se dedican a amasar conocimientos que distan mucho de lo que realmente merece ser sabido. Para san Agustín, la curiosidad nos desvía de lo esencial y, lo que es peor, nos expone a caer víctimas del orgullo: nuestro intento de emular a Dios procede precisamente de nuestra falta de autoconocimiento. Los curiosos siempre quieren más y quieren algo distinto de lo que realmente pueden. En lugar de conocerse a sí mismos, dirigen sus facultades hacia el exterior, hacia un mundo que permanece lejos de la verdad. Si las hubieran interiorizado, si las hubieran dirigido hacia lo realmente importante, se habrían salvado. Pero la mayoría de los seres humanos no actúan así y se dejan arrastrar por la curiosidad:

> Hay hombres que abandonan toda virtud y en desconocimiento de la esencia de Dios y de la majestuosidad de una naturaleza inmutable, creen realizar algo importante al investigar con curiosidad y atención extremas toda la masa de cuerpos que nosotros llamamos «mundo». Y de ahí nace la soberbia, que hace que se sientan transportados al mismo cielo, del que tanto se ocupan.
>
> Pero el Señor rara vez se acerca salvo a los contritos de corazón, y no es hallado por los soberbios, aunque con curiosa pericia cuenten las estrellas del cielo y las arenas del mar, y midan las regiones del cielo e investiguen el curso de los astros.[4]

En el punto de mira de san Agustín están los astrónomos, que se comportan de una manera soberbia y gastan demasiada energía en aquello que no tiene ningún sentido conocer. El mejor ejemplo de esa arrogancia e ineficacia es Arquímedes, quien se propuso calcular cuántos granos de arena harían falta para llenar el universo. Para el obispo de Hipona, el problema de esos observadores de las estrellas es que, al contemplar un eclipse, no saben quedarse sobrecogidos ante tamaña demostración de poder divino. Al contrario, pretenden conocer ese fenómeno celeste como si la verdad pudiera tener algo que ver con ello. Hacer prospecciones en cualquier mundo, lanzarse al aprendizaje de las otras latitudes, dirigir la mirada fuera de nosotros mismos, dice san Agustín, es la peor manera de acercarnos a Dios. De ahí que sitúe la búsqueda de la verdad en otro lugar, en los repliegues y laberintos de nuestra conciencia:

> Yo, por mi parte, Señor, trabajo duro en este campo. Y este campo soy yo mismo. He llegado a ser un problema para mí mismo, campo de dificultad y muchos sudores. Porque no escudriño ahora las regiones del cielo, ni mido la distancia de las estrellas. Tampoco busco los cimientos de la tierra. Yo soy el que me acuerdo, yo, el alma.[5]

La alusión al cielo y a la astronomía es toda una metáfora que nos remite de nuevo a la anécdota de Tales. El cristiano, a diferencia del griego, no cae en el pozo porque puede mirar hacia arriba sin dejar de cultivar lo verdaderamente importante: la vida interior. Así pues, se mueve en lo que resulta más próximo a todo, habiendo dejado atrás la investigación de los espacios celestes, la medición de las distancias de los astros. Nadie tiene que recordarle qué es lo auténticamente decisivo. En cambio, los que se dejan llevar por la curiosidad acabarán cayendo como Tales, porque se creen transportados hasta las estrellas e iluminados por ellas. No se han percatado de que la única tierra visible es el conocimiento de uno mismo, el descubrimiento en nuestro interior de ese nuevo centro gravitatorio llamado Dios.

CUANDO SER LIBRE SIGNIFICA ESCOGER EL MAL

Ahora bien, aunque san Agustín tenga muy claro dónde se debe buscar la verdad, no puede evitar confesar sus propias vacilaciones. Si hay algo conmovedor en las *Confesiones* es el modo en que san Agustín admite abiertamente sus dudas y cómo estas amenazan con abrir una brecha en su alma. Nos muestran, además, a un creyente enfrascado en una relación más bien turbulenta con Dios, incapaz de amarlo sin equívocos ni reservas mentales. Los avatares de lo que san Agustín llama la «vida íntima» del alma ponen de manifiesto lo que para él representa el problema más decisivo: «*Unde malum?*», es decir, «¿De dónde viene el mal si Dios que es bueno hizo todas las cosas buenas?».[6] La aparente incompatibilidad entre la presencia del mal en el mundo y la supuesta existencia de un Dios bondadoso y todopoderoso —el cual, en principio, debería impedir que surja el mal— constituye la objeción más drástica a la que deberá hacer frente el pensador cristiano.

De lo que se trata es de desmontar el argumento que se conoce como «la paradoja de Epicuro». Tertuliano, uno de los primeros Padres de la Iglesia, lo cita en el siglo III d. C., aunque el principal responsable de su popularización es Lucio Lactancio. Desde un punto de vista lógico, el argumento nos ofrece estas cuatro posibilidades acerca de la existencia del mal en el mundo:

1. Dios quiere eliminar el mal y no puede;
2. Dios puede eliminar el mal y no quiere;
3. Dios no puede ni quiere eliminar el mal;
4. Dios quiere eliminar el mal y puede.

La primera opción considera que Dios quiere acabar con la presencia del mal y, sin embargo, no puede hacerlo: una hipótesis que resultaría manifiestamente contraria a la naturaleza de Dios, ya que uno de sus atributos primordiales es la omnipotencia. La segunda opción considera que Dios puede acabar perfectamente con el mal y, pese a todo, no quiere. En tal caso, habría que admitir que Dios es perverso, lo cual también entra en colisión con su presunta bondad natural. La tercera opción parte de que Dios no puede ni quiere eliminar el mal: un supuesto igual de inconcebible, ya que habría que admitir que

Dios se halla desprovisto de omnipotencia y de bondad. La cuarta posibilidad es que Dios quiere extirpar el mal del mundo y realmente puede hacerlo. Pero esta última opción también habría que descartarla porque, de hecho, nuestra realidad no deja de poner de manifiesto la presencia del mal. Así pues, la conclusión del argumento es radical y, a la vez, paradójica: el mal existe, aunque no parece que haya un Dios que quiera y/o pueda eliminarlo.

La respuesta a este dilema no es nada clara, a pesar de los intentos de san Agustín y de la tradición cristiana en general por disolver al máximo esta paradoja. Para el obispo de Hipona, el problema del argumento es que no apunta en la dirección adecuada. El error consiste en atribuir a Dios la presencia del mal cuando, en realidad, habría que imputársela a la libertad humana. Este es el dato primordial del que parte san Agustín: la libertad no es algo a lo que los seres humanos estemos dispuestos a renunciar tan fácilmente. Está incrustada en nuestra naturaleza, podemos sentirla de un modo prácticamente instintivo y, lo que es más importante, tiene la potencia de hacernos desear de un modo insaciable. Esto explica que todo lo que creemos amar en este mundo nos resulte insatisfactorio y ningún objeto terrenal tenga la fuerza suficiente para apaciguarnos. Para san Agustín, el ser humano no se comporta en esencia de manera muy distinta a como lo hacía su primer antepasado. En Adán y Eva ya se manifiesta esa aptitud respecto a la libertad, esa disposición a arriesgar por ella su paz y su seguridad que la naturaleza humana parece haber heredado. Los seres humanos primigenios tenían la felicidad al alcance de su mano, pudieron apropiársela para siempre y, en cambio, la rechazaron. Desde entonces, el género humano no ha cesado de buscarla sin ningún éxito.

DATO CURIOSO

La erección como penitencia

En *De nuptiis et concupiscentia*, san Agustín nos cuenta que Dios castigó a Adán implantándole un impulso completamente ingobernable: el deseo sexual. Nos dice también que en la época del paraíso terrenal, Adán y Eva no tenían unos cuerpos como los nuestros. Se trataba de unos cuerpos espirituales que eran inmunes al deseo. Si hubieran permanecido en el Jardín del Edén, habrían tenido relaciones sexuales, pero habrían realizado la cópula de la misma manera que realizaron todos los demás actos instrumentales. Ahora bien, con la expulsión del paraíso, la sexualidad pasó a convertirse en un impulso incontrolable. El ejemplo más evidente, según san Agustín, es la erección matutina en los hombres.

El obispo de Hipona se sintió especialmente intrigado por este fenómeno. Si un hombre tiene una fuerte voluntad y un poderoso autocontrol, debería poder dominar el movimiento de todas las partes de su cuerpo (exactamente como un faquir indio puede detener unos instantes los latidos de su corazón). En principio, todas las partes del cuerpo están sometidas a la voluntad del hombre, piensa san Agustín, de modo que lo incontrolable sólo dependería del grado de debilidad o de poder que efectivamente tuviera su voluntad. Sin embargo, cuando Adán y Eva muerden la fruta prohibida, los hombres pierden el control de su pene. Podemos imaginarnos a alguien con la suficiente fuerza de voluntad para morir de hambre en una habitación llena de alimentos deliciosos, pero si resulta que una virgen desnuda pasa por allí, la erección de su falo podría no depender para nada de la fuerza de voluntad de esa persona. Para san Agustín, sólo hay una explicación posible: Dios ha tenido que vengarse de nuestro falso orgullo implantando en nuestro cuerpo algo que escapa a nuestro control. No obstante, también podemos extraer una lección saludable: son muchos los hombres que piensan que todo depende de ellos, pero hay ciertas cosas en las que su libre albedrío no puede hacer nada, como el simple hecho de controlar una erección.

San Agustín entiende que no hay nada que prevalezca sobre nuestro deseo de libertad. Nos cuenta que ese veneno ya estaba inscrito en nuestra naturaleza en el comienzo de los tiempos, y que se ha ido precisando y apoderando de nosotros hasta marcarnos e individualizarnos para siempre. Este es el origen del problema del mal: la presencia de ese deseo que nos impide estar en armonía con nosotros mismos y nos lleva a violentar cuanto nos rodea, como nómadas ansiosos por paliar nuestra falta de ser. Al estar siempre desarraigados, nos hemos convertido en conquistadores. Inadaptados y extenuados, los seres humanos somos los responsables últimos del mal en el mundo; desde entonces, hemos decidido alejarnos cada día de nuestra antigua inocencia, echando a perder la eternidad prometida. San Agustín asegura que si nos dignáramos a buscar a Dios en nuestro interior, quizá pudiéramos salvarnos. Pero el problema es que deseamos ser libres, aspiramos al mismo grado de poder que Dios: lo que sea con tal de no caer en la nada.

LA PREGUNTA POR EL TIEMPO

Al habernos excluido a nosotros mismos de la eternidad del paraíso, vivimos siempre distraídos en este mundo efímero, atravesado por la caducidad de las cosas, en ese tiempo vulgar que transcurre de ahora en ahora, siempre en presente. Al tocar el problema del tiempo, san Agustín es consciente de estar rozando un asunto extremadamente delicado, un terreno engañoso y resbaladizo del que quizá no podamos volver a levantarnos. Porque si hay un infortunio directamente asociado a la libertad humana, ese es precisamente la caída en el tiempo.

En el libro XI de las *Confesiones*, san Agustín plantea la pregunta de un modo descarnado: «¿Qué es, pues, el tiempo? Si nadie me lo pregunta, lo sé; y si debo explicárselo a alguien que me lo pide, no lo sé». Hay un hiato evidente entre el modo en que vivimos el tiempo y el modo en que nos lo representamos. El tiempo parece estar compuesto por el pasado, el presente y el futuro, pero cuando intentamos preguntar «¿qué es?» resulta que el pasado ya no es, el futuro aún no ha sucedido y el presente se queda en una especie de punto sin apenas extensión. Aunque queramos conocer qué es eso que ahora está pasando, lo cierto es que ese ahora es imperceptible y tan pronto como lo nombramos ya es otra cosa. De esa experiencia trata de dar cuenta san Agustín: sabemos qué es el tiempo porque de algún modo no deja de pasar a través de nosotros; pero es muy difícil explicarlo cuando todo eso que pasa y tiene apariencia de ser se nos esfuma continuamente en el no-ser y nos resulta inaccesible.

Aun así, no dejamos de representarnos el tiempo, de apropiarnos de una parcela suya en la que poder instalarnos y darnos de este modo la ilusión de una morada. A fuerza de permanecer sentados al borde de los instantes, tratamos de distinguir en ellos algo que pueda conservarse en la memoria. Según san Agustín, hay un modo de relacionarnos con el tiempo que no está sin más en las cosas que nos pasan, sino que mora en nuestra interioridad, está a nuestra disposición ahí donde y cuando lo recordamos. Es lo que sucede, por ejemplo, cuando nos ponemos a cantar una canción que ya conocemos:

> Antes de empezar, mi espera se extiende a toda la canción. Una vez que he empezado a cantarla, cuando voy quitando algo de aquella espera hacia el pasado, otro tanto se va extendiendo mi recuerdo, y se extiende la vida de esta canción mía en mi memoria por lo que he cantado y en la espera por lo que aún tengo que cantar. Mi atención está presente, y por ella pasa lo que era futuro para hacerse pasado.

Para recordar una canción ya conocida, hay que ponerse a cantar. Esto significa que deben volver a pasar por nuestra memoria todas las notas que la componen, desde la primera hasta la última. Cuando san Agustín se refiere al tiempo en este caso, no tiene nada que ver con lo que tardamos en cantar la canción. Al contrario, se trata de lo que ocurre cada vez que dejamos atrás una nota y nos disponemos a recordar la siguiente. Lo que a san Agustín le interesa es precisamente la atención que prestamos a eso que pasa: no es algo que esté en algún instante o momento del tiempo, sino que va componiéndose a medida que cantamos. Gracias a la atención, hacemos presente toda la canción, manteniéndola viva desde la primera hasta la última nota. Y lo mismo ocurre con la pregunta por el tiempo. Como dice san Agustín, hay que estar atentos a lo que pasa y ser capaces de convertirlo en un problema. Tal es el mérito filosófico de las *Confesiones*: formular una pregunta que, como mínimo, deje el tiempo en suspenso.

MUERTE A *EROS*; ¡VIVA *AGAPE*!

San Agustín no deja de identificar la filosofía con una cierta forma de recogimiento. Lo contrario equivale a precipitarnos en el mundo, a dejarnos arrastrar por el tiempo con el ánimo distendido, a vivir apresuradamente y sin resquicio alguno para el descanso. Las *Confesiones* están completamente atravesadas por esta contraposición. De un lado tenemos la vida cotidiana, llena de tentaciones y deseos que no podemos dejar de colmar; del otro, la vida recogida, la vida meditada, que reclama una cierta dosis de ascetismo disciplinado. Quien escoge el primer tipo de vida no se dedica a pensar, sino a satisfacer todos sus deseos sin medida alguna; quien se decanta por la filosofía busca, en cambio, un lastre capaz de anclarlo en una realidad más profunda y elevada que la de los deseos que la perturban. Estamos ante una elección que no admite medias tintas. Quien se niega a explorar su interioridad está más expuesto que nadie al flujo irreversible del tiempo, de modo que la satisfacción que pueda ocasionarle cualquier bien ha de serle forzosamente efímera. Y, por si fuera poco, tan pronto como queda satisfecho por poseer algo, no puede evitar temer en el acto su próxima pérdida.

Para san Agustín, esta es la prueba más evidente de que nada en nuestro mundo puede garantizarnos la verdadera felicidad. No hay ningún bien terrenal que no lleve consigo el miedo a la pérdida y, por consiguiente, la imposibilidad de ser enteramente felices. De ahí la necesidad de reorientar nuestro deseo, dice san Agustín, de guiarlo no hacia algo transitorio, contingente y mudable, sino hacia algo realmente eterno que no podamos perder en modo alguno. Este cambio de dirección no es cosa sencilla ni, desde luego, sale gratis: significa estar dispuesto a pagar un precio, a hacer sacrificios, y, consiguientemente, adoptar un modo de vida presidido por la continencia. El ascetismo del que nos habla san Agustín no es la destrucción del deseo, como afirman diversas corrientes del budismo. Se trata más bien de regenerarlo terapéuticamente, alejándolo de todos aquellos vicios que han precipitado la caída del Imperio romano: el ansia de gloria, la codicia del poder, la sed de riquezas, la sumisión al placer. Convertir cualquiera de estos bienes en el fin último de la vida es el peor modo de alcanzar la felicidad, esa plenitud eterna que en san Agustín está directamente ligada a Dios y, en particular, a un nuevo modo de concebir el deseo amoroso.

Y es que el amor a Dios, tal como se predica en las *Confesiones*, constituye toda una ruptura respecto a lo que significa

DATO CURIOSO

Sueños y demonios

Es sabido que san Agustín tuvo un serio problema con las pasiones del cuerpo y del alma, sobre todo con los lascivos y lujuriosos apetitos de la carne. Le gustaban las mujeres con locura. Era tal su devoción por ellas que se irritaba profundamente cada vez que se veía obligado a prescindir de su compañía en la cama. Una vez inclinado hacia el celibato y la contención, san Agustín se lamentaba en sus *Confesiones* de que, si bien había conseguido librarse en gran medida de las imágenes lujuriosas, no lo había logrado en los sueños: «En mi memoria, de la que extensamente he hablado, siguen viviendo las imágenes de aquellas cosas que quedaron grabadas por la costumbre. Cuando estoy despierto se agolpan sobre mí languideces, pero es en sueños cuando me arrastran a la delectación e incluso al consentimiento y a algo muy real».

San Agustín estaba convencido de que los sueños eróticos eran provocados por demonios que durante la noche mantenían relaciones sexuales con nosotros. Pero lo interesante de esta alocada fantasía es lo que oculta: la sospecha de que cuanto más empeño ponemos en demonizar el cuerpo, inventando nuevos modos de mortificarlo y apaciguarlo, mayor es la importancia que le damos a aquello de lo que queremos librarnos. Esta es precisamente la paradoja del ascetismo: queriendo reprimir todo deseo, no puede evitar toparse con él.

eros. En el amor al que se refieren los filósofos griegos, el *eros*, se ama con la expectativa de recibir algo a cambio. Hay un bien que se supone que nos falta y que la filosofía nos puede brindar oportunamente gracias a sus medios. Pero el amor que invoca san Agustín, lo que la tradición cristiana denomina *agape*, es, por el contrario, algo totalmente inmotivado y gratuito. Dios nos ama de una manera absolutamente libre. No hay nada que haga necesaria su justificación: Dios es amor. Y lo mismo sucede en la otra dirección. El que ama a Dios lo ama sin condiciones. No hay razones que nos impulsen a amarlo: quien ama a Dios lo hace porque sí.

He ahí donde se hace más visible la fractura entre *eros* y *agape*: lejos de ser un simple medio, el amor a Dios es un fin en sí mismo, un amor «verdadero y puro». En contraste con *eros*, el amor auténtico es desinteresado. Y esto significa que no podemos exigir al objeto amado que nos haga felices, ni siquiera que nos ame. Se trata de un amor tan incondicional que deberíamos estar dispuestos a no esperar nada del objeto de nuestro amor, hasta el punto de que no deberíamos tener miedo a perderlo. En esto consiste la pureza del amor del que nos hablará el pensamiento cristiano. San Agustín sabe que el verdadero amante se encuentra en una posición en la que, lejos de «servirse» del objeto de su amor, en cierto modo se entrega plenamente a él. Pero esta relación con el amor debe ir acompañada de una nueva mirada hacia el interior. Es ahí donde el alma puede comprender que existe un objeto de amor mucho más denso, más vasto, el único que puede apaciguarla. Las *Confesiones* son el relato de este pasaje, esta travesía que supone el descubrimiento en nuestro interior de una nueva fuerza capaz de reanudar los dos mundos: el amor a Dios.

BOECIO: *LA CONSOLACIÓN DE LA FILOSOFÍA*

Nacido y criado en el seno del patriciado romano, Manlio Severino Boecio (480-526) tomó parte activa en la vida política de su tiempo, ocupando el puesto de cónsul y de ministro principal durante el reinado de Teodorico. Sin embargo, ciertas intrigas urdidas en su contra provocaron que fuera acusado de conspirar contra el rey y al final fue decapitado por un delito que no había cometido. Durante su estancia en prisión, mientras aguardaba su ejecución, Boecio escribió su texto más célebre, *La consolación de la filosofía*. La obra es un intenso diálogo entre Boecio y la Filosofía, personificada en la figura de una bella dama, en el cual se debaten problemas tan apasionantes como el Hado o destino que supuestamente determina nuestras acciones, así como la imposibilidad de hacer compatibles la omnisciencia de Dios con el libre albedrío de los seres humanos.

Sus páginas iniciales nos descubren a un Boecio completamente abandonado a su suerte. Víctima de una oscura confabulación, clama contra las acusaciones injustas vertidas contra él, se queja amargamente del triunfo de quienes menos lo merecen, y se revuelve cada vez que recuerda la crueldad con que ha sido tratado por el azar. Desconcertado e impotente, sólo aguarda a que la muerte ponga rápidamente fin a su sufrimiento, hasta que un día ve entrar en la solitaria oscuridad de su celda a una imponente mujer de talla sobrehumana. Va cubierta de un traje que no parece tejido con hilos de este mundo. No necesita que nadie se la presente. Es la Filosofía.

La finísima trama del tejido de su vestido está compuesta por las diversas doctrinas y escuelas que lo han ido entrete-

jiendo. Pero su ropaje está desgarrado, hecho jirones: no son pocos los que le han arrancado trozos de su manto, reivindicando para sí la posesión del auténtico saber filosófico. Sus ojos, al reducirse de tamaño, miran seguramente muy adentro de quien la observa, como si conociera perfectamente a quien tiene delante. Llena de vida, la Filosofía se presenta ante Boecio dispuesta a entregarle un remedio que no sólo le permita mantener la tranquilidad sino, sobre todo, alcanzar la verdad y la justicia que tanto reclama. Aunque el filósofo sienta muy intensamente el deseo de morir, lo primero que debe hacer es comprender que no puede hacer nada, salvo emplearse a fondo en calmar la tempestad de su alma. Con estas palabras se expresa la Filosofía:

> A todo hombre que, sereno y de vida ordenada,
> somete bajo sus pies al orgulloso destino
> y, mirando de frente a las dos fortunas,
> puede mantener el rostro impasible,

no lo conmoverá la furia amenazante del océano
que levanta las olas desde las profundidades,
ni el Vesubio inestable cuando abre sus cráteres
y lanza llamas mezcladas con humo,
ni la descarga del ardiente rayo
que acostumbra golpear las elevadas torres.
¿Por qué respetan tanto al cruel tirano
los maltratados por la desgracia, en vano enfurecidos?
Pero al que el miedo o la esperanza hacen vacilar
porque no es firme ni dueño de sí mismo,
pierde su escudo y, desalojado de su puesto,
ata las cadenas que servirán para arrastrarlo.[7]

Esta es la primera receta que debe seguir Boecio. En lugar de dejarse llevar por el temor y la esperanza, debe mantener constante el ánimo. Tal es la principal virtud que debe caracterizar la vida de quien no quiera verse sometido al imperio del azar. Lo que nos ocurre puede ser favorable o desfavorable, placentero o doloroso, pero nosotros no tenemos nada que ver con ello. No tenemos influencia alguna sobre los avatares de la vida, esta lotería que nos cae encima de repente, sin que jamás seamos nosotros su causa. No tenemos, por tanto, ningún poder sobre aquello que nos pasa, salvo el de mantenernos «serenos» y con el «rostro impasible». Esta es la actitud que debemos adoptar ante el curso de los acontecimientos, por muy inexplicables que resulten, y aun cuando nuestra propia existencia dependa de ellos. De modo que cuando Boecio habla de la Fortuna se refiere precisamente a aquello que ocurre fuera de nosotros, fuera de nuestro alcance, sin consultarnos ni dejarnos ningún margen de maniobra; a aquello que, de forma contingente, arbitraria y hasta incomprensible o injusta, puede conducirnos a la felicidad, pero también sumirnos en el dolor o, incluso, destruirnos sin remedio.

La Fortuna tiene dos rostros, nos recuerda la Filosofía. Cuando resulta poco propicia, es preciso conservar la serenidad, pues sabemos que nuestras decisiones y nuestros actos no cambiarán nada. Cuando nos muestra su aspecto más favorable, debemos extremar aún más esta virtud, ya que el riesgo es mayor:

> El hecho es que creo que la mala fortuna es mejor para los hombres que la buena, pues esta, al mostrarse propicia, siempre engaña con su falsa apariencia de felicidad; aquella, presentándose inconstante a través de sus cambios, es siempre sincera. La una engaña, la otra instruye; bajo la apariencia de falsos bienes aquella encadena los espíritus de quienes la disfrutan, esta los libera al hacerles conocer la fragilidad de la felicidad; puedes ver por tanto que la primera es caprichosa, variable y siempre ignorante de sí misma, la otra es sobria, controlada y prudente por su experiencia de la adversidad. En resumen, la buena Fortuna atrae por sus encantos a los hombres apartándolos del verdadero bien, la mala Fortuna los arrastra con su arpón devolviéndolos hacia los verdaderos valores.[8]

Aunque los dos rostros de la Fortuna sean temibles, es mucho más complicado combatirla cuando las cosas van bien que cuando van mal. ¿Cómo aceptar que una situación que se ha vuelto favorable pueda desaparecer sin motivo alguno ni razón aparente? Esa es la dificultad que nos plantea la Fortuna cuando nos ofrece su cara más dulce. Y también es el principal obstáculo que debemos superar cuando empezamos a reflexionar sobre la felicidad. Podemos vernos dañados y afectados por los embates de la mala Fortuna y, justamente a partir de esta experiencia aleccionadora, tratar de alcanzar una felicidad que no sea vulnerable a los percances de la existencia.

Pero la buena Fortuna nos plantea un reto aún mayor, puesto que no nos instruye, sino que nos engaña directamente: nos hace creer que la felicidad de un determinado momento no se acabará nunca, nos incita a seguir confiando en la suerte e, incluso, nos impulsa a alegrarnos de haber sido arrastrados por los caprichos de la Fortuna.

Esto es precisamente lo que la Filosofía termina echándole en cara a Boecio. Ha abandonado la dirección de su vida en manos de la Fortuna, ha dejado de ejercitar la virtud y se ha expuesto a los vientos, que al final desencadenan tempestades imposibles de superar. Si ha entregado su vida al gobierno de la Fortuna, debe someterse a ella y comprender que resulta imposible detener el giro de su rueda. El problema del mal debe examinarse en este mismo sentido. A diferencia de san Agustín, la cuestión aquí no radica en nuestro excesivo celo por la libertad, sino en la creencia errónea de que la Fortuna puede permanecer atada a la constancia que le piden nuestros deseos, como si pudiéramos detener su giro caprichoso y estuvie-

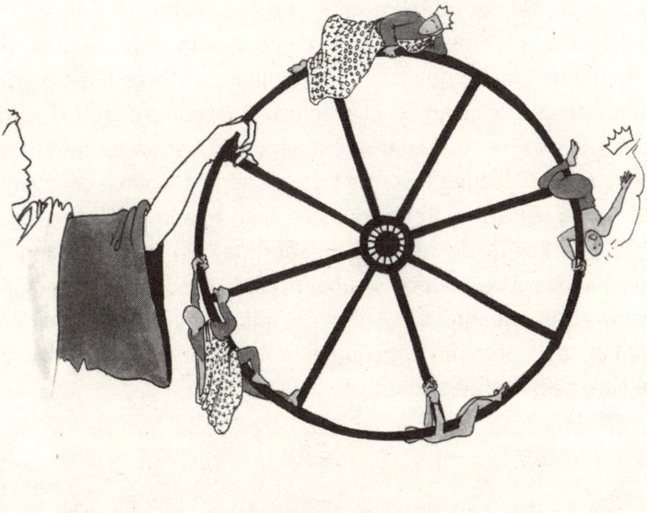

ra a nuestro alcance dominar la fuerza de su interminable juego, la diversión constante de «hacer descender lo que está en la cumbre y subir lo que está abajo». Imaginar un mundo donde la Fortuna esté de nuestro lado y, por consiguiente, pura y simplemente dominada, es algo completamente ilusorio:

> Conozco el modo amistoso y encantador que adopta la Fortuna con todo aquel al que se propone engañar, para luego proporcionarle un sufrimiento intolerable y abandonarlo en el momento menos esperado [...]. ¿Intentas detener la fuerza de su rueda que gira? ¡Ah! Iluso mortal, si la Fortuna se detiene, ella deja de ser la Fortuna.[9]

Quien cree dominar al azar acaba sometido al yugo de la Fortuna. Quien logra mantener su firmeza interior, goza en cambio de la más excelsa libertad. El primero es esclavo del mundo terrenal, cuyos bienes están siempre expuestos a los avatares de la vida; el segundo, en cambio, es libre de acceder al mundo celestial, cuyos bienes están completamente desconectados del curso imprevisible de los acontecimientos. La disyuntiva entre los dos mundos no puede formularse más nítidamente. Lo que nos viene a decir la Filosofía es que no hay modo alguno de erradicar el azar ni de utilizarlo a nuestro favor. Sean cuales sean nuestros esfuerzos, nuestras tentativas y planes, en cualquier instante puede caernos encima un grano de arena del azar y frenar nuestro éxito o, a la inversa, hacer que nos llegue de manera inesperada, sin motivo alguno, sin que nosotros podamos saber ni cómo ni por qué. Podemos vernos zarandeados del éxtasis al sufrimiento, de la estabilidad al caos, pero hay algo que el azar no puede arrebatarnos: la libre decisión de soportarlo.

DATO CURIOSO

La Fortuna y la tormenta

La consolación de la filosofía es el primer texto donde encontramos representada la vieja imagen de la Fortuna como una rueda capaz de dispensarnos todo tipo de bienes y de males. Pero Boecio también se sirve de otra conocida metáfora: la que relaciona esta divinidad con las agitadas aguas de un mar tempestuoso. Nuestra vida sería como esa frágil barquilla que debe afrontar los vuelcos imprevistos de la Fortuna y no abandonar «las velas a merced de los vientos», ya que quedaríamos a merced de esa diosa que lo mismo puede llevarnos a buen puerto que causar nuestra perdición. El diccionario etimológico de Corominas habla de «borrasca» como posiblemente la acepción más antigua de «fortuna» en los romances mediterráneos, un término que surge al mismo tiempo en Italia, Occitania y Cataluña en el siglo XIII y que en esa misma época se propaga al árabe y a los diversos idiomas balcánicos. Según Corominas, «fortuna» podría haberse empleado inicialmente como un eufemismo para indicar tormenta o tempestad.[10]

EL PROBLEMA DE SER LIBRE CUANDO DIOS SABE TODO LO QUE HA DE OCURRIR

En *La consolación de la filosofía* hay un reconocimiento explícito de la libertad de los seres humanos. Ya que no podemos modificar la rueda de la Fortuna, hagamos todo lo posible por desvincular la felicidad de su giro continuo. Los accidentes de la vida, buenos o malos, seguirán existiendo. Pero no por ello debemos ser vulnerables a los percances de la existencia, ni renunciar a la libertad de nuestros actos. Sin embargo, la obra de Boecio nos plantea el siguiente problema: ¿cómo conciliar la libertad humana con la omnisciencia de Dios? Si Dios sabe de antemano lo que va a ocurrir, ¿cómo puede nuestra voluntad decidir algo que no esté previsto? ¿Cómo podría una mente eterna tener conocimiento de todo lo que ha de suceder, incluyendo de este modo los actos libres que, como bien indica su propia naturaleza, deberían resultarle forzosamente desconocidos? ¿Cómo determinar lo que no se puede determinar, puesto que es algo libre?

Aunque Boecio se esfuerza en diluir al máximo el problema, lo cierto es que no hay solución para este dilema. Si Dios es omnisciente, debe saber de manera inmutable todo lo que voy a hacer y, por consiguiente, es imposible que mi acción sea libre. Al contrario, parece que no tenemos más elección que hacer aquello que está previsto que pase. Si está en nuestras manos decidir algo que todavía está por suceder, no tiene sentido que Dios lo sepa antes que nosotros. Esta es la dificultad que el pensamiento de Boecio intenta sortear como buenamente puede. Y es también el obstáculo que la filosofía cristiana tendrá que superar o soslayar cuando empiece a reflexionar sobre la libertad humana. Boecio se contenta con sacar a Dios del tiempo, situarlo en esa perspectiva donde nada pasa porque todo ha tenido ya que pasar. Nos coloca así ante una providencia que, aun siendo preferible al carácter arbitrario y hasta incomprensible e injusto de muchas de las deidades del panteón pagano, en ningún caso se trata de un Dios cercano a nosotros, de una divinidad que pueda auxiliar a nuestra alma cuando se ve acuciada por las múltiples tentaciones de la vida terrenal.

En la soledad de su celda, Boecio nos ofrece una nueva lectura del *Fedón* de Platón: tenemos que desprendernos del miedo y de la esperanza, oponer una resistencia interior a nuestra dependencia del flujo de las cosas externas, mantenernos firmes frente a los locos y caprichosos designios de la Fortuna, como si pudiéramos permanecer inmunes a todo lo que pueda ocurrirnos. El reto consiste en anticiparnos a la propia vida, estar dispuestos a vivirla como algo inevitable y carente de sorpresas, pues ¿qué otra cosa es la filosofía sino la visión translúcida de la fatalidad, el máximo grado de luminosidad en la agitación ciega de la vida?

¿QUÉ HEMOS APRENDIDO?

El mérito de san Agustín es que ha convertido el autoconocimiento y la preocupación filosófica por nuestra vida interior en un encuentro con Dios. El pensar sobre uno mismo va acompañado de la necesidad de hallar un Dios con el cual podamos estar solos y entablar una relación íntima y personal. Lo que nos muestran las *Confesiones*, con un fervor y una emoción realmente singulares, es la historia de un itinerario, de un viaje espiritual hacia este nuevo centro de gravedad que representa la figura de Dios.

Con el pensamiento cristiano aparece por primera vez la dimensión de una verdad revelada, supuestamente inaccesible a nuestra comprensión. Pero de este modo vuelve a evidenciarse la separación entre el mundo terrenal y el orden eterno. Los enigmas de la naturaleza, hacia los cuales se dirige siempre la curiosidad humana, según san Agustín, no constituyen una aportación decisiva para afrontar la vida. El afán de saber deja de considerarse un atributo natural, pues no cabe suponer que Dios quiera enseñarnos más de lo que necesitamos para nuestra salvación.

El vicio de la curiosidad se halla además estrechamente ligado al problema del mal. Para san Agustín, el pecado está relacionado con una propensión difícilmente refrenable en la naturaleza humana: un ansia desmedida de libertad, un impulso infatigable que nos arrastra de un deseo a otro, de una aventura a otra, de un amor a otro, de un cuerpo a otro. Cuanto mayor es la intensidad de este deseo insaciable, siempre agitado, siempre proyectado hacia fuera, mayor es nuestra dependencia hacia el mundo y hacia la felicidad ilusoria de los bienes terrenales. De ahí que el encuentro con la interioridad resulte esencial. Porque de lo que se trata precisamente es de rescatar el alma de su caída en el tiempo, de anclarla en un deseo más profundo y desinteresado, sin más fin que el puro amor hacia Dios.

En *La consolación de la filosofía*, Boecio reproduce el mismo mensaje sobre un fondo marcadamente estoico: el único modo de aquietar el alma es privilegiar la vida interior sobre los acontecimientos y los azares, conceder prioridad absoluta a la voluntad en cualquier circunstancia, sin hacerla depender de los giros imprevistos de la rueda de la Fortuna. Boecio interpreta ese fortalecimiento del alma como una señal de amor: atestigua nuestro deseo de acatar cualquier designio divino y procurar nuestra salvación.

La inconmovible distancia entre lo terrenal y lo celestial, la fractura abierta entre la realidad natural y la sobrenatural, la concepción del sabio como simple guardián del orden querido por Dios, la propia organización de la Iglesia como una suerte de duplicado político del Estado, serán algunos de los puntos decisivos sobre los que se propagará la visión cristiana del mundo y de sus métodos salvadores. Habrá que esperar a los intelectuales de los siglos XII y XIII para detectar las primeras grietas de este modelo directamente inspirado en san Agustín. Atrapados en una cosmovisión diferente, fundamentada en una realidad mucho más acelerada y con cambios profundos directamente ligados a la aparición de las ciudades, serán ellos quienes lleven la filosofía a un nuevo punto de inflexión. Y ahí nos aguardará el propietario de la navaja más conocida de la historia del pensamiento: Guillermo de Ockham.

¿QUÉ EMPEZAR A LEER DE SAN AGUSTÍN Y BOECIO?

No tengas miedo a las *Confesiones*. Verás que san Agustín es mucho más terrenal de lo que parece. En cuanto a Boecio, acércate al estoicismo de *Las consolaciones de la filosofía*, aunque sólo sea para discutir esta idea de que la felicidad consiste únicamente en aguantar todo lo que nos venga.

Otras lecturas recomendables

Arendt, Hannah, *El concepto del amor en San Agustín*, Madrid, Encuentro, 2009.

Brown, Peter, *Agustín de Hipona*, Madrid, Acento, 2001.

Capanaga, Victorino, *Agustín de Hipona*, Madrid, Biblioteca de Autores Cristianos, 1974.

Gilson, Étienne, *La filosofía en la Edad Media, desde los orígenes patrísticos hasta el fin del siglo XIV*, Madrid, Gredos, 1982, págs. 130-142.

Heidegger, Martin, *Estudios sobre mística medieval*, Madrid, Siruela, 1997.

5

OCKHAM: EL NOMBRE DE LA RISA

EL «RENACIMIENTO» DEL SIGLO XII

La influencia de san Agustín se dejó percibir muy pronto en el pensamiento religioso de la cristiandad. El alcance de su figura se debía a la amplia difusión de sus obras, que pudieron salvarse de las invasiones bárbaras y continuaron vigentes durante la Baja Edad Media. Al realzar el recogimiento de la vida interior, la supremacía de la fe sobre la razón y la preponderancia del mundo divino sobre el sensorial, san Agustín logró satisfacer las necesidades de la primitiva sociedad feudal como ningún otro pensador. Su interpretación del dogma y la enseñanza cristiana fue el eje doctrinal sobre el que se articuló el ideal monástico. La necesidad de autarquía, la exigencia de una forma de vida apartada de lo terrenal y la preservación de la tradición fueron algunos de los valores a los que se aferraron tenazmente los viejos órdenes monacales. La suya era una realidad en la que el tiempo parecía haberse detenido.

A partir del siglo XII, comienza a ser evidente que existe un modo de vivir y de entender la vida diametralmente opuesto al viejo mundo agrario y retirado de los feudos. El crecimiento de las ciudades, el desarrollo de una economía monetaria o el fortalecimiento del poder de los monarcas generan nuevos problemas, así como la necesidad de contar con nuevos instrumentos intelectuales para abordarlos. Lo que se pide a la filosofía ya no es propiamente alimento para la contemplación religiosa; se busca un conocimiento terrenal, reivindicar el papel específico de la razón, privilegiar los aspectos de una vida cada vez más condicionada por el comercio y la circulación de dinero. En todas las ciudades importantes se empiezan a fundar escuelas en las que se enseña lógica, derecho y teología. La retórica y la dialéctica vuelven a ser técnicas útiles tanto en el campo jurídico como en el teológico. Aparece asimismo un nuevo tipo de maestro que, aun siendo clérigo, ya no pertenece a ninguno de los estamentos tradicionales y se gana el pan mediante la enseñanza que imparte en las diversas escuelas.

Todos estos cambios avanzan en múltiples direcciones y se presentan enmarañados en un nuevo lenguaje plagado de dificultades lógicas y metafísicas. Una de las novelas que mejor refleja el espíritu de esta época es *El nombre de la rosa*, de Umberto Eco. El retrato de los personajes históricos, el ambiente monástico, las cuestiones políticas y religiosas, los grandes problemas teológicos y filosóficos del pensamiento medieval se encuentran reproducidos ahí de un modo tan fidedigno como ameno. Tanto es así que partiendo de esta novela podemos explicar el vuelco filosófico que se produce entre los siglos XIII y XIV. Este giro tiene muchos nombres. Pero si existe un personaje histórico que representa a la perfección esta nueva visión del mundo y es capaz de procurarle los instrumentos filosóficos para que pueda expresarse, ese es, sin lugar a dudas, Guillermo de Ockham (1280/1288-1349). El origen de la modernidad se encuentra magistralmente esbozado en la insigne figura de este fraile franciscano.

EL SABUESO DE LA REALIDAD

En *El nombre de la rosa,* Umberto Eco nos sitúa en una abadía benedictina italiana en el año 1327. Vemos llegar a los hermanos Guillermo de Baskerville, fraile franciscano, y Adso de Melk, un novicio de la orden benedictina. El maestro y su discípulo se proponen participar en una disputa teológica que va a tener lugar en la abadía. Pero el abad pronto recluta a Guillermo para una tarea más urgente: investigar una serie de muertes sospechosas que se han dado entre los monjes de la abadía. Eco se encarga de recrear la atmósfera del lugar con tintes claramente gnósticos. Nada parece explicar la súbita irrupción del mal en ese recóndito lugar del mundo. El único capaz de arrojar alguna luz, por muy pálida y difusa que sea, es Guillermo de Baskerville. Desde el primer momento, Eco nos lo presenta como un detective. No en vano admira a Aristóteles, emplea un método empirista y es un maestro en la aplicación de la regla deductiva. Sabe que la única solución posible al enigma de los asesinatos debe efectuarse sobre la base del razonamiento: tendrá que descubrir cuál es el hilo conductor oculto tras esas extrañas muertes.

A simple vista, tales muertes ponen en escena diversos episodios del libro sagrado del Apocalipsis. Así parecen entenderlo la mayoría de los monjes de la abadía. Pero en lugar de dejarse convencer por esta primera impresión, Guillermo deja en suspenso cualquier interpretación previa y pone toda su atención en aquellos detalles que no acaban de cuadrar en la investigación. Aunque podrían parecer indicios o pistas carentes de significado, Guillermo se empeña en darles toda su relevancia, como si pudieran señalar por sí mismos lo que hay de anómalo en un caso en el que todo parece obvio e indiscutible. Su intención es introducir una lógica distinta a la que pretende

DATO CURIOSO

¿Existió realmente el segundo libro de la *Poética* de Aristóteles?

Al final de la novela, Guillermo y Adso descubren qué es lo que se oculta detrás de los terribles asesinatos de la abadía: la existencia de un libro prohibido, cuyas páginas envenenadas mataban a todo el que intentaba leerlas. El libro en cuestión es la parte de la *Poética* en que Aristóteles habría reflexionado acerca de la comedia y del efecto catártico de la risa. A Jorge de Burgos le aterroriza que se llegue a divulgar este libro, ya que cree que la risa incita a las personas a perder el miedo, y es precisamente el miedo lo que ha hecho que la Iglesia imponga durante todo ese tiempo sus leyes y sus creencias. Pero lo más grave de todo es que el autor de esta blasfemia es el mismo Aristóteles, el referente teórico indiscutible de toda la escolástica.

Aunque la existencia histórica de este libro ha sido puesta en duda, hay suficientes pruebas para demostrar que la *Poética* que hoy conocemos tuvo, en efecto, una segunda parte. De hecho, en los tres catálogos acerca de la obra de Aristóteles que se prepararon en la Antigüedad aparece como libro destacado. Gracias a una cita del filósofo Proclo en la que discute los efectos de la comedia y de la tragedia en las emociones humanas, sabemos que la obra en cuestión sí que existió, al menos, en el siglo v d. C. Mucho más complicado resulta explicar las causas de su pérdida. Eco sostiene que el segundo libro de la *Poética* fue destruido progresivamente por la Iglesia en su afán por detener la influencia de las comedias. Sin embargo, esta tesis presenta un inconveniente. La prohibición de las comedias se aplicó también al drama en general y la tragedia tampoco fue ajena a los ataques cristianos. El Sínodo Ecuménico del año 691 estableció en un acta que todos estos espectáculos quedaban igualmente censurados. Lo que habría que explicar entonces es por qué no se perdió la primera parte de la *Poética*, esto es, la dedicada a la tragedia.

Es probable que la *Poética* no fuese un libro tan popular como los demás textos de Aristóteles que trataban sobre lógica, ciencia, política y retórica. De hecho, hoy sólo contamos con cuatro fuentes antiguas de la *Poética*. De modo que no habría que descartar que el desinterés hubiera sido la verdadera causa de la desaparición de este mítico libro y que una tradición paralela hubiera tratado de recuperarlo en el famoso *Tractatus Coislinianus*, un texto bizantino donde se habrían resumido las ideas fundamentales de Aristóteles sobre la comedia.

imponer el asesino. ¿Cuál es la conexión existente entre las distintas personas que han sido asesinadas? ¿Quién se beneficia con la muerte de esas personas? ¿Cuál es el móvil subyacente de cada asesinato?

Guillermo no se mueve única y exclusivamente en el dominio de los hechos. No ignora en ningún momento que la verdadera intención del asesino es hacer creer que todas esas muertes tienen un significado. Así que no le queda otra opción que utilizar la clarividencia de la lógica y del método deductivo para llegar al meollo del asunto. A favor suyo tiene su ya de por sí inagotable curiosidad. No hay nada que pueda detenerle en su afán por resolver el caso. Sus pesquisas le llevarán a descubrir la existencia de un supuesto libro prohibido que circula entre algunos monjes. Ese libro es la segunda parte de la *Poética* que Aristóteles habría dedicado supuestamente a la comedia. Y, tal como descubre Guillermo, será el detonante de los misteriosos asesinatos, el duro castigo que acabarán encontrando aquellos monjes excesivamente deseosos de leerlo.

LO SINGULAR ANTES QUE NADA

Al nuevo espíritu lógico, deductivo y científico que encarna Guillermo de Baskerville, Umberto Eco opone la figura trágica de Jorge de Burgos, el anciano bibliotecario que se halla tras las terribles muertes y que simboliza el viejo orden monástico:

un mundo en decadencia que insiste en recluirse en el interior de las abadías y cuyos miembros tratan de llevar una vida lo más autárquica posible, aislada de todo contacto con la realidad. Cerrado al mundo exterior, el monasterio no puede dedicarse más que a custodiar el saber. Jorge de Burgos no espera otra cosa de su biblioteca. Y para proteger el saber no es necesaria la filosofía. Sólo hacen falta escribientes, copistas, es decir, personas que estén dispuestas a preservar a toda costa la literalidad de la palabra y la unívoca riqueza de algunos textos grecolatinos, cuyos preceptos y sentencias han sido sabiamente retomados por la tradición cristiana.

El universo de Jorge de Burgos representa la posición de un saber que no aspira sino a ser depositado, una concepción de la escritura que no puede ir más allá del simple hecho de copiar; y copiar es reproducir sin leer, esto es, sin entender y sin pensar. Si los signos escritos ya están lo suficientemente bien interpretados, ¿para qué molestarse en comprender? En el mundo de Jorge de Burgos no hay lugar para la interpretación, porque lo que trata de evitar es simplemente el deterioro y la corrupción de la transmisión literal de las doctrinas. Los problemas aparecen cuando las fórmulas y expresiones que deben reproducir literalmente los escribientes dejan de tener un sentido evidente por sí mismo, o bien pasan a tener otro que es directamente ofensivo o blasfemo. En otras palabras, cuando los copistas se ven obligados a atenerse al significado de los signos.

Guillermo de Baskerville representa precisamente a quienes ya no están dispuestos a adherirse a la literalidad de las palabras. Lejos del dogma de los escribas y los doctores de la ley, exige una filosofía que, en lugar de tratar el mundo como si fuera un texto cerrado, se pregunte acerca de él, se abra de nuevo a la realidad y sea capaz de acogerla en su verdadera singularidad. Así lo manifiesta al principio de la novela en una reflexión que podría haber expresado el propio Ockham:

> Adso, si ves algo de lejos, sin comprender de qué se trata, te contentarás con definirlo como un cuerpo extenso. Cuando estés un poco más cerca, lo definirás como un animal, aunque todavía no sepas si se trata de un caballo o de un asno. Si te sigues acercando, podrás decir que es un caballo, aunque aún no sepas si se trata de Brunello o de Favello. Por último, sólo cuando estés a la distancia adecuada verás que es Brunello (o bien, ese caballo y no otro, cualquiera que sea el nombre que quieras darle). Este es el conocimiento pleno, la intuición de lo singular. Así, hace una hora, yo estaba dispuesto a pensar en todos los caballos, pero no por la vastedad de mi intelecto, sino por la estrechez de mi intuición. Y el hambre de mi intelecto sólo pudo saciarse cuando vi al caballo individual que los monjes llevaban por el freno. Sólo entonces supe realmente que mi razonamiento previo me había llevado cerca de la verdad. De modo que las ideas, que antes había utilizado para imaginar un caballo que aún no había visto, eran puros signos, como eran signos de la idea de caballo las huellas sobre la nieve: cuando no poseemos las cosas, usamos signos y signos de signos.[1]

Al igual que Ockham, el protagonista de la novela considera que no existe conocimiento más pleno de la realidad que la pura intuición singular. Hay una realidad individual, el caballo, que está perfectamente singularizada ante mí y que podemos conocer de un modo directo e inmediato, sin necesidad de presuponer ninguna esencia definida de antemano. Al igual que ocurre con la idea de caballo, no existe tampoco algo así como la idea universal de belleza: lo que hay son cosas bellas. El intelecto agrupa todas esas bellas singularidades en un único concepto: la belleza. Pero la belleza no es una realidad, sino una noción creada por los seres humanos. Y tanto los términos que se refieren a objetos singulares reales como a los conceptos teóricos son signos consensuados por los hablantes. No hay ninguna esencia que nos obligue a llamar «caballo» a un caballo concreto, ni a designar como «belleza» las cosas bellas. Lejos de ser prototipos inmutables, las ideas no son sino acuerdos sociales: un simple nombre que ponemos a las cosas por motivos prácticos. En esto se resume la máxima de lo que se conoce como nominalismo: no hay nada más real que los seres y cosas individuales.

Ockham nos muestra una realidad muy distinta al mundo de las ideas de Platón, ese duplicado perfecto y celestial del mundo terrestre. La realidad se ha convertido en una amalgama de cosas singulares, lo cual, como afirma el protagonista de la novela, exige un nuevo orden:

> Fíjate Adso que no hablo de cosas, sino de proposiciones sobre las cosas. La ciencia se ocupa de las proposiciones y de sus términos, y los términos indican cosas iguales. ¿Lo comprendes? [...] Como ves, trabajo con las cosas de la naturaleza. En la investigación que estamos haciendo no me interesa saber quién es bueno y quién es malo. Sólo quiero averiguar quién estuvo ayer por la noche en el *scriptorium*, quién cogió mis anteojos, quién dejó en la nieve huellas de un cuerpo que arrastra a otro cuerpo, y dónde está Berengario. Una vez conozca esos hechos, intentaré relacionarlos entre sí, suponiendo que sea posible, porque es difícil decir a qué causa corresponde cada efecto. Bastaría la intervención de un ángel para que todo cambiase, por eso no hay que asombrarse si resulta imposible demostrar que una determinada cosa es la causa de determinada otra. Aunque siempre haya que intentarlo, como estoy haciendo en este caso.
>
> —¡Qué vida difícil, la vuestra!
>
> —Con todo, encontré a Brunello —exclamó Guillermo, refiriéndose al caballo de hacía dos días.

—¡O sea que hay un orden en el mundo! —comenté jubiloso.

—O sea que hay un poco de orden en mi pobre cabeza —respondió Guillermo.[2]

El problema que nos revela Guillermo es que ya no hay modo alguno de asegurar «la presencia de un orden en el mundo». El orden con el que intentamos representarnos la realidad percibida por nosotros quizá no tenga relación alguna con el orden real o verdadero de la naturaleza. Puede que no exista ya un orden en el mundo y, si existe, cabe la posibilidad de que sea muy distinto de la representación que nos hacemos «en nuestras pobres cabezas». Las palabras se han alejado definitivamente de las cosas y ya no dejan en la boca ningún sabor a lo que nombran. Esa es la experiencia de la que también parte Ockham. Las palabras ya no hacen visibles las cosas, han hecho inservibles nuestros ojos, nuestro tacto, nuestro olfato, porque con ellas nada se ve ni se toca ni se huele: sólo valen por lo que significan y por cómo lo significan. Prueba de ello es que una rosa puede significar muchas cosas: ¿es una flor?, ¿el nombre de una amante?, ¿una insignia que utilizaban algunos caballeros medievales?, ¿un signo místico? De ahí que se imponga una nueva mirada: la del filósofo que, dispuesto a conocer la rosa en su particularidad, debe descomponer su nombre hasta el último elemento.

La novedad que suscita el siglo XIV es, por lo tanto, la aparición de un nuevo orden cosmovisional. Para ello ha sido preciso que las palabras que se refieren a las grandes ideas de la filosofía platónica (Belleza, Justicia o Verdad) hayan perdido su significado unívoco, que el mundo se haya vuelto ilegible y que debemos acercarnos a las cosas de un modo radicalmente distinto. Esto lo sabe perfectamente Ockham, que busca conocer bien y explicar de manera clara y sencilla. En las antípodas

de los maestros académicos del momento, Ockham nos indica con suma sencillez que hemos convertido el lenguaje en un galimatías y que hay que volver a establecer la correspondencia entre las palabras y las cosas. Y eso sólo se puede hacer a través del análisis: la realidad nos brinda una distinción de sentidos, nos descubre que el lenguaje no es significativo a menos que las palabras tengan un uso, y usarlas implica seleccionar, de todos los sentidos posibles, el que sea mejor o más apropiado. El lenguaje por sí solo no afirma ni niega nada. Como dice Ockham, lo hace cuando nos servimos de él, eligiendo entre diversos sentidos, decidiéndonos por uno u otro.

LA NAVAJA DE OCKHAM

La metáfora que mejor ilustra este proceder filosófico es la navaja de Ockham. De lo que se trata es de analizar los diversos sentidos de una palabra y quedarnos con el significado más básico. No hace falta complicar el lenguaje con abstracciones que nadie entiende. «No multipliquemos los entes sin necesidad», esto es: no aceptemos más entidades que aquellas que se dan en una experiencia concreta o aquellas cuya admisión es absolutamente necesaria para una experiencia concreta. Si se dice de Ockham que «afeita como una navaja las barbas de Platón» es precisamente porque simplifica el complicado idealismo platónico que, con su defensa de los universales y las grandes verdades, todavía estaba en boga entre los intelectuales de la época. Así pues, cuando se habla de la famosa navaja de Ockham nos referimos a un principio metodológico que el filósofo define de la manera siguiente: «Si en una ciencia se puede interpretar todo sin suponer esta o aquella entidad hipotética, entonces no está justificado suponerla».

A menudo se confunde la navaja de Ockham con esta otra fórmula: «En igualdad de condiciones, la explicación más sencilla suele ser la correcta». En efecto, cuando dos teorías en igualdad de condiciones tienen las mismas consecuencias, se

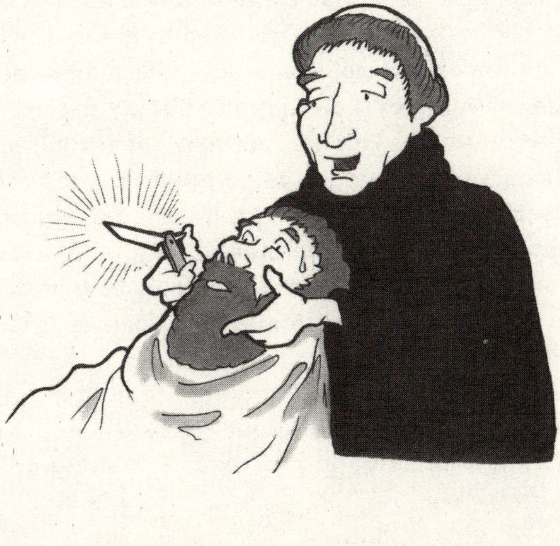

DATO CURIOSO

Filósofos y barbudos

Así como la navaja de Ockham es conocida por rasurar de la realidad todo tipo de entidades sobrantes, la barba es uno de los atributos que con mayor facilidad asociamos a los filósofos. Ya entre los griegos constituía toda una seña de identidad. En el *Dictionary of Greek and Roman Antiquities* de William Smith se explica lo siguiente:

> Las naciones modernas más refinadas consideran la barba un estorbo, sin belleza ni significado, pero los antiguos por lo general prestaban atención a su crecimiento y forma, y prueba de que los griegos no se quedaban atrás en este aspecto son las estatuas de sus filósofos. La frase «dejarse crecer la barba» implica una cultura positiva. Por regla general, una barba espesa era considerada muestra de virilidad. Los filósofos griegos se distinguían por sus largas barbas, como si fueran una especie de insignia, y de ahí que Persio utilizara el término *magister barbatus* para referirse a Sócrates.

En la época romana, varios autores satíricos se mofaron de una costumbre bastante extendida: la de aparentar sabiduría por el simple gesto de dejarse crecer la barba. Amiano, sin ir más lejos, dijo: «¿Das por hecho que la barba genera cerebros y por eso te has dejado ese matamoscas? Sigue mi consejo y aféitate de una vez, pues la barba genera piojos y no cerebros». También se cuenta que Epicteto llegó a huir de Roma cuando reinaba Domiciano, del cual se dice que persiguió a los filósofos tras afeitar la cabeza y la barba de Apolonio de Tiana, acusado de magia y de actividades subversivas.

En el ámbito de la reflexión filosófica, la barba también ha inspirado una de las paradojas más conocidas de Bertrand Russell:

> En la única barbería del único pueblo que hay a cientos de kilómetros a la redonda, cuelga un cartel que dice: «Yo afeito a quienes

no se afeiten a sí mismos, y solamente a ellos». La pregunta es: ¿quién afeita al barbero?

— Si el barbero se afeita a sí mismo, entonces forma parte de las personas que se afeitan a sí mismas, por lo que no podrá afeitarse a sí mismo.

— Y si no se afeita a sí mismo, entonces forma parte de las personas que no se afeitan a sí mismas, por lo que tampoco podrá afeitarse a sí mismo.

La gracia de la paradoja es que, se mire por donde se mire, no tiene solución.

suele decir que la más simple tiene más probabilidades de ser la correcta. Seguramente nos hemos encontrado en más de una situación en que la adopción de este criterio nos habría ido de perlas para tomar una decisión. Cuando nos hallamos ante un dilema, a menudo nos limitamos a contemplar las posibles soluciones y luego tendemos a eliminar las opciones que resultan más complejas. Lo que plantea el símil de la navaja es, en cierto modo, algo muy parecido: si estamos ante una serie de discursos incompatibles entre sí se impone una razón clara y fundamentada en el testimonio de los sentidos; una teoría coherente, pragmática, con visos de verosimilitud; un criterio de economía explicativa, capaz de evitar formulaciones excesivamente alejadas de la realidad circunstancial de cada caso. He aquí un catálogo de principios que, a la postre, resultarán cruciales para el desarrollo de la ciencia moderna y llevarán el método experimental hasta cotas que en tiempos de Ockham resultaban inimaginables.

LA EXISTENCIA DE DIOS SE VUELVE INDEMOSTRABLE

Cuando empleamos la navaja de Ockham, ya no estamos obligados a admitir como evidente todo aquello que no pueda ser comprobado por la experiencia. Pero el uso de esta herramienta filosófica tiene una consecuencia todavía más radical: todo lo que tradicionalmente se había considerado perteneciente al ámbito de la teología y la metafísica se desplaza automáticamente al campo de la fe. El ejemplo más claro lo encontramos en la valoración relativa a las pruebas de la existencia de Dios. Según Ockham, no podemos demostrar racionalmente que Dios existe. Cualquier afirmación que hagamos al respecto debe situarse en el terreno de la mera probabilidad. Es algo que se aprecia muy bien en un momento de la novela de Eco:

> El Abad tuvo un momento de duda:
>
> —¿Por qué —preguntó— insistís en hablar de actos delictivos sin pronunciaros sobre su causa diabólica?
>
> —Porque razonar sobre las causas y los efectos es algo bastante difícil, y creo que sólo Dios puede hacer juicios de ese tipo. A nosotros nos cuesta ya tanto establecer una relación entre un efecto tan evidente como un árbol quemado y el rayo que lo ha incendiado, que remontar unas cadenas a veces larguísimas de causas y efectos me parece tan insensato como tratar de construir una torre que llegue hasta el cielo.
>
> —El doctor de Aquino —sugirió el Abad— no ha temido demostrar mediante la fuerza de su sola razón la existencia del Altísimo, remontándose de causa en causa hasta la causa primera, no causada.
>
> —¿Quién soy yo —dijo Guillermo con humildad— para oponerme al doctor de Aquino? Además su prueba de la existencia de Dios cuenta con el apoyo de muchos otros testimonios que refuerzan la validez de sus vías. Dios habla en el interior de nuestra alma, como ya sabía Agustín, y vos, Abbone, habríais cantado alabanzas al Señor y a su presencia evidente aunque Tomás no hubiera... —se detuvo, y añadió—: Supongo.

—¡Oh, sin duda! —se apresuró a confirmar el Abad, y de este modo tan elegante cortó mi maestro una discusión escolástica que, evidentemente, no le agradaba demasiado.[3]

En *El nombre de la rosa*, el abad se muestra a favor de las tesis de santo Tomás de Aquino, para quien la fe y el conocimiento, la teología y la filosofía, se complementan de manera armoniosa. Aunque Dios es en sí mismo un misterio insondable, la razón puede guiarnos hacia él permitiéndonos reconocer sus huellas en la realidad. Esa es la premisa de las cinco versiones de Santo Tomás sobre la prueba de la existencia de Dios. Lo que sostiene el abad es que la observación de la realidad como un entramado de causas y efectos debe llevarnos necesariamente a la idea de que tiene que haber una causa primordial de todo. Pero ese es el punto que para Guillermo resulta altamente sospechoso. El hecho de que la naturaleza se articule a partir de un red de causas y efectos, ¿en qué medida nos autoriza a pensar que podamos remontarnos a una causa primera? ¿Cómo podemos convertir a Dios en un objeto racional? ¿Qué necesidad tenemos de demostrar su existencia si, en último término, es una cuestión de fe?

Esto mismo es lo que se pregunta Ockham, pues su filosofía sólo admite la evidencia de aquellos principios que puedan ser comprobados por la experiencia. Supongamos que percibimos la dilatación de un metal. Si decimos que los fenómenos poseen causas, este principio general debería garantizarnos que semejante dilatación tiene una causa. El problema —y aquí reside la clave del argumento de Ockham— es que no hay otro modo de conocer la causa concreta de cada fenómeno que no sea la observación. Sólo cuando observamos que la dilatación aparece después del calor, podemos determinar que este es la causa de aquella. Podríamos suponer que hay una causa primera de la que procede toda la realidad, pero, al carecer de la observación necesaria, no podemos concluir que esa causa sea Dios.

LA OMNIPOTENCIA DE DIOS: TODO VALE, NADA VALE

Hemos visto que Ockham no considera racionalmente demostrable la existencia de Dios. Pero esto no significa que sea un incrédulo. Al contrario, toda su teología se apoya en un postulado: su creencia en la omnipotencia divina. Este es el único atributo que podemos predicar de Dios. Al tratarse de un objeto cuya magnitud escapa a nuestra intuición, Dios no puede entenderse como la causa primera del mundo, ni como un agente que crea conforme a unas esencias o ideas preexistentes. La clave del Dios de Ockham es que no existe nada que pueda supeditar ni restringir su omnipotencia. Y si Dios es absolutamente libre, no tiene ningún sentido teorizar sobre cómo han de ser sus creaciones: Dios crea lo que quiere, cuando quiere y como quiere.

De este postulado se deduce, por supuesto, que no tiene por qué haber en el mundo un orden necesario. Según Ockham, no hay una estructura o unas leyes universales a las que Dios estaría sujeto de una manera tan contradictoria como incomprensible. Como Dios lo puede todo, es preciso que no exista nada absolutamente imposible. Por lo tanto, es necesario que en términos absolutos no haya ningún orden que constriña su libertad. La tesis de Ockham es que Dios podría haber creado un mundo cualquiera entre sus infinitas posibilidades, aunque sólo una haya sido la elegida. Esto es precisamente lo que le hubiera resultado inimaginable a Aristóteles: el univer-

DATO CURIOSO

El nacimiento de la ciencia moderna

En 1277 fueron condenados 219 argumentos filosóficos y teológicos que se consideraban inaceptables para la doctrina y enseñanza de la Iglesia en la Universidad de París. Muchos de estos argumentos provenían de Aristóteles y de sus doctrinas sobre la materia, el espacio y el movimiento. Todo el sistema de su física negaba la posibilidad de los átomos, el vacío, el mundo infinito y la pluralidad de los mundos. De modo que cuando sus tesis fueron condenadas por los teólogos, se abrió el camino a la especulación sobre estos temas, lo cual dio lugar a formulaciones bastante peculiares.

Así, por ejemplo, nada impedía argumentar, sin peligro de caer en la herejía, que Dios podía crear otros mundos. Podía concebirse perfectamente que el universo estuviera lleno de mundos en forma de esferas, aun sabiendo que todas estas esferas tendrían que tocarse solamente en unos puntos, y ello implicaba reconocer la posibilidad de un espacio vacío, algo contradictorio y radicalmente inconcebible en una cosmología como la de Aristóteles.

Además, si Dios podía crear otros mundos, los pensadores científicos del siglo XIII no tardarían en preguntarse ¿cómo serían esos otros mundos? ¿Serían paralelos en cualquier sentido al mundo en que vivimos? ¿Vivirían criaturas como nosotros en estos otros universos? Si la respuesta fuera afirmativa, ¿sería entonces necesaria otra Encarnación y otra Crucifixión para salvar a estas criaturas o bastaba una sola de cada una de ellas para todos los mundos posibles y plurales?

Aunque todo esto pareciera un extraño camino para hacer ciencia, no hay duda de que todos estos empeños se dirigían en la misma dirección. Se discutió acerca de la posibilidad de que hubiera dos infinitos, sobre el centro de gravedad, la aceleración de los cuerpos, el vuelo de los proyectiles e, incluso, sobre la posibilidad de que la Tierra estuviera en movimiento. Las

críticas de Aristóteles no sólo eliminaron muchas de las restricciones metafísicas que su sistema impuso al empleo de las matemáticas: constituyó el germen de muchos de los conceptos que fueron incorporados posteriormente a la mecánica del siglo XVII.

so es el que es y no podemos concebirlo de otra manera a como es. A partir de Ockham, resulta perfectamente viable plantear la imagen del cosmos en términos de posibilidades. Podemos discutir sobre un sinfín de aspectos que en la imagen del cosmos aristotélico son imposibles: la pluralidad de mundos, el vacío, el espacio infinito, el movimiento diario de la tierra... Nada impide teorizar sobre el universo y hacer toda clase de suposiciones, sin que ello implique forzosamente la realidad de lo que se establece como posible. Nada impide argumentar la posibilidad física de cualquier cosa, aunque *de facto* no se dé.

Por supuesto, la simple mención de esta opción suponía abrir la puerta a suposiciones sumamente inquietantes. Si Dios es omnipotente, ¿por qué son incuestionables ciertas leyes naturales? ¿No podría decidir Dios que el pasado no ha sucedido? ¿No podría, en virtud de su omnipotencia, suprimir la tabla de los Diez Mandamientos y convertir en norma de obligado cumplimiento el hecho mismo de matar o de adorar a otros dioses? Si santo Tomás está convencido de que Dios no podría suprimir o modificar ni una sola de las leyes naturales o de los Diez Mandamientos, pues ello equivaldría a suprimirse o modificarse a sí mismo, Ockham, en cambio, se muestra rigurosamente consecuente con la absoluta libertad de Dios: el asesinato y la idolatría podrían haber sido méritos reconocidos en otros mundos posibles si Dios así lo hubiese querido. Cierto, Dios ha impuesto un orden que integra las leyes naturales y cualquier principio o criterio moral, pero el mundo podría haber sido bien distinto.

UNA ESCALERA QUE SE PUEDE TIRAR DESPUÉS DE SUBIR POR ELLA

Como hemos visto, la libertad absoluta del Dios de Ockham implica la negación de todo orden estrictamente necesario en el mundo natural. Nada impide que Dios, haciendo uso de su poder absoluto, pueda cambiar en cualquier momento el orden o las leyes (naturales o morales) de su propia creación. Dios es tan omnipotente que podría sin problema alguno disponer de infinidad de modos de producir fenómenos observables en la naturaleza que fueran idénticos en términos causales. Esta es la sensación que nos transmite el protagonista de la novela de Eco cuando llegamos al final de la historia:

> Nunca he dudado de la verdad de los signos, Adso, son lo único que tiene el hombre para orientarse en el mundo. Lo que no comprendí fue la relación entre los signos. He llegado hasta Jorge siguiendo un plan apocalíptico que parecía gobernar todos los crímenes y sin embargo era casual. He llegado hasta Jorge buscando un autor de todos los crímenes, y resultó que detrás de cada crimen había un autor diferente, o bien ninguno. He llegado hasta Jorge persiguiendo el plan de una mente perversa y razonadora, y no existía plan alguno, o mejor dicho, al propio Jorge se le fue de las manos su plan inicial y después empezó una cadena de causas, de causas concomitantes, y de causas contradictorias entre sí, que procedieron por su cuenta, creando relaciones que ya no dependían de ningún plan. ¿Dónde está mi ciencia? He sido un testarudo, he perseguido un simulacro de orden, cuando debía saber muy bien que no existe orden en el universo.
>
> —Pero, sin embargo, imaginando órdenes falsos habéis encontrado algo...
>
> —Gracias, Adso, has dicho algo muy bello. El orden que imagina

nuestra mente es como una red, o una escalera, que se construye para llegar hasta algo. Pero después hay que arrojar la escalera, porque se descubre que, aunque haya servido, carecía de sentido. *Er muoz gelichesame die Leiter abewerfen, sô Er an ir ufgestigen ist*... ¿Se dice así?

—Así suena en mi lengua. ¿Quién lo ha dicho?

—Un místico de tu tierra. Lo escribió en alguna parte, ya no recuerdo dónde. Y tampoco es necesario que alguien encuentre alguna vez su manuscrito. Las únicas verdades que sirven son instrumentos que luego hay que tirar.[4]

Lo que le ocurre a Guillermo de Baskerville es un síntoma de los nuevos tiempos anunciados en la filosofía de Ockham. Se ha producido una fisura entre el orden que imagina nuestra mente y el que puede existir realmente. Nada de lo que sentimos o pensamos, ni tampoco lo que se dice o expresa, guarda una relación obvia con el orden de las cosas. El mundo se

puede interpretar de muchas maneras. Debemos pues despedirnos de aquel universo de escribanos y aristotélicos trasnochados en el que la verdad todavía se encuentra en un conocimiento dado de una vez por todas. En el siglo XIV, la verdad es como una escalera. Una vez que hemos subido, podemos olvidarnos de ella porque ha cumplido su función.

Esta es la nueva relación con la realidad que nos descubre Ockham: el mundo celestial que con tanta devoción contemplaba Tales cuando alzaba la mirada a las estrellas ha quedado confinado al terreno de la fe y de la probabilidad. Todo lo que a partir de ahora pueda conocer la filosofía no será más que el resultado, nunca definitivo, de un proceso de interpretación. Ya no tiene ningún sentido proteger el saber tras los espesos muros de un monasterio, custodiarlo con el mismo celo con que cuidamos un tesoro. No nos hace falta ningún juego de llaves que nos abra la puerta de ninguna biblioteca, puesto que el mundo se ha convertido en un libro abierto. Esta es la moraleja que se halla subyacente tras la novela de Eco: la realidad no es más que un conjunto de signos que espera ser interpretado. Mientras el fin de la Edad Media está representado en la amarga figura de Jorge de Burgos, la modernidad se inaugura con el semblante sonriente de Guillermo de Baskerville, que capta perfectamente esta nueva verdad. Si quien ríe el último, ríe mejor, entonces no hay ninguna duda: el verdadero origen del pensamiento moderno es Ockham.

¿QUÉ HEMOS APRENDIDO?

Ockham no es un autor que se dedique a la filosofía por motivos teológicos. Al contrario, representa al nuevo pensador de la época, un filósofo dispuesto a aplicar su análisis lógico a cuestiones teológicas. Ockham no mezcla perspectivas filosóficas con sentimientos vitales. Su manera de referirse a Dios, de una moderación y una frialdad inusuales en el siglo XIV, contrasta con las resonancias metafísicas de sus antecesores y de muchos de sus contemporáneos. En su modo de entender la realidad comienza a percibirse la presencia de un hiato entre la fe religiosa y la ciencia teórica sobre el mundo.

Para Ockham, solo hay un mundo: el natural. Esta es la única realidad que está dispuesto a admitir. En ese mundo natural no existe el universal; no hay una esencia eterna de las cosas que les dé un nombre en este mundo. Sólo hay singularidades. De modo que los nombres que les atribuimos a estos objetos singulares no son más que convenciones adoptadas por los seres humanos. Por eso, Ockham saca su navaja y se pone a cortar la realidad en trozos. Si queremos reconocer algún orden en la naturaleza hay que proceder caso por caso, sin admitir de antemano discursos excesivamente abstractos o entidades teóricas demasiado alejadas de la experiencia concreta. Con esta manera de proceder, la filosofía de Ockham prefigura de algún modo el nacimiento de la ciencia moderna.

Su pensamiento no sólo representa la negación de toda esencia definida previamente; significa asimismo la negación de toda ley o necesidad natural a la cual pudiera estar sujeta la omnipotencia de Dios. Ockham parte de la base de que todo lo que sucede en este mundo podría ser de otra manera. No hay ninguna razón por la que Dios haya de crear necesariamente este mundo. Si lo ha hecho, es porque ha querido. Sin embargo, la afirmación de la omnipotencia divina por parte de Ockham tiene una contrapartida: lleva consigo la suposición de que existe un mundo del que sólo se pueden emitir formulaciones hipotéticas; es decir, la imagen de una naturaleza que no puede ser sino objeto de explicaciones o predicciones meramente probables.

La modernidad tratará de restituir en el mundo ese orden

necesario que se ha quebrado con Ockham. A partir del siglo XVII, se sentarán las bases de una nueva manera de entender la filosofía, un método capaz de deducir todas las verdades a partir de unos principios absolutamente evidentes para la razón. El fantasma de Ockham se conjurará entonces con la hipótesis más temible: la existencia de un genio maligno.

¿QUÉ EMPEZAR A LEER DE OCKHAM?

El prólogo a la *Exposición de los ochos libros sobre la Física*, del propio Ockham, y, por supuesto, *El nombre de la rosa*, una obra detectivesca llena de intriga y de referencias a autores medievales. Si quieres complementar la aventura literaria con el juego filosófico que nos propone Eco podrás descubrir una Edad Media realmente apasionante.

Otras lecturas recomendables

De Andrés, Teodoro, *El nominalismo de Guillermo de Ockham como filosofía del lenguaje*, Madrid, Gredos, 1969.

De Libera, Alain, *La filosofia medieval*, trad. de C. D'Amico, Buenos Aires, Docencia, 2000.

Eco, Umberto, «Significado y denotación de Boecio a Ockham», en Guillermo de Ockham, *Suma de lógica*, trad. de A. Flórez Flórez, Barcelona, Madrid y Buenos Aires, 1994, págs. 9-53.

Fortuny, Francesc J., «Guillermo de Ockham, la aurora de la modernidad», en José Manuel Bermudo (comp.), *Los filósofos y sus filosofías*, vol. 1, Barcelona, Vicens Universidad, 1983, págs. 257-287.

Koyré, Alexandre, *Estudios de historia del pensamiento científico*, trad. de E. Pérez Sedeño y E. Bustos, Madrid, Siglo XXI, 1990.

6

MODERNOS EN BUSCA DEL ORDEN PERDIDO

LA RAZÓN HUMANA ASEDIA A DIOS

El siglo XVII fue una época deslumbrante y combativa, un tiempo de efervescencias espirituales que trajo consigo guerras civiles y espirituales. Asistimos también a la formación y al desarrollo de los imperios globales, a un crecimiento explosivo del comercio internacional y, al menos para una selecta minoría, a un nuevo tipo de saber que nace llevando consigo todo tipo de promesas: la ciencia moderna. Los historiadores se han referido a esta época como «el siglo del genio». Pero si hay un hilo que atraviesa el rico tapiz de la vida y del pensamiento del siglo XVII es el intento de determinar la presencia de un orden en el mundo.

En lugar de la vieja figura del teólogo se va imponiendo paulatinamente, a partir del Renacimiento, la figura del científico: su única guía es la razón, su obsesión es construir un saber lo más racional posible y disponer de un método infalible capaz de alcanzar la verdad de una vez por todas. Como dice Descartes, su única herramienta es el sentido común o el entendimiento, o sea, «la capacidad de distinguir lo verdadero de lo falso». A partir de la Edad Moderna, el filósofo ya no es sabio ni teólogo, sino que se confunde la mayoría de las veces con el científico. La ciencia, en todas sus formas y acepciones, se ha alzado con la victoria y comienza a modelar la realidad a su imagen y semejanza.

A ojos del filósofo, ya no se trata tanto de interpretar el mundo como de lanzarse a conocerlo. En vez de relacionarse con él como un libro abierto, ahora se pretenden establecer evidencias demostrables, certezas impersonales relacionadas con las matemáticas, las leyes del universo o la existencia del alma. El tema central de la filosofía moderna es cómo alcanzar un saber que esté en condiciones de preservar la verdad. Una verdad no interpretable, necesaria, sujeta a un orden inconmovible. Para ello habrá que definir en términos radicalmente nuevos qué entendemos por Dios; qué lugar ocupamos en un universo en el que, desde Copérnico, ya nada gira alrededor de nosotros; qué significa el mundo y cómo podemos volver a acceder a él sobre la base de medios terrenales y racionalmente justificados. Descartes (1596-1650) será el primer pensador que dé un paso firme en esta dirección. Y en gran parte como resultado directo de su manera de entender la filosofía, irrumpirán las figuras de Pascal, Spinoza y Leibniz en su empeño por dar una respuesta original a los desafíos planteados por Descartes.

BENE VIXIT, QUI BENE LATUIT

«Bien vive, quien bien se oculta.» La filosofía de Descartes se basa en esta divisa. Interpretada en su sentido más trivial, nos muestra la predilección que sentía el autor de las *Meditaciones metafísicas* por la vida retirada y el anonimato. Ya fuera por discreción, por miedo o por mero interés en proseguir su labor intelectual, lo cierto es que Descartes es un hombre poco conocido, nada amigo de la fama. Es sabido que, mientras se hallaba en el ejército, escribió lo siguiente: «Así como los actores [...] se ponen una máscara, yo, en el momento de

DATO CURIOSO

Las incógnitas de Descartes

Cualquiera que haya sufrido estudiando matemáticas podrá recordar los quebraderos de cabeza que puede ocasionar la presencia de tres letras tan simples como la *x*, la *y* o la *z*. En efecto, estas letras son las utilizadas habitualmente para representar las incógnitas en las ecuaciones matemáticas. El objetivo, en este caso, es despejarlas para averiguar qué número real representan. Pero ¿por qué se utilizan estas letras y no otras? Su origen está curiosamente relacionado con una de las obras más populares de Descartes: el *Discurso del método*, publicado en 1637.

El libro es bien conocido por una serie de reglas que se han hecho célebres en la historia del pensamiento y que no dejan de ser una especie de tutorial moderno sobre cómo utilizar la razón de un modo que sea eficaz. Menos conocido es que la obra constituía en realidad el prólogo a tres ensayos, uno de los cuales estaba dedicado a la geometría. Como es lógico, la obra estaba plagada de ecuaciones, lo cual planteaba un problema en aquella época. Y es que por aquel entonces se necesitaban tipos móviles para imprimir los libros, lo cual hizo que en este caso escasearan algunas letras (la *a*, por ejemplo, se usaba en el texto en sí y además en las ecuaciones, donde se repetía continuamente).

El caso es que los impresores preguntaron a Descartes si tenían que emplear necesariamente las letras indicadas en las ecuaciones, o bien podían usar otras cualesquiera. Descartes respondió que en las ecuaciones las letras no son más que símbolos, por lo que era absolutamente indiferente que usaran la *a*, la *b* o cualquier otra. Y así es como decidieron utilizar las letras menos usadas en su idioma: la *x*, la *y* y la *z*, que en francés se utilizan muy poco. Es una tradición que se ha mantenido hasta nuestros días y que sigue atormentando a los que no son muy diestros en el arte de despejar incógnitas.

salir a la escena del mundo, en la que hasta ahora he sido sólo espectador, voy enmascarado (*larvatus prodeo*)». Lo primero que llama la atención es, por supuesto, la presencia del «yo», un vocablo hasta entonces poco común en la tradición filosófica. Lo segundo que destaca en estas palabras es que Descartes no tiene ninguna intención de darse a conocer. No quiere dejarse ver, al menos, no de manera plena.

Lo que nos plantea toda su filosofía es una pregunta nada sencilla de responder: ¿qué es esta evidencia llamada yo? ¿Cómo podemos detectarlo? ¿Cómo podemos reconocerlo? La lectura de Descartes no puede dejarnos indiferentes. Al fin y al cabo, la palabra «yo» figura en la mayoría de las frases que solemos emplear a lo largo del día. «Yo» es una palabra que vinculamos a muchos de nuestros estados de ánimo. Está íntimamente imbricada en nuestros sentimientos y recuerdos. Aparece con suma facilidad en todos los deseos que expresamos, en todas las opiniones que vertemos. «Yo» es la palabra que emplea casi todo el mundo para designar algo que constituye la existencia singular de cada uno de nosotros. En este sentido, no hay nada menos personal que el empleo de este pronombre. Queriéndonos diferenciar los unos de los otros —pues no estamos dispuestos a admitir que nuestro «yo» pueda tener alguna relación con el de los demás— se da la circunstancia de que la mayoría de nosotros recurrimos a la misma palabra para singularizarnos.

La cuestión es pues lo suficientemente paradójica para no aceptar el desafío que nos propone Descartes. Representa al mismo tiempo un inicio, el comienzo de una nueva aventura filosófica. Un buen día, Descartes decide abandonar el cúmulo de saberes medievales y rechaza la autoridad de los viejos maestros y de sus incontables comentaristas. Se niega a cargar con el peso de los siglos y las restricciones de las diversas escuelas, convencido de que no suponen una garantía ni un camino seguro para la evidencia de ese «yo». En las *Meditaciones metafísicas*, la obra cumbre de Descartes, no hay precisamente ningún distingo entre el «yo» y la búsqueda de la verdad. El autor se nos presenta sentado a una mesa junto al fuego. Podemos creer que nos está contando su vida o que se ofrece como un ejemplo concreto de esa búsqueda. No importa: ese «yo», absolutamente anómalo en la historia de la filosofía, posee desde el primer momento un estatuto muy especial.

LA *MAYÉUTICA* SE CONJUGA EN PRIMERA PERSONA

Las *Meditaciones metafísicas* nos ofrecen un apasionante itinerario descrito en primera persona. Están escritas en forma de diario íntimo, en el que el autor va anotando durante seis días los progresos y avances de su indagación acerca de la verdad. Estamos ciertamente ante una historia personal, un recorrido tan particular que no se parece a ningún otro. Y, sin embargo, en esto consiste lo insólito de su propuesta: nada impide que avancemos con él, que lo acompañemos por la senda que debe llevarle al descubrimiento de esa verdad llamada «yo». Así empieza el texto:

> He advertido hace ya algunos años cuántas cosas falsas he admitido desde mi infancia como verdaderas, y cuán dudosas son todas las que después he apoyado sobre ellas [...]; de manera que, por una vez en la vida, deben ser subvertidas todas completamente [...]. Pero parecía esta una obra ingente, y esperaba una edad que fuera tan madura que no la siguiera ninguna más apta para emprenderla [...]. Así pues, con este fin he desembarazado mi mente de todo cuidado, me he procurado un ocio tranquilo, me re-

tiro en soledad, y por fin me dedicaré seria y libremente a esta subversión general de mis opiniones.[1]

Estas palabras nos recuerdan a la *mayéutica* socrática, puesto que en ambos casos se impone la necesidad de empezar desde cero, de hacer tabla rasa de los falsos saberes. Recordemos que Sócrates ayuda a los jóvenes atenienses a liberarse de la tutela de sus maestros y sus padres: les anima a desvincular la verdad de la de aquellos que supuestamente saben; es decir, les incita a pensar. Algo parecido ocurre con Descartes y su empeño por romper la cadena de transmisión del saber. Pretende presentarse como un pensador que no tiene más maestro que él mismo. Ahora bien, así como Sócrates se lanza a la búsqueda de la verdad sin otro deseo que examinar las ideas que tenemos de las cosas, Descartes se propone hallar al menos una verdad incontestable, una idea lo suficientemente clara y nítida para que podamos proclamarla con total certidumbre. Mientras que Sócrates nos arrastra al insondable abismo de la duda, Descartes se embarca en una duda metódica con el único objetivo de alcanzar la verdad del «yo».

LA PESADILLA DEL GENIO MALIGNO

Descartes sabe que hay mucho en juego en la búsqueda de esta verdad. De no hallarla deberíamos renunciar a la filosofía. Se trata, en realidad, de una verdad que debemos hallar de un modo claro y distinto. Para ello, es preciso amplificar hasta límites insospechados la fuerza expansiva de la duda. Cuanto más potente sea la duda, más sólido será lo que se le resista, si es que algo logra resistirla. O se derrumba todo merced a la incertidumbre, o permanece una verdad inquebrantable, una idea que se nos imponga como una evidencia necesaria. No hay términos medios en el ejercicio de esta duda metódica. Descartes emplea la duda como un camino para llegar a esa única verdad que se revela indestructible.

Las etapas de esta búsqueda son graduales. Descartes comienza poniendo en duda la primacía de los sentidos: ¿y si todo lo que percibo no se corresponde con la realidad?, ¿y si mis sentidos me estuvieran engañando? Si nada de cuanto percibo tiene carácter de absoluta certidumbre, dice Descartes, entonces no puedo hacer depender esa verdad que busco de mis propias percepciones. A continuación plantea la hipótesis del sueño: ¿cómo puedo saber si estoy viviendo o soñando? ¿Cómo puedo saber que estoy realmente viviendo mi vida? No puedo estar completamente seguro de no estar durmiendo ahora. Y si todo es una ilusión, no habría entonces nada cierto. Ahora bien, sigue Descartes, aunque esté soñando, el triángulo sigue teniendo tres ángulos que suman 180 grados y no puedo imaginarlo de otra manera que no sea con tres lados. Parece, pues, que nos hemos acercado a una verdad, puesto que no tenemos ningún motivo para dejar de fiarnos de las evidencias matemáticas. Sin embargo, es en este punto donde Descartes extrema la duda y, a fin de poner a prueba el carácter incontrovertible de la matemática, se inventa una de las pesadillas más célebres de la historia de la filosofía. Reencarnándose en un gnóstico, Descartes se saca de la manga la hipótesis de un genio maligno:

> Tengo grabada en la mente la vieja opinión de que hay un Dios que lo puede todo, por lo que fui creado tal como existo. ¿Cómo sé entonces que él no ha hecho que no haya en absoluto tierra, ni cielo, ni cosa extensa, ni figura, ni magnitud, ni lugar, y que sin

> embargo me parezca que todas estas cosas existen? [...] Supondré, pues, no que un Dios óptimo, fuente de la verdad, sino cierto genio maligno, tan sumamente astuto como poderoso, ha puesto toda su industria en engañarme.[2]

Descartes se propone imaginar lo inimaginable: que un ser «que lo puede todo» se divierta maliciosamente engañándonos en nuestro perjuicio. ¿De qué podría estar seguro si existiera un dios omnipotente que me hiciera contar cuatro al sumar dos y dos, cuando la respuesta correcta sería en realidad otra? Esas verdades matemáticas que no parecen admitir duda alguna, ¿se me imponen así porque ese genio maligno lo ha querido, de modo que podrían haber sido perfectamente otras? O, por el contrario, ¿esas verdades son ciertas porque deben ser así para cualquier conciencia posible? Lo que late en el fondo de esta cuestión es, naturalmente, el viejo problema de la omnipotencia divina que ya había planteado Ockham. Si Dios es libre de hacer con nosotros lo que le venga en gana, ¿hasta qué punto puedo llegar a una verdad que sea cierta y, por lo tanto, independiente de lo que me quiera hacer creer?

El golpe genial de Descartes consiste en la argucia que emplea para salir de este embrollo. Aun cuando ese genio maligno quiera engañarme, hay sin embargo algo de lo que puedo estar seguro: aunque el mundo exterior no exista y mi propio cuerpo sea una ilusión, aunque no sepa si estoy dormido o despierto, aunque mi pensamiento esté manipulado y al sumar 2 + 2 me hagan creer que el resultado es cuatro cuando en realidad es cinco, sigue siendo cierto que «yo» pienso. Pienso tal vez en algo que es falso, o sueño, pero sé que pienso. Si dudo de todo, y dudo acerca de la realidad sensible, de las verdades matemáticas o de si mi vida es un sueño, no deja de ser verdad que estoy pensando. Al final, resulta que ese ser

malvado que quería engañarme no es tan omnipotente como parece. La situación no puede ser más irónica: llevando la duda hasta las últimas consecuencias, ahí donde todo podría derrumbarse, Descartes logra encontrar la primera certeza absoluta: «yo pienso».

DEL *COGITO* A LA EXISTENCIA DE DIOS

Hay que percibir el «yo pienso» como un grito triunfal de Descartes. Es más, al descubrir la existencia del yo, Descartes no sólo alcanza un principio indudable sobre el que apoyar cualquier certidumbre, sino que al mismo tiempo ese «yo» se descubre a sí mismo como conciencia. Dice Descartes: «Yo pienso, por lo tanto, soy». Gracias a la duda metódica, nos descubrimos esencialmente como «una cosa que piensa». Esta es la curiosísima situación que nos descubre el *cogito*: el hecho mismo de pensar hace evidente que existimos como seres pensantes. Esta es la roca que Descartes andaba buscando. Pero a partir de ella hay que reconstruirlo todo. A partir de esta sustancia, cosa o entidad llamada «yo», lo primero que hay que hacer es demostrar que Dios no es sólo una idea de nuestro *cogito*, sino una realidad tan auténtica y verdadera como él:

> Aunque no fueran verdaderas todas las cosas que he meditado estos últimos días, la existencia de Dios deberá tener para mí el mismo grado de certeza, por lo menos, que hasta hoy han tenido las verdades matemáticas [...]. Del hecho de que yo no pueda pensar a Dios sino como existente se sigue que la existencia es inseparable de Dios, y por lo tanto que verdaderamente existe; y no porque mi pensamiento haga esto, imponiendo necesidad a la cosa, sino, al contrario, porque la necesidad de la cosa misma, es decir, de la existencia de Dios, me determina a pensarlo; pues yo no soy libre de pensar a Dios sin existencia (esto es, al ente sumamente perfecto sin suma perfección), como lo soy de imaginar un caballo con alas o sin alas.[3]

Descartes parte del hecho indiscutible de que en nuestro pensamiento tenemos la idea de un ser absolutamente perfecto, lo cual implica necesariamente que ese «ser» ha de existir. Pues bien, ¿cómo podríamos pensar algo que es sumamente perfecto si le quitáramos el atributo de la existencia? Que tengamos esta idea no nos permite pensar a Dios desprovisto de esta propiedad, puesto que ello lo convertiría automáticamente en un ser imperfecto. De este modo, la existencia de Dios se nos presenta como una verdad indubitable. Además, esta idea no ha podido llegarnos a través de los sentidos (pues estos no han captado nunca un ser de esa naturaleza), ni tampoco se puede decir que haya sido fabricada por el pensamiento (pues lo perfecto no puede proceder de alguien como nosotros, que dudamos y somos imperfectos): ha nacido con nosotros y ha tenido que ser puesta en el pensamiento por una realidad exterior que posee esa perfección, o sea, Dios.

Con esta demostración de la existencia de Dios nos situamos en las antípodas de Ockham. Ese Dios omnipotente podría haber hecho un mundo en el que los triángulos no tuvieran tres lados y la suma de sus ángulos no fuera 180 grados. Pero el Dios de Descartes no puede admitir esta suposición. Al tratarse de un ser absolutamente perfecto, no puede permitirse el lujo de que alberguemos en nuestro pensamiento la idea de un triángulo al que después podamos quitarle la propiedad de tener tres lados. Sólo Dios puede garantizar las evidencias matemáticas y la estructura lógica de mi conciencia; sólo una entidad de estas características, sumamente perfecta, puede salvaguardar la labor de la razón y sus reglas para discernir el conocimiento verdadero del falso. Sólo en la medida en que Dios es garantía de orden, podemos estar seguros dentro de nuestra imperfección que conocemos bien lo que conocemos bien.

EL FANTASMA ATRAPADO EN LA MÁQUINA

A partir del momento en que la garantía divina ha quedado establecida, las *Meditaciones metafísicas* se proponen fijar otra distinción crucial en el pensamiento cartesiano. Nos referimos a la separación entre el alma y el cuerpo:

> Puesto que ya sé que todas las cosas que entiendo clara y distintamente puede hacerlas Dios tal como las entiendo, basta con que yo pueda entender clara y distintamente una cosa sin otra

> para que esté cierto de que una es diferente de otra, porque al menos Dios puede ponerlas por separado; y no importa qué poder haga esto, para que se estimen diferentes; por lo tanto, a partir del hecho de que sé que existo [...] concluyo rectamente que mi esencia consiste únicamente en esto: que yo soy una cosa pensante. Y aunque quizá yo tenga un cuerpo que está muy estrechamente unido a mí, sin embargo, puesto que por una parte tengo la idea clara y distinta de mí mismo, en tanto que soy sólo una cosa pensante, no extensa, y por otra parte, la idea distinta de cuerpo, en tanto que es sólo una cosa extensa, no pensante, es cierto que yo soy realmente distinto de mi cuerpo, y que puedo existir sin él.[4]

Tras reconciliarse con Dios, el «yo» de Descartes se ve a sí mismo dividido en dos sustancias. Por un lado, la *res cogitans*, el «yo» que piensa y sabe que piensa; por otro lado, la *res extensa*, el «yo» fijado en la materialidad de un cuerpo. En el primer caso, tenemos a un «yo» que existe y se presenta a sí mismo como una entidad dotada de conciencia. En el segundo caso, el «yo» se encuentra atrapado en un cuerpo. No es el «yo» quien come o vomita, sino el estómago; no soy «yo» quien orina, sino la vejiga, y lo mismo sucede con las otras funciones vitales. Por mucho que hablemos del «yo», hay que distinguir entre aquellas acciones que proceden libremente de la mente y las que se derivan automáticamente del cuerpo. Las que acreditan mi existencia son las primeras. Del mero acto de respirar, dice Descartes, no podemos extraer la conclusión de que existo. Lo que es cierto e indubitable no es que respiro, sino que pienso que respiro. Lo que hace que la existencia se me manifieste como algo evidente no depende del cuerpo sino del pensamiento, esto es, de un alma pensante que, desde el primer momento, no está determinada, mientras que sí lo están el resto de las funciones vitales, que operan prácticamente como un mecanismo. No es extraño que a partir de esta división la filosofía de Descartes se enfrente a dos dificultades insuperables: la autopercepción del «yo» y la relación entre cuerpo y alma.

Si nos sumergimos en el interior de nuestra mente, el primer problema que se nos presenta es que tenemos que estar al mismo tiempo dentro y fuera de nosotros mismos. Si el ojo no puede verse a sí mismo, ¿cómo puede hacerlo la mente sin convertirse necesariamente en dos? ¿De qué modo el «yo» puede contemplarse a sí mismo sin que aquello que es por él observado deje automáticamente de ser «yo»? Necesitaríamos, como decía Diderot, un monstruo de dos cabezas, «una de cuyas cabezas observara a la otra». Por otro lado, en una carta del 16 de mayo de 1643, la princesa Elisabeth pregunta al filósofo sobre la manera en que el alma y el cuerpo, pertenecientes a dos sustancias metafísicamente distintas, pueden entablar algún tipo de relación entre sí. La cuestión, que Descartes abordará de una manera más sistemática en el *Tratado de las pasiones*, resulta decisiva. Sin algo capaz de mediar entre el alma (la sustancia pensante) y el cuerpo (la sustancia extensa), nos convertimos en una especie de fantasmas habitando en máquinas.

Descartes se afana en buscar algún punto en que el alma y el cuerpo puedan interactuar y aquí la anatomía del siglo XVII le permite hallar algo de esa naturaleza: la glándula pineal, un adminículo de nuestro sistema cerebral al que en esa época aún no se le había atribuido ninguna función fisiológica concreta. Pero lo cierto es que las explicaciones ofrecidas por Descartes en este punto son, en general, bastante decepcionantes. En esa parte del cerebro que pone en contacto las dos sustancias se daría algo así como una conjunción mágica, donde vendrían a calentarse y presurizarse los «espíritus animales» de los que habla Descartes; es decir, «unas partículas extraordinariamente pequeñas y sutiles que pasan información desde el cerebro a los músculos a través de la sangre y los nervios». Así es como interactuaría la *res cogitans* con la *res extensa*, ya que el cuerpo, esa «máquina compuesta de hueso y carne», ese «instrumento con tubos huecos y filamentos diminutos», no puede pensar por sí mismo.

En una filosofía que gusta de proceder de un modo exquisitamente metódico y reglado, la postulación de la glándula pineal constituye una solución demasiado fácil y tampoco permite explicar un fenómeno tan común y evidente como la somatización. Ese *cogito* que siente, duda o se angustia, ¿realmente no produce ningún efecto visible en nuestros cuerpos? ¿Acaso no nos duele la barriga cuando nuestro *cogito* está nervioso? Y algo aún más grave: ¿qué sucedería si detrás de muchas de las enfermedades que somatizamos estuviera operando no ya una conciencia, sino el famoso inconsciente que descubrirá Freud? ¿En qué sentido seguiría siendo el *cogito* de Descartes algo tan sólido e inquebrantable?

Aunque la verdad cartesiana parezca muy lógica, la filosofía de Descartes nos deja un problema pendiente. Tras reconciliarnos con Dios, nos pone frente al abismo que separa alma y cuerpo. No tenemos ninguna garantía de que ese todo que llamamos «yo» pertenezca a este mundo. Hay algo ahí que permanece desarreglado, que produce efectos y determina la dificultad a que nos están exponiendo las *Meditaciones*: si lo único que no ofrece dudas es esta sustancia pensante perfectamente replegada sobre sí misma, ¿no estamos convirtiendo el cuerpo en un problema en sentido estricto? ¿Y no habremos transformado entonces el mundo en algo apenas determinable y comprensible?

PASCAL: EL SILENCIO ETERNO DE ESOS ESPACIOS INFINITOS

La filosofía cartesiana ha hecho un esfuerzo inmenso para poder llegar a la realidad, hasta el punto de reconstruir nada menos que la propia demostración de la existencia de Dios. Sin embargo, el modo de plantear ese reencuentro es demasiado abstracto y de ahí que suscite desconfianza. Porque, por un lado, ese Dios matemático del que nos habla Descartes se nos presenta de un modo excesivamente despersonalizado: no hay manera de relacionarse con ese Dios que se nos aparece como una simple garantía lógica o como una mera prueba de lo que en último término es mi conciencia. Y, por otro lado, la existencia indubitable de Dios no parece impedir la aparición de una brecha entre el alma y el cuerpo. Así pues, tenemos un mundo en el que el Dios de los filósofos se ha convertido en una mera abstracción matemática y donde resulta complicado alojar el alma en un cuerpo y una realidad que se han vuelto extraordinariamente mecanicistas. Si hay un filósofo que asiste aterrorizado a la visión de este mundo, ese es Blaise Pascal (1623-1662). Toda su filosofía es un intento de combatir los excesos de este nuevo modelo de pensamiento encarnado por Descartes.

Pascal no ve en Descartes a un filósofo, sino al científico que confía en haber hallado la piedra de toque para cualquier actividad teórica merecedora de tal nombre: la matemática, esa ciencia universal capaz de abarcar, con férrea certidumbre e implacable claridad, los ámbitos más dispersos y recónditos del saber humano. Atrás queda la navaja de Ockham: la matemática nos entrega finalmente el escalpelo, la herramienta perfecta con la que reducir toda la realidad al patrón de un conocimiento universal. Como Descartes, Pascal es, antes que nada, un matemático notable, con una inteligencia fuera de lo común. Pero en lugar de trabajar mediante generalizaciones, lo hace «a medida». Si Descartes deduce todas las verdades particulares con ayuda de principios generales siempre idénticos, Pascal sigue el camino contrario: parte de los problemas con que se tropieza y a partir de ahí construye el método que le conviene.

Según Pascal, el mundo no es tan lógico y racional como Descartes nos había asegurado. Se nos presenta oculto bajo una máscara que nada tiene que ver con la claridad y la distinción, sino más bien con el espanto y el terror:

> Cuando considero la breve duración de mi vida, absorbida en la eternidad que la precede y la que la sigue, el pequeño espacio que lleno y cuando, por lo demás, me veo abismado en la infinita inmensidad de los espacios que ignora y que me ignoran, me aterro y me asombro de verme aquí antes que allá, ya que no hay razón para que esté aquí antes que allá, porque exista ahora más que entonces. ¿Quién me ha puesto aquí? ¿Por orden de quién me han sido destinados este lugar y este tiempo? El silencio eterno de los espacios infinitos me aterra, ¡cuántos reinos nos ignoran![5]

Estamos ante un cielo que nada tiene que ver con aquel otro al que Tales de Mileto dirigía su mirada en sus paseos nocturnos. El universo es aquí inconmensurable, lo que pone de manifiesto la irrelevancia del ser humano. El efecto inmediato de esa infinitud es el mutismo del cosmos: su inmensidad ya no transmite ningún mensaje, ni proclama la magnificencia de ningún creador. Esta es la realidad que nos muestra Pascal: la de un universo sin fundamento alguno, que parece comportarse de manera despiadada frente a la supervivencia y necesidad de sentido que tienen los seres humanos. Para Descartes, el universo se reduce a un modelo matemático que Dios es capaz de regir con precisión geométrica. En Pascal, esa convicción se ha perdido para siempre. Aunque existiera ese Dios matemático, es una evidencia que «el silencio eterno de los espacios infinitos me aterra». Es difícil negar la indiferencia y la falta de consideración del cosmos frente a la precaria situación del ser humano. Cuanto más se universaliza la forma y el método cartesianos, más obvio resulta este sentimiento de abandono. El gesto fundamental de Pascal consiste en hacer frente a esa angustia y mostrar que, a pesar de todo, debe de haber algún Dios que nos ampare.

Este el principal motivo que le lleva a redactar esa larga colección de fragmentos que conocemos con el título de *Pensamientos*. Pascal les dedicó los últimos años de su vida, minada por una salud ya muy precaria. Pese a sus dolencias, tomó un sinfín de notas para construir un libro de combate destinado a convertir a los que han perdido la fe y hasta su relación con la espiritualidad. Contrariamente al nuevo mundo de Descartes, los *Pensamientos* ponen de manifiesto la completa impotencia de una razón que no puede llegar por sí misma a ninguna certeza y sólo puede alcanzar la verdad sometiéndose sin reservas a la fe.

Lo interesante de Pascal es que no reclama ni predica la necesidad de esta sumisión, sino que pretende demostrarla; no se dirige a los creyentes, sino a los incrédulos y les hace frente en su propio terreno, hablándoles en su mismo lenguaje y empleando sus propias armas. Pascal, que ya había empleado la lógica en sus trabajos matemáticos de juventud, la pone ahora al servicio de la explicación de las cuestiones fundamentales de la religión. Aunque el mundo llegara a comportarse de un modo racional, lo importante, a la hora de la verdad, es la salvación.

EL CASINO DE DIOS: HAGAN SUS APUESTAS

En los *Pensamientos*, Pascal se propone devolver a los descarriados a la senda de la auténtica fe. Sin embargo, ¿cómo conseguir que reencuentren a Dios cuando para ellos no existe? Para lograr este propósito, Pascal pone en jaque toda la experiencia adquirida a lo largo de su vida. Pero hay un acontecimiento que destaca por encima de todos, el que tuvo lugar la noche del 23 de noviembre de 1654. Aquel fatídico día, Pascal sufre un grave accidente en el carruaje en el que viajaba. Al llegar a su casa, se pone a orar y tiene una vivencia espiritual que le marcará profundamente. Es tal el impacto de esa experiencia que Pascal la pone por escrito en un papel que luego cose en el forro de su abrigo. Ese papel, hallado días después de la muerte de Pascal entre su vestimenta, decía lo siguiente:

> El año de gracia de 1654, lunes 23 de noviembre [...], desde la diez y media de la noche hasta las doce y media de la noche. FUEGO. Dios de Abraham, de Isaac y de Jacob, no el de los filósofos y sabios. Certeza. Sentimientos. Alegría. Paz. Dios de Jesucristo [...]. Olvido del mundo y de todo. Sólo Dios.

Las pocas líneas de este famoso *memorial* sugieren que Pascal tuvo la sensación de que experimentaba en todo su ser la realidad de Dios: un encuentro que no se produjo a través de la razón, sino a través de un sentimiento fatídico. No mediante el cerebro sino a través del corazón. No se trata, insiste, del «Dios de los filósofos» —una expresión que nos lleva inevitablemente a Descartes—, sino del «Dios de Abraham, de Isaac y de Jacob». El primero es simplemente un concepto y es lo suficientemente abstracto para que uno pueda experimentar algún tipo de amor por el Señor: difícilmente puede ser sentido como un Dios al que podamos rezar, del que podamos esperar algo. El segundo, por el contrario, se le presenta a todo el que está dispuesto a creer en el Altísimo. Puede que no lo veamos con los ojos del espíritu, pero quizá lo sintamos con el corazón. Esto nos muestra cómo Pascal se opone al concepto de la verdad cartesiana: concede un lugar preeminente a lo que se siente frente a lo que se concibe racionalmente.

En lugar del Dios cartesiano de las *Meditaciones metafísicas*, Pascal apela a un Dios que, aun no estando seguros de su existencia, pueda decirnos todavía alguna cosa. Y así como Descartes se lo juega todo a un método cuya infalibilidad no conoce límite, Pascal decide también arriesgarlo todo a una carta. Puestos a convencer a los que no creen, hagamos la siguiente apuesta:

> Dios es o no es. ¿Pero por qué lado nos debemos inclinar? La razón no puede decidir nada aquí. Hay un caos infinito que nos separa. Hay algo en juego en la extremidad de esta distancia infinita, y saldrá cara o cruz [...]. ¿Cuál elegirás entonces? Veamos. Puesto que debes elegir, veamos cuál te interesa menos. Tienes dos cosas que perder, la verdad y el bien; y dos cosas en juego, tu razón y tu voluntad, tu conocimiento y tu felicidad; y tu naturaleza tiene dos cosas que rehuir, el error y la miseria. Tu razón no se sorprende al tener que elegir entre la una o la otra, puesto que debes elegir por necesidad [...]. ¿Pero tu felicidad? Pesemos la ganancia y la pérdida en apostar que Dios existe.[6]

Apostar por la existencia de Dios, dice Pascal, es la mejor apuesta que podemos hacer, puesto que la ganancia que obtenemos es, nada más y nada menos, que nuestra propia «felicidad». Lo que ganamos en esta apuesta compensa sobradamente lo que podríamos perder si Dios no existe: la verdad, el

DATO CURIOSO

La rueda de la ruleta

Cualquiera que haya ido a un casino o siga uno de esos infumables programas nocturnos dedicados al juego de la ruleta, se habrá preguntado por qué los números están siempre dispuestos en ese mismo orden aleatorio. Pues bien, no se trata de una disposición caprichosa, sino que fue creada y diseñada por Blaise Pascal. En 1645, en su intento por crear una máquina de movimiento perpetuo, acabó regalando a la humanidad uno de los juegos de azar más populares de la historia: la *roulette*.

Para ello, Pascal decidió disponer los números de tal forma que tuviesen las mismas posibilidades de salir los más altos y los más bajos en un mismo porcentaje de probabilidades, garantizándole así que la ruleta fuera totalmente beneficiosa para el jugador. En 1658 escribió incluso un *Tratado general de la ruleta* y muchas de sus investigaciones iban encaminadas a descifrar los códigos secretos del azar.

Quien ha pasado igualmente a la historia de la ruleta con sus experimentos es Gonzalo García Pelayo que, sin utilizar ninguna estrategia científica, sino simplemente observando las pequeñas imperfecciones físicas de la propia rueda, diseñó un método perfecto para ganar una buena millonada de las antiguas pesetas.

Ahora bien, que nadie espere encontrar en Pascal ni en ningún otro científico o matemático, el sistema o estrategia para emular el éxito de los García Pelayo. Como dijo Albert Einstein en cierta ocasión: «Nadie puede ganar en la ruleta, a menos que robe el dinero de la mesa, mientras el crupier no le mira».

respeto por la vida terrenal… La apuesta de Pascal es sorprendente, en primer lugar, por su carácter abiertamente utilitario. Apostar por Dios en pos de la promesa de ganancias futuras parece algo contrario al amor que todo cristiano debería rendirle de manera más o menos incondicionada, sin apelación alguna al cálculo y al interés propio. Pero es que la apuesta de Pascal carece asimismo de las condiciones propias de un juego de azar. En un juego se gana o se pierde, pero aquí, ¿qué se pierde exactamente? A quien no se decide a creer porque no lo ve claro, Pascal le replica con este sencillo argumento pragmático: es preferible creer en Dios y asegurarse la salvación, que no creer y acabar condenado. En el primer caso no tenemos nada que perder, ya que lo que ganamos no se puede comparar con la escasa felicidad que podemos llegar alcanzar en esta vida y a la que deberíamos renunciar.

Sin embargo, lo más llamativo de la apuesta es esta identificación que Pascal establece entre la creencia y la decisión,

como si creer o no en algo (sea Dios o cualquier otra cosa) fuera una cuestión de decisión o, mejor dicho, de práctica o costumbre. Como es natural, no podemos *decidir creer* en algo, porque para creer tenemos de algún modo que estar ya convencidos. Ahora bien, nada impide que decidamos actuar como si efectivamente creyéramos, con la confianza de que algún día la creencia surgirá por sí sola. Esto es lo que realmente le interesa a Pascal: esa fe en que, si uno actúa como si creyera, la creencia acabará surgiendo de algún modo. Esta esperanza es la que se encuentra en el núcleo mismo de su apuesta. No tiene sentido demostrar la existencia de Dios porque, tal como señala Pascal, las pruebas no convencen más que al espíritu: «La costumbre, en cambio, hace que nuestras pruebas sean las más fuertes y las más creídas; inclina al autómata que arrastra al espíritu sin pensar en ello».[7]

Así pues, la razón no es ningún punto de partida. No es que debamos darnos razones que puedan justificar nuestras creencias. Para Pascal, esas razones sólo se le pueden revelar a quienes están ya dispuestos a creer. De hecho, no estamos obligados a aceptar nuestras creencias como si fueran verdaderas: sólo hay que aceptarlas como si fueran necesarias y estuvieran, a fin de cuentas, regidas por el peso de la costumbre. Toda creencia es, en definitiva, el dulce automatismo de un hábito consagrado. Incluso la experiencia religiosa más profunda se asienta en la cálida superficialidad de la costumbre. Ella es la verdadera gestora de todo lo humano: «¿Queréis creer? —se pregunta Pascal—. Haced entonces *como si*: fingid que creéis y acabaréis creyendo». Tomad, pues, vuestros papeles, vuestras máscaras y enamoraos de ellas. Esa es la verdadera apuesta de Pascal.

ODIEMOS AL «YO»

En el siglo del *cogito*, Pascal también nos sorprende con una declaración de odio hacia el «yo». La única evidencia que Descartes había obtenido del *cogito* es que «yo pienso». Pero lo cierto es que no sabemos nada acerca de su contenido, no podemos referirnos a él sin convertirlo en algo distinto, ni siquiera queda claro dónde está, si en el cuerpo, en el alma o en la glándula que las une. El «yo» es una simple proposición inconmovible, una certeza indubitable. Para Pascal, nada suscita más dudas que la naturaleza aparentemente incontrovertible de este «yo». Lo que encontramos detrás de esta fachada no tiene nada que ver con el orden necesario que Descartes cree haber descubierto. El «yo» de Pascal es un ser trágicamente desgarrado por la contradicción:

> La naturaleza del amor propio y de ese yo humano consiste en no amar más que a sí mismo y no considerar más que a sí mismo. Pero ¿qué podrá hacer? [...] Se quiere grande y se ve pequeño; quiere ser feliz y se ve miserable; quiere ser perfecto y se ve lleno de imperfecciones; quiere ser objeto del amor y la estima de los hombres y ve que sus defectos no merecen otra cosa que su aversión y desprecio. Este embarazo en que se halla produce en él la más injusta y criminal pasión que sea posible imaginar; puesto que concibe un odio mortal contra esa verdad que lo reprende y que lo convence de sus defectos. Desearía aniquilarla, y, no pudiendo destruirla a ella misma, la destruye en la medida en que le es posible, en su conocimiento y en el de los demás.[8]

El «yo» no se nos presenta como un ser entero y armónico, sino dividido, destrozado, cargado con las más hondas contradicciones. En cuanto trata de comprenderse a sí mismo, se encuentra irremediablemente colocado entre el infinito y la nada. En esa incómoda medianía no puede evitar referirse a esos dos extremos y, sin embargo, es incapaz de pertenecer a uno de ellos exclusivamente. Ansía la perfección y, al mismo tiempo, se ve sumamente imperfecto. Quiere ser apreciado, pero es incapaz de apreciarse a sí mismo. Cuanto más se empeña en buscar la felicidad, más evidente resulta su miseria. Su conciencia le presenta continuamente una meta que jamás podrá alcanzar y en este círculo infernal del querer superarse y no dejar de caer, se mueve toda su existencia. No es posible sustraerse a esta contradicción, por más que tratemos de ocultárnosla a nosotros mismos. En esta verdad se condensa nuestra naturaleza más profunda y auténtica. Se nos hace comprensible algo que, en el fondo, resulta incomprensible. Quizá porque, como dice Pascal, hay verdades a las cuales no podemos acceder de una manera sistemática y racional, «razones que sólo el corazón logra entender». En este punto, lejos de aquel «yo» odioso, de aquel *cogito* que se obstina en fundamentarlo todo, descubrimos con Pascal que el «yo» es deseo, una pasión que amenaza con desbaratar cualquier regla lógica:

> Todo nuestro razonamiento se reduce a ceder al sentimiento. Pero la fantasía es semejante y, al mismo tiempo, contraria al sentimiento, de suerte que no es posible distinguir entre ambos contrarios. El uno dice que mi sentimiento es fantasía, el otro que su fantasía es sentimiento. Sería preciso poseer una regla. La razón se ofrece como tal, pero es plegable en todos los sentidos; y resulta, así, que no hay regla.[9]

Pascal cree que la razón no es tan autónoma como sospecha Descartes. Al contrario, hay algo que es capaz de someter a la razón, de doblegarla a un poder que, en última instancia, le dicta lo que debe buscar. En efecto: «Jamás puede la razón superar enteramente la imaginación, mientras que la imaginación descabalga por completo a la razón de su lugar con harta frecuencia [...]. La imaginación decide acerca de todo; origina la belleza, la justicia, y la felicidad, que lo es todo en el mundo».[10] Esta idea de Pascal acerca de la prevalencia del deseo, de la fortaleza de la imaginación y, sobre todo, de la incapacidad del «yo» para librarse de esta guerra intestina entre la razón y lo que dictaminan las pasiones, será absolutamente determinante en el pensamiento de Spinoza. Toda su filosofía constituye un intento de afrontar esta revelación, esta intuición que, como un fogonazo, atraviesa la obra de Pascal en su conjunto. Con el fin de superar este escollo y situar el «yo» fuera del ámbito circular de la ilusión, Spinoza sentará las bases para realizar un análisis renovado del deseo.

QUE NADIE PERMANEZCA BAJO EL MISMO TECHO QUE SPINOZA

Baruch Spinoza (1632-1677) ocupa un lugar aparte entre los filósofos modernos. Pocas obras han suscitado tanta veneración y tanto odio como la suya. Él mismo fue venerado como un sabio y perseguido como un monstruo. Spinoza es una figura tan desconcertante como su propia trayectoria vital y filosófica. Judío por raíces familiares y por educación, es expulsado de su comunidad en 1656, con apenas veinticuatro años, en el curso de un ritual conocido como *herem*. El texto que lo acompañaba es de una severidad extrema: «No debe mantenerse con Spinoza ninguna relación escrita ni verbal. Que no se le preste ningún servicio y que nadie se acerque a su persona a menos de cuatro codos. Que nadie permanezca bajo el mismo techo que él y que nadie lea ninguno de sus textos». En una

DATO CURIOSO

El pulidor de lentes

Spinoza no pudo vivir de sus ideas; de hecho, se ganaba la vida puliendo lentes destinadas a la fabricación de instrumentos ópticos. La calidad de su trabajo fue elogiada por el astrónomo Christiaan Huygens, que además era buen amigo de Spinoza. Otra prueba inequívoca de su destreza artesanal es el buen precio que alcanzaron sus lentes a su muerte, cuando se procedió a la subasta de sus bienes.

Una de las virtudes de este trabajo es que le dejaba tiempo suficiente para sus meditaciones y, lo que es más importante, le proporcionaba un campo práctico idóneo en el que poder desarrollar su curiosidad científica. Aunque no era un teórico de la ciencia óptica, abundan en sus cartas las referencias ópticas, en las cuales muestra un gran conocimiento de su oficio. Hay quienes no dudan en relacionar el método geométrico empleado en la *Ética* con el método de rectificación óptico que tantas veces debió de emplear en su profesión, como si la tarea de la razón consistiera en ofrecer una visión más nítida y potente que la de la imaginación: una visión basada en «afectos activos», alegres.

Su oficio le obligó a permanecer recluido en su vivienda, de la que a veces no salía durante tres días. Las condiciones de trabajo del taller en el que pulía las lentes no eran posiblemente las más salubres. Podemos imaginarnos el lugar con una mala ventilación debido al frío y al pobre filósofo inhalando permanentemente partículas de vidrio. Spinoza, que había heredado la mala salud pulmonar de su madre y tenía además una constitución enfermiza, sufría problemas respiratorios. Quizás fuera esa la razón de su muerte prematura, inexplicada y súbita. El 21 de febrero de 1677, moría con apenas cuarenta y cuatro años de edad.

comunidad eternamente extranjera y desarraigada, Spinoza deviene sospechoso para su propia comunidad. Y, pese a ello, no se convierte al cristianismo: prefiere situarse en los márgenes, en el lugar de lo no reconocido. Desde allí, y sólo desde allí, puede entenderse una filosofía tan paradójica como la suya, capaz de ser abrazada o rechazada globalmente, de suscitar todo tipo de apasionamientos y de radicalizaciones. Se dice que el día de su entierro, seis carrozas acompañaban sus restos. Jamás se ha llegado a saber qué personas componían el séquito fúnebre. Y no es extraño, pues sus escritos, publicados póstumamente por algunos admiradores suyos de manera anónima, fueron quemados un año después.

La máxima de Spinoza es «*caute*», prudencia, de evidente afinidad con la de Descartes. En el caso del filósofo neerlandés, esa prudencia le lleva a cambiar varias veces de ciudad, de barrio y de domicilio. Maldecido por la comunidad judía, Spinoza evita mostrarse en público, prefiere no manifestarse abiertamente en su correspondencia ni en sus conversaciones, y hasta se niega a publicar sus libros, como sucedió por ejemplo con una de sus obras más conocidas, la *Ética*. Al igual que Epicuro, vive según la fórmula del placer ataráxico, que consiste en bastarse uno a sí mismo. De ahí que se abstenga de enseñar en la universidad. Como buen epicúreo, entiende que la transmisión de la filosofía no puede efectuarse al amparo de una institución educativa. Él lo tiene claro: la universidad impide pensar.

Con Spinoza, la filosofía aparece entonces como un colosal esfuerzo por pensar desde fuera: se trata de situarse en el límite para volver a pensar el todo y salir del desgarro trágico al que Pascal parece haber conducido a la filosofía. En Spinoza, el dramatismo del yo dividido tiende a desaparecer, a disolverse. Hay que restablecer su unidad, pero ahora con la mirada puesta en la felicidad. Con ese fin escribe su *Tratado sobre la reforma del entendimiento*, que deja inacabado. Efectivamente, es preciso reformar el entendimiento, sacarlo de sus malos hábitos, de su manera habitual de funcionar, de sus prejuicios e ideas inadecuadas. Aunque adopta un estilo similar al de las *Meditaciones*, Spinoza persigue otros objetivos: nos cuenta cómo toma conciencia de que la mayor parte de las cosas de la vida ordinaria son vanas y fútiles, lo cual le lleva a «buscar si existe algún objeto que sea un verdadero bien». Mientras que Descartes busca la verdad, Spinoza se pregunta si vale la pena cambiar de forma de vida, dejar de moverse por los parámetros de la «riqueza, el honor y el placer» y buscar un bien distinto que nos proporcione la máxima felicidad. Tal vez el camino sea largo y deban seguirse reglas estrictas, pero hay perspectivas de éxito. Es algo que confirmará años después la última frase de la *Ética*: «Todo lo bello es tan difícil como raro».

LA *ÉTICA*: «DIOS, O SI LO PREFIEREN, LA NATURALEZA»

Spinoza pone el pensamiento en la base de la felicidad, y de ahí su empeño en purificar el entendimiento. La filosofía debe liberarnos de las metas secundarias, de la inseguridad, del miedo, de las ideas inadecuadas que nos llevan a la insatisfacción, al riesgo innecesario, a la lucha sin esperanza. Esto es lo primero que reclama la Ética de Spinoza: un entendimiento capaz de pensar de un modo absolutamente libre. En esta obra estamos lejos de la inspiración poética de un Lucrecio o de la pluma literaria de las *Meditaciones metafísicas*. Spinoza construye un edificio con la rigurosidad severa y seca de un geómetra. En lo que respecta al «yo», quiere saber quiénes somos, cómo pensamos y de qué modo somos agitados por las pasiones; también quiere saber cómo nombrar a Dios, qué es y cuál es su relación con el mundo; y, finalmente, se propone definir qué es la realidad y sus múltiples modos de aparición en el entendimiento. Se trata de filosofar sin límites para alcanzar la salvación.

El problema de Descartes es que nos ha mostrado un Dios que garantiza el orden necesario del mundo, pero más allá de esta determinación, su esencia resulta totalmente incognoscible. Con Spinoza sucede exactamente lo contrario: la realidad de Dios, al igual que la de todas las cosas, deviene transparente, puesto que Dios no está separado del mundo. Esta es la ruptura específica que introduce la *Ética*. Las fórmulas empleadas por Spinoza son muy variadas, pero la idea siempre es la misma: Dios es sinónimo de naturaleza; la naturaleza equivale a Dios. Esta doble afirmación es revolucionaria, pues la equivalencia entre Dios y la naturaleza puede leerse en ambos sentidos. Al disolver a Dios en la naturaleza, Spinoza puede estar indicándonos que sólo existe el universo material. Pero también podemos entender que la perfección divina está presente en los detalles más nimios de la realidad: cada ser humano, cada pensamiento o idea, las estrellas del firmamento, el desayuno de esta mañana o incluso este mismo libro podrían ser una forma cualquiera de pronunciar la palabra Dios.

En todo caso, lo que Spinoza desea subrayar es que sólo puede haber una sustancia en el mundo. Aunque esta sustancia única tenga «infinitos atributos», Dios es el último constituyente de la realidad, aquello sin lo cual nada puede ser y nada ser concebido. De ese concepto de Dios se pueden deducir muchas cosas. La más importante es que en el mundo de Spinoza, todo lo que sucede, sucede necesariamente. Tal como se afirma en la *Ética*: «Las cosas no podrían haber sido producidas por Dios de ninguna manera o en ningún otro orden que el efectivamente existente». En efecto, del mismo modo que un círculo no puede elegir su redondez, Dios no puede decidir un día hacer las cosas de manera distinta. En tanto atributos necesarios de esa sustancia única llamada Dios, las cosas no pueden ser de otro modo que como efectivamente son. Dios mismo no puede cambiar arbitrariamente las leyes de la realidad, puesto que son expresión de su naturaleza. Así pues, la voluntad de Dios no puede intervenir para cambiar nada. No está en su poder decidir libremente sobre aquello que existe. Debe atenerse a lo que constituye su esencia: ser la causa primera de todo. Cualquier atributo que se predique de Dios se reduce a esta propiedad esencial: Dios es *causa sui*; no está sometido a ninguna causa externa; nada causa en él unos efectos de los que no sea él mismo su causa.

MÁS ALLÁ DEL BIEN Y DEL MAL

Ahora bien, en un mundo en el que Dios es la naturaleza y todas las cosas están sujetas al encadenamiento inacabable de causas y efectos, la pregunta surge inevitablemente: ¿qué espacio queda para la libertad humana? Spinoza lo dice en repetidas ocasiones: el libre albedrío es una ilusión. En una carta dirigida a Schuller (la número LVIII) lo explica de manera muy ilustrativa: arrojemos una piedra al aire y veremos cómo sube, se ralentiza, se estabiliza y luego cae en virtud de la ley de la caída que afecta a los cuerpos. Si esa piedra tuviera conciencia y dejáramos que hablara por sí misma, nos diría que ella ha elegido todo eso que le pasa: subir, ralentizarse, estabilizarse y caer. Con los seres humanos ocurre exactamente lo mismo que con la piedra lanzada al aire: nos creemos libres, dice Spinoza, porque ignoramos las causas reales que nos hacen actuar. Si supiéramos qué es lo que nos mueve de verdad, dejaríamos de recurrir a la ficción del libre albedrío. Reconoceríamos que nuestras decisiones se desprenden mecánicamente de las causas que nos determinan, de un modo análogo a como las propiedades del mundo se desprenden de la esencia de Dios.

Después de haber destruido totalmente la idea de libre albedrío, Spinoza va aún más allá y sostiene que tampoco existen el bien y el mal en un sentido absoluto. El bien y el mal son nociones relativas: relativas a nosotros y a nuestros intereses y costumbres particulares. Tan erróneo resulta creer en una idea del bien como pretender decir que Dios es «bueno». El Dios de Spinoza no es el Dios de las escuelas dominicales de catequesis. No podemos predicar de él ningún tipo de «bondad», porque tampoco puede querer el bien. Todo lo que ocurre tiene lugar más allá del bien y del mal. Lo cual supone arruinar los fundamentos de una moral basada en la libre elección, practicada por una voluntad soberana, entre realidades opuestas que serían el «Bien» y el «Mal». Estas nociones, nos recuerda Spinoza, no corresponden a nada: son formulaciones vacuas, ilusiones que los seres humanos construyen en función del agrado o desagrado que les inspiran las situaciones que se les presentan.

AMOR FATI

Del mismo modo que no existen el «Bien» y el «Mal» en términos absolutos y que, por consiguiente, no podemos hablar de una voluntad, tampoco podemos referirnos a la mente en el sentido cartesiano de la palabra. Es decir, según Spinoza, no existe ninguna entidad a la que le sean inherentes pensamientos y deseos y que exista antes o aparte de estos mismos pensamientos o deseos. En realidad, no hay razón alguna para considerar la mente como algo específicamente distinto del cuerpo o, dicho de manera más general, para sostener que el ser humano ocupa un lugar especial en la naturaleza. De hecho, sólo existe el reino de Dios, o la Naturaleza; y los seres humanos pertenecen a ese reino de la misma forma que las piedras, los árboles y los animales. En el pensamiento de Spinoza no hay dualismo en absoluto: no somos un alma inmaterial, incorruptible y eterna; pero tampoco somos un cuerpo pecaminoso, corruptible y mortal. Su filosofía trata de rehuir esta esquizofrenia, esta separación ilógica «de un reino dentro de otro reino» que obliga a acudir a los giros cartesianos de una glándula pineal.

Para Spinoza, no hay dos sustancias separadas e irreconciliables por naturaleza, sino dos modalidades de una misma sustancia: «Dios o Naturaleza», que podemos considerar de forma simultánea o consecutiva bien desde el punto de vista del cuerpo, bien desde el punto de vista del alma. No son, pues, dos realidades distintas, sino que expresan lo mismo porque son la misma cosa. Ambas están sujetas a la misma ley natural. Lo mismo que la piedra lanzada al aire, ambas son objeto pasivo de una causa que desconocemos. Y esta causa no es otra que el deseo:

> Cuanto más se esfuerza cada cual en buscar su utilidad, esto es, en conservar su ser, y cuanto más lo consigue, tanto más dotado de virtud está; y al contrario, en tanto que descuida la conservación de su utilidad —esto es, de su ser—, en esa medida es impotente. [...] Nadie puede desear ser feliz si no desea al mismo tiempo ser, obrar y vivir, esto es, existir en acto. [...] El deseo, en efecto, de vivir felizmente, o sea, de vivir y obrar bien, es la esencia misma del hombre, es decir, el esfuerzo que cada uno realiza por conservar su ser.[11]

Tal como nos cuenta Spinoza, hay en cada uno de nosotros un impulso o deseo de actuar, de vivir, de perseverar en el propio ser. Cada individuo —y en realidad, cada roca, cada gato, cada una de las cosas del mundo— se encuentra imbuido de ese *conatus*, esa fuerza que le impulsa a seguir y a realizar su propio placer. En esto consiste actuar de acuerdo con nuestra naturaleza. Sin embargo, rara vez tenemos el privilegio de actuar de este modo. Lo habitual es que nos veamos zarandeados en un mar de emociones, atrapados en un caos de miedos y esperanzas, arrastrados a una carrera aleatoria cuyo único destino cierto es el dolor. La mayoría de nosotros, concluye Spinoza, permanecemos pasivos la mayor parte del tiempo. Pero el objetivo de la vida es ser activo, mantenerse fiel a ese deseo interminable, a esa búsqueda del placer que se opone a la disminución, a la restricción de la existencia que conlleva el dolor.

De ahí el papel crucial que cumple la razón a la hora de orientar nuestras emociones y ponerlas bajo la rúbrica de nuestro verdadero interés. Debido a nuestra ignorancia, tenemos miedo de cosas que no existen (como, por ejemplo, un Dios personal que pueda juzgarnos), pero también alimentamos nuestra esperanza con bienes pertenecientes al futuro (creando ilusiones y falsas expectativas que nos impiden vivir). La razón nos enseña justamente a no permanecer a expensas del temor ni de la esperanza, emociones de las que somos juguetes y a cuyas leyes acabamos sometiéndonos sin conciencia ni conocimiento de ello. Tal como reconoce Spinoza, no hay peor esclavitud que estar sujeto a esas dos pasiones:

> Un hombre tiene a otro en su poder cuando lo ha encadenado, le ha privado de armas y medios para defenderse o huir, o bien cuando lo ha ligado a sí con tales beneficios que este desee más

> ajustarse a los criterios del primero que a los suyos propios, y vivir conforme a las preferencias de aquel más que conforme a las suyas. En los dos primeros casos, quien posee el poder se ha apoderado del cuerpo del otro, pero no de su mente; en los dos últimos, ha impuesto su derecho tanto sobre su mente como sobre su cuerpo, durante tanto tiempo cuanto duren el miedo y la esperanza.[12]

El hombre libre es, por lo tanto, el que obedece a su propia razón, comportándose con arreglo a la virtud. El virtuoso, en el sentido espinoziano del término, es el que aspira al amor a sí mismo, a mantener una relación alegre y feliz con el mundo, a expandir su propio deseo en un ejercicio de admiración por la vida. Nada de esto es del agrado de los defensores de la noción ortodoxa de virtud, un término normalmente cargado con unas siniestras connotaciones cristianas de abnegación, sacrificio y ascetismo. Y, sin embargo, ser virtuoso no es algo tan sencillo. Spinoza hace hincapié en que somos de lo más débiles frente a las fuerzas exteriores, y que incluso el más razonable de los hombres encontrará que los objetos de su esperanza y su temor se hallan en gran medida fuera de su control. La única forma de no sucumbir a las emociones, afirma, es amparándonos en una clase más elevada de emoción.

No se trata, como hacían los estoicos, de extirpar las emociones. No es una cuestión de «resignación» o «indiferencia». La actitud que debe adoptarse no es una forma de fatalismo, sino algo más parecido a lo que Nietzsche describe como *amor fati*: amor a lo que nos depare el destino. Esta es la verdad que nos permite descubrir la filosofía de Spinoza: informados de nuestro lugar en el mundo, no nos resignamos a ello por el simple hecho de disponer de un margen de maniobra muy reducido; al contrario, acogemos esto con la alegría de quien conoce la inmensidad de sus afectos, de quien accede a un nuevo estado que le transforma en un ser para la vida y no en un ser para la muerte y de quien está ansioso, en definitiva, por conocer las verdades que nos permiten dejar atrás las pasiones tristes.

LEIBNIZ EN EL MEJOR DE LOS MUNDOS POSIBLES

Tres meses antes de morir, Spinoza estuvo conversando durante varios días con otro de los pensadores más influyentes de la modernidad: el alemán Gottfried Wilhelm Leibniz (1646-1716). Spinoza, ya en el ecuador de la cuarentena, era una figura consolidada entre los grandes intelectuales de su época. Leibniz, con treinta años ya cumplidos, había desarrollado una amplia carrera diplomática, había construido una máquina de calcular más eficaz que la diseñada por Pascal y había empezado a poner por escrito sus contribuciones a campos tan dispares como la física, la geología, el derecho, la metafísica y la teología. El encuentro entre ambos pensadores no sólo puso de manifiesto la radical divergencia de sus temperamentos, sus modos de vida y sus actitudes filosóficas; mostró además su común afán por explicar la realidad desde una perspectiva estrictamente racionalista.

Sabemos que el debate sobre Dios constituyó el eje central de la conversación entre ambos filósofos. La cuestión era si el «Dios o Naturaleza» de Spinoza podía considerarse verdaderamente un dios. Una parte de Leibniz estaba con Spinoza porque estaba convencido de que hay una «razón suficiente» para todo lo que sucede en este mundo. Si hubiera algo que existiera sin un motivo concreto, la razón ya no tendría posibilidad de conocer nada. Leibniz creía que todo porqué tiene un principio y, en este sentido, debía sentirse muy próximo al Dios de la razón de Spinoza (un ser cuya perfección puede demostrarse con la misma solvencia con que deducimos un teorema acerca de los tres ángulos de un triángulo). Sin embargo, no estaba dispuesto a conferirle esa equivalencia absoluta con la naturaleza. Leibniz llegó a La Haya convencido de que la nueva deidad de Spinoza no podía explicarlo todo, y aún menos emanciparse de ese determinismo absoluto que le impedía decidir libremente nada. El rechazo del Dios de Spinoza constituye, de hecho, el punto de partida de su filosofía.

Cualquier Dios digno de ese nombre, dice Leibniz, tiene que ser capaz de elegir. Dios debe tener un intelecto con el que considerar sus opciones, amén de una voluntad con la que afirmar sus opciones, porque de lo contrario no podría ser considerado bueno. Este es el principal problema del Dios de Spinoza: al no tener voluntad ni intelecto, Dios no puede elegir absolutamente nada. En el *Discurso de metafísica*, Leibniz formula por primera vez su respuesta a esta cuestión de una forma clara y comprensible: Dios es el ser que elige «el mejor de los mundos posibles». Esto no significa, contrariamente a lo que podría deducirse en primera instancia, que el mundo sea perfecto. Lo que Leibniz dice no tiene nada que ver con lo que el doctor Pangloss repite sin cesar como un loro en el *Cándido* de Voltaire: «Todo va estupendamente bien en el mejor de los mundos posibles», como si no debiera parecernos tan malas cualquiera de las terribles cosas que pudieran sucedernos. Leibniz afirma que Dios crea el mejor de los mundos posibles, aunque no sea el mejor de los mundos «imaginables».

A la hora de crear, Dios tiene en cuenta todos los mundos posibles, incluidos aquellos que son incompatibles entre sí. Por ejemplo, Dios tiene la opción de pensar el mundo en que

Adán come del fruto del árbol del bien y del mal y el mundo en que no lo hace; y todo ello al mismo tiempo y en el mismo sentido. Cómo sea esto posible es, desde luego, un misterio. Para nosotros los mortales, es imposible que haya un Adán que comiera del fruto prohibido y un Adán que no lo hiciera: no son posibles los dos al mismo tiempo o, como diría Leibniz, en el mismo mundo. Sin embargo, esto que para nosotros es imposible, es perfectamente posible para una mente divina: sólo un entendimiento eterno e infinito como el de Dios es capaz de visualizar los dos mundos (ambos congruentes en sí mismos, pero incongruentes entre sí).

De forma análoga, cuando Dios mira a un individuo, ve todo cuanto le ha pasado, le pasa y le pasará (lo cual incluye sus actos y sus palabras, pero también lo que piensa, imagina o recuerda), aunque lo ve todo a un mismo tiempo, y al verlo todo —al ver a todos los individuos del mundo y, eventualmente, de todos los mundos— ve «lo mejor que hay dentro de lo que es posible». Dicho de otro modo, lo ve como algo coherente y completo, necesario y lleno de sentido, aunque nosotros no podamos comprender cómo es posible tal cosa. Así pues, Leibniz no niega que Dios hubiera podido crear otros mundos en apariencia mejores que el que habitamos. Ni siquiera necesitamos recurrir a Dios para hacer semejante suposición, puesto que nada impide imaginar un mundo sin guerras, sin hambre, sin destrucción. Ahora bien, desgraciadamente, no hay modo de componer ese mundo. Si, pongamos por caso, el mundo fuera teóricamente perfecto, no habría en este piedras con las que poder matarnos los unos a los otros; pero tampoco habría piedras con las que hacer casas. Lo crucial de la fórmula de Leibniz es entender que Dios crea el mundo y elige lo mejor que podía elegir. En el mundo elegido, el mejor de los mundos elegidos, va incluida inevitablemente la libertad humana y, por consiguiente, la posibilidad del mal en el mundo, como muestra el ejemplo de Judas Iscariote:

> Sólo queda, pues, la siguiente pregunta: ¿por qué ese Judas, el traidor, que sólo es posible en la idea de Dios, existe realmente? Pero para esta pregunta no puede esperarse una respuesta aquí abajo, a menos que se diga en forma general que, puesto que Dios ha considerado bueno que existiera pese al pecado que preveía, es preciso que ese mal se recompense con creces en el universo, que Dios extraerá un bien mucho mayor y que se descubrirá en suma que esta serie de las cosas en las que está comprendida la existencia de ese pecador es la más perfecta entre todas las posibles.[13]

Podríamos preguntarnos por qué en el mejor de los mundos posibles Dios toma la incomprensible decisión de crear a Judas. Aunque pueda resultar un misterio, la respuesta de Leibniz es clara: era preciso que Judas cargara libremente con la horrible tarea de traicionar a Cristo para que este pudiera cumplir su misión. O sea, Dios crea a Judas como un medio para lograr su objetivo, sabiendo muy bien que el destino final de Cristo será su transformación en un modelo que imitarán millones de personas. Del mal ocasionado por Judas se obtendría entonces «un bien mucho mayor», un acto perfectamente acorde a los designios divinos, aunque inescrutable para los mortales.

El problema de esta tesis es que nos coloca en una posición bastante incómoda: nos obliga a creer, por ejemplo, que la muerte de un bebé es en realidad un medio necesario para alcanzar el fin pretendido por Dios, aunque no entendamos qué conexión existe entre este suceso que devasta a los padres y lo mejor que puede suceder entre las innumerables combinaciones de todos los mundos posibles. Esta conexión que habría de permitirnos ver como lo hace Dios, entender por qué las cosas han sucedido como han sucedido y redimirnos de todas las penalidades de nuestra existencia, fue bautizada por Leibniz con el nombre de «teodicea», es decir, justicia divina.

MONADOLOGÍA

Leibniz no solamente quiere convencernos de que Dios es justo y bueno, eximiéndole así de que haya en el mundo tanto sufrimiento, horror, maldad, miseria e injusticia. También pretende demostrar que nosotros somos los seres más especiales de la naturaleza. Aquí el mayor obstáculo es, una vez más, Spinoza. El autor de la *Ética* se burla de quienes consideran la mente humana «como un reino dentro de otro reino», pues, a su modo de ver, solamente hay un reino de la Naturaleza, una sustancia. La respuesta de Leibniz no puede ser más contraria: «Mi opinión es que cualquier sustancia es un reino dentro de otro reino». Por muy pequeño que sea el trozo de universo que tomemos, dice, siempre contendrá un número infinito de sustancias. Se trata de las famosas «mónadas».

La afirmación de que la realidad está formada por un número infinito de unidades llamadas mónadas acarrea consecuencias decisivas. En tanto que sustancias, por ejemplo, las mónadas son autónomas. Cada una tiene su representación del mundo, pero lo más peculiar es que no disponen de ninguna «ventana» con la que abrirse directamente a la realidad exterior. Todo lo extraen de su fondo, de una especie de cámara oscura. Resulta difícil imaginar de qué habla Leibniz cuando se refiere a cada uno de estos organismos en tales términos. Pero podríamos decir que es lo más parecido a lo que suele ocurrir hoy cuando nos sumergimos en internet. La típica persona que navega sola por la pantalla de su portátil actúa, de hecho, del mismo modo que una mónada: sin una ventana directa a la realidad, interactúa únicamente de forma interna. Inmersa en una red virtual, se representa en su propio interior la totalidad del mundo.

Además, la relación que Leibniz establece entre las distintas mónadas presenta los mismos inconvenientes que la gente con que nos comunicamos en internet: nunca podemos estar seguros de quiénes son. ¿Son «realmente» de la forma en que se describen a sí mismos? ¿Hay una persona «real» detrás de la persona de la pantalla, o es esa identidad virtual una máscara bajo la cual se ocultan personas distintas? ¿Posee y manipula esa persona «real» varias identidades virtuales de carácter distinto? ¿O acaso estamos relacionándonos tan sólo con una entidad digital que no se corresponde con ninguna persona «real»? Tal como dice Leibniz, las mónadas no tienen «agujeros ni puertas», por lo que la relación con los demás nunca se establece cara a cara. La estructura que preside el

encuentro entre las distintas mónadas es laberíntica, tal y como sucede en el mundo virtual, donde esa relación siempre se encuentra mediada por la interposición de una máquina digital.

Es más, la vida de una mónada puede llegar a parecernos tan solitaria como realmente es. Aunque no tenga ventanas, cada una de las mónadas posee en su interior, según Leibniz, una especie de «espejo» del universo. Pero esa clase de «espejos» están en buena medida rayados y son imperfectos. No puede ser de otro modo, dado que la perspectiva de cada mónada sobre la totalidad convierte a cada «yo» en un punto de vista único y singular. Y, por otro lado, cada una de esas representaciones —esas imágenes, más o menos claras, más o menos nítidas— pretende alcanzar la máxima claridad y vivacidad en la propia razón humana. Leibniz nos plantea el reto de cómo conjuntar la unidad del mundo y su infinita diversidad, la armonía del todo y la multiplicidad innumerable de las perspectivas. Es una filosofía extraordinariamente compleja. Pero tras la aridez de muchas de sus formulaciones, lo que propone se nos ofrece como un enigma fascinante.

¿QUÉ HEMOS APRENDIDO?

Lejos de la tutela de la Iglesia, la filosofía moderna representa la búsqueda de un saber racional, la apuesta por un método, la fe en un pensamiento cada vez más sistematizado. Un problema en concreto se vuelve crucial: fundamentar el orden de ese nuevo mundo revelado por la ciencia. Para ello es necesario acudir al poder de la razón y, a partir de ahí, alcanzar una verdad que sea equivalente en Dios y en mí.

Desde esta perspectiva, la figura del *cogito* cumple una función decisiva en la filosofía de Descartes. Aunque los sentidos me engañen, aunque no sepamos si dormimos o soñamos o si un genio maligno quiera reírse de nosotros haciéndonos creer cosas que no son, nada parece poner en duda que «yo pienso». A partir de esta certeza, la idea de un Dios absolutamente perfecto, capaz de garantizar el orden necesario del mundo, se impone igualmente como una evidencia irrebatible.

El mundo que nos describe Pascal, en cambio, no tiene nada que ver con las verdades inquebrantables que nos descubre el racionalismo de Descartes. Se trata de distinguir otro tipo de verdades, puesto que lo realmente importante es la salvación. No niega Pascal la fuerza intelectual de los argumentos. Pero reconoce la superioridad decisiva del corazón. El Dios pascaliano no habla para los matemáticos, sino para quienes quieren amarlo.

En Spinoza, Dios y la Naturaleza son lo mismo y no hay manera de que las cosas puedan ser de otro modo. La verdad significa en último término ver las cosas como Dios las ve, lo cual significa relacionarse con un mundo en el que todo está regido por una absoluta necesidad. No somos libres para cambiar nada. Pero eso no debe deprimirnos. El hecho de conocer la necesidad, la Naturaleza y, por lo tanto, el punto de vista de Dios, es en sí mismo liberador. Tiene la virtud de acabar con los falsos saberes que son fuente de tristeza y de una vida meramente reactiva.

En Leibniz, el problema de la relación entre la verdad y Dios se plantea desde el ángulo de los mundos posibles. Lo que sucede ahora, en nuestra realidad, no es el resultado de una serie de actos radicalmente contingentes. Desde luego, sólo es realmente posible un mundo, el mundo en el cual vivimos actualmente, pero puesto que Dios es bondadoso y no puede elegir el mal, lo único que podemos saber es que Dios calcula en cada instante el mundo menos malo posible.

Entre la realidad de Dios y la del hombre, la filosofía moderna parece haber tendido un puente. Pero la reconciliación entre esos dos mundos lleva consigo una escisión inesperada: el «yo» de Descartes está dividido en dos sustancias separadas; Pascal ahonda esa fractura al contraponer la razón con el corazón; Spinoza habla de una única sustancia, pero nos muestra un deseo (el *conatus*) que amenaza con desgarrar el «yo»; Leibniz introduce un número infinito de sustancias llamadas mónadas, pero no resulta nada fácil determinar la relación que mantienen con el mundo y con ellas mismas. Cuanto más firme es la convicción en Dios, mayores son las contradicciones que nos impiden pensar este «yo» como un todo armónico. Ante esta tesitura, el pensamiento del siglo XVIII, la Ilustración, optará por el camino más directo: matar a Dios.

¿QUÉ EMPEZAR A LEER DE LOS FILÓSOFOS MODERNOS?

Comienza con las *Meditaciones metafísicas* de Descartes, el libro que representa el inicio del pensamiento moderno. A continuación sigue con los *Pensamientos* de Pascal, cuya mirada escéptica y angustiada sobre el ser humano constituye un contrapunto filosófico a la concepción cartesiana del mundo. Luego puedes seguir con la *Ética* de Spinoza y redondear tus lecturas con el *Discurso de metafísica*, de Leibniz, una especie de compendio de todos los problemas filosóficos que caracterizan el pensamiento del siglo XVII.

Otras lecturas recomendables

Albiac, Gabriel, *Pascal*, Barcelona, Barcanova, 1981.

—, *La sinagoga vacía: un estudio de las fuentes marranas del espinozismo,* Madrid, Hiperión, 1987.

Garin, Eugenio, *Descartes*, Barcelona, Crítica, 1989.

Martínez Marzoa, Felipe, *Cálculo y ser: aproximación a Leibniz*, Madrid, Visor, 1991.

Rodis-Lewis, Geneviève, *Descartes y el racionalismo*, Barcelona, Oikos Tau, 1971.

Stewart, Matthew, *El hereje y el cortesano: Spinoza, Leibniz y el destino de Dios en el mundo moderno*, Barcelona, Biblioteca Buridán, 2007.

7

LUCES Y SOMBRAS DE LA RAZÓN ILUSTRADA

LA RAZÓN ES UN INSTRUMENTO LIBERADOR

Si tuviéramos que condensar la esencia del siglo XVIII en una sola palabra, seguramente tendríamos que apelar al término «razón». La razón se convierte en el punto unitario y central del pensamiento filosófico. Se parte de su universalidad e invariabilidad: es la misma para todos los seres humanos, para todas las naciones, para todas las épocas, para todas las culturas. Los modernos consideraban que la misión propia de la razón era la construcción de «sistemas» filosóficos; entendían que no se alcanzaría un verdadero saber filosófico en tanto no se lograra una certeza fundamental. Los pensadores del siglo XVIII, los ilustrados, ya no compiten con Descartes, Leibniz y Spinoza por su rigor y obsesión por el sistema filosófico. Buscan otro concepto de la verdad y de la filosofía, un concepto que las amplíe, que les dé una forma más concreta y viva.

Para los modernos, la razón era la región de las «verdades eternas», verdades comunes a Dios y a los seres humanos. Lo que conocemos en virtud de la razón lo contemplamos inmediatamente «en Dios». El siglo XVIII maneja la razón con un sentido nuevo. No es algo que, una vez poseído, nos descubra la esencia absoluta de las cosas. Al contrario, es una fuerza que sólo se puede entender en la medida en que la usamos. En lugar de acceder a ciertas verdades inamovibles, debemos emplear la razón con fines prácticos. Su función esencial será desarticular las mentiras de los poderosos, los engaños de la superstición, las falsedades de las creencias. La razón pasa a considerarse liberadora en todos los aspectos. Como instrumento de rebeldía, se convierte en una forma de destruir toda clase de autoritarismo y de servidumbres.

Actuarán precisamente en este sentido autores tan dispares como Diderot (1713-1784), Voltaire (1694-1778), D'Alembert (1717-1783), Helvétius (1715-1771), D'Holbach (1723-1789), La Mettrie (1709-1751), Rousseau (1712-1778) y muchos más. Hay entre ellos diferencias fundamentales, por supuesto, pero todos comparten la idea de que la verdad es emancipadora. Como nada puede detenerla, debemos remover los obstáculos para que salga a la luz y permitir que todos los seres humanos accedan a ella. Así lo explica D'Alembert, uno de los investigadores y portavoces más destacados de la época:

> El estudio de la naturaleza, considerado en sí mismo, parece un estudio frío y tranquilo, poco adecuado para excitar las pasiones [...]. Pero el descubrimiento y el uso de un nuevo método de filosofar despierta, sin embargo, a través del entusiasmo que acompaña a todos los grandes descubrimientos, un incremento general de las ideas. Todas estas causas han colaborado en la producción de una viva efervescencia de los espíritus. Esta efervescencia, que se extiende por todas partes, ataca con violencia a todo lo que se pone por delante, como una corriente que rompe sus diques. Todo ha sido discutido, analizado, removido, desde los principios de las ciencias hasta los fundamentos de la religión revelada, desde los problemas de la metafísica hasta los del gusto, desde la música hasta la moral, desde las cuestiones teológicas hasta las de la economía y el comercio, desde la política hasta el derecho de gentes y el civil. Fruto de esta efervescencia general de los espíritus, una nueva luz

se vierte sobre muchos objetos y nuevas oscuridades los cubren, como el flujo y el reflujo de la marea depositan en la orilla cosas inesperadas y arrastran consigo otras.[1]

Es difícil encontrar otro texto donde se exprese con tanta nitidez en qué consiste la esencia de la Ilustración. La época reflejada por D'Alembert se halla presa de un poderoso movimiento que la empuja hacia delante. Se enfrenta al mundo con el entusiasmo de quien espera constantemente nuevas revelaciones. Su curiosidad le lleva a emprender múltiples iniciativas, todas ellas orientadas al mismo punto: descifrar la totalidad de la realidad. Como dice D'Alembert, «todo ha sido discutido»: no hay nada que pueda frenar el afán de la razón por iluminarlo todo. Aunque surjan nuevos focos de oscuridad, todo tiene que ser sometido al escrutinio de la razón si queremos ensanchar el horizonte de nuestros conocimientos. Si hay algo que define el Siglo de las Luces es precisamente esta obsesión por avanzar.

Los ilustrados instituirán un nuevo derecho, que no tendrá ya nada que ver con el derecho divino; una nueva moral, independiente de toda teología; una nueva política que transforme a los súbditos en ciudadanos. Establecerán nuevos principios educativos para no reincidir en los viejos errores de sus antecesores. En las escuelas prosperarán generaciones que ya no necesitarán buscar fuera de sí mismas su razón de ser y su felicidad. La filosofía habrá bajado por fin el cielo a la tierra. No es extraño que en medio de este clima de euforia, en esta época radiante y optimista caracterizada por la idea de progreso, la misma existencia de Dios se convierta en un problema inmenso.

DATO CURIOSO

La doble moral de Diderot

Diderot, figura principal de los *philosophes*, era bien conocido en Francia y en Europa entera por sus ideas y su talante: defensor acérrimo de la libertad de expresión, tuvo que recurrir en muchas ocasiones a imprentas clandestinas para publicar sus propias obras o las de sus colegas ilustrados. Sus *Pensées philosophiques* (*Pensamientos filosóficos*) fueron condenados por el Parlamento de París y quemados públicamente y, tres años después, él mismo fue encarcelado en la prisión de Vincennes por su obra *Lettre sur les aveugles* (*Carta sobre los ciegos*). Acabó prisionero por sus propios ideales, pero era respetado y venerado por sus coetáneos, pues no en vano había impulsado las obras de autores como Rousseau o D'Holbach.

Aunque Diderot representa el espíritu de la República, su vida reproduce también las contradicciones de su época. Era conocido en París por sus numerosas aventuras amorosas, y sin embargo exigía a su mujer el cumplimiento riguroso de los deberes conyugales. Se mostró especialmente crítico con la familia, hasta el punto de enfrentarse con su propio padre cuando decidió fugarse con su amante, pero se resistió celosamente a que su hija contrajera matrimonio libremente. Diderot fue un crítico incansable de la moral dominante y, sin embargo, no pudo librarse de muchas de las máximas que él mismo criticaba. ¿Cómo apostar por el libertinaje si necesitas poseer a tu mujer? ¿Qué sentido tiene criticar la familia tradicional si luego te comportas como un hombre sumamente estricto con tu hija? No tratemos de buscar coherencia en Diderot. Si representa tan bien a la Ilustración francesa seguramente sea por sus contradicciones antes que por aquello que defendía. No resulta sorprendente, pues, que un autor tan astuto como el Marqués de Sade se viera en la obligación de escribir: «Un esfuerzo más si queréis ser republicanos».

LOS ILUSTRADOS NO ESPERAN A NIETZSCHE

En general, lo que se encuentra detrás de este empoderamiento de la razón es, en sentido estricto, la «muerte de Dios». Este es el acontecimiento singular que pone de manifiesto el Siglo de las Luces. Una de las principales fijaciones de la Ilustración será acreditar que Dios ha muerto o, como mínimo, que ya no lo necesitamos en absoluto. Los ilustrados no habrán hecho nada mientras no sean capaces de probar que Dios ya no soporta el menor examen lógico y que los testimonios en los que se sustenta su verdad no merecen ningún crédito. Es preciso que la filosofía destruya esta superstición aún viva, esta realidad tan sumamente banal en la que no vale la pena seguir perdiendo más tiempo. Así lo expresa el Marqués de Sade:

> Admitirás que este fantasma deificado, nacido del temor de unos y de la ignorancia de todos, no es más que una simpleza escandalosa, que no merece de nosotros ni un instante de fe ni un minuto de examen; una miserable extravagancia que repugna a la mente, que escandaliza el corazón, y que sólo emergió de las tinieblas para volver a hundirse en ellas para siempre jamás.[2]

Los ejemplos en los que se muestra el ateísmo reinante de la época se encuentran por doquier. La lucha contra Dios es despiadada. De lo que se trata es de juzgarlo según las leyes de nuestra lógica y de nuestra razón. Como dice Voltaire, hay que pedirle cuentas:

> Quiero amar a ese Dios, busco en él un padre, me muestran un tirano que debemos odiar. Creó humanos semejantes a él mismo para envilecerlos mejor; nos dio corazones culpables para tener

> derecho a castigarnos; nos hizo amar el placer para atormentarnos mejor con males espantosos que un milagro eterno impide terminar. Acababa de crear a un hombre a su imagen; se le ve arrepentirse de repente, como si el obrero no hubiera tenido que advertir los defectos de su propia obra.[3]

Al final, todos los reproches quedan condensados en uno solo: el Dios del que nos habla el cristianismo ha tenido todo el poder y, sin embargo, se ha servido de él del peor modo posible. El problema es que hemos confiado en Dios más de lo que deberíamos, y no sólo nos ha engañado, sino que nos ha conducido a la desgracia. La religión que lo ha entronizado nos ha educado en el temor, nos ha hecho serviles y cobardes, nos ha privado de la fuerza necesaria para decidir nuestra propia suerte. Según D'Holbach, nos ha quitado las ganas de vivir:

> El mosaico que compone el Nuevo Testamento termina con el libro místico conocido con el nombre de Apocalipsis de San Juan, obra ininteligible en la que el autor ha querido insistir en todas las ideas lúgubres y funestas contenidas en la Biblia. Muestra al género humano afligido la perspectiva de la inminente desaparición del mundo, llena la imaginación de los cristianos de ideas espantosas adecuadas para hacerles estremecer, quitarles las ganas de una vida perecedera y volverles inútiles o perjudiciales para la sociedad.[4]

Por lo tanto, no parece que estemos ante un Dios muy racional. Al contrario, cualquiera que considere los males que ha ocasionado la voluntad de este Dios cambiante y caprichoso tendría que despreciar a un ser semejante. Nos ha obligado a desapegarnos de los bienes terrenales, nos ha alejado de nuestro mundo, nos ha arrebatado la alegría de vivir. Cualquiera que se dé cuenta de esto sabe que ya no hay marcha atrás.

No es posible ningún compromiso ni conciliación con Dios: hay que escoger entre libertad y servidumbre. Y no cabe duda de cuál será la decisión que tomen los ilustrados. El abandono de Dios, cualquiera que sea la forma con que se disfrace, será el único medio apropiado para librar a los seres humanos de los prejuicios y las servidumbres y abrirles el camino de su verdadera felicidad.

LA WIKIPEDIA DEL SIGLO XVIII

Una de los componentes más esenciales de la Ilustración se puede resumir en esta divisa de Diderot: «Démonos prisa en popularizar la filosofía. Contra la violencia, el oscurantismo, el fanatismo y la estulticia, ¡hoy es más urgente que nunca!». La premura de los tiempos es una expresión generalizada en la época. Urge hacer que la filosofía llegue a todos. Se acabaron los iniciados, los círculos restringidos y las palabras herméticas. Ahora se trata de instruir al género humano en su conjunto, puesto que la verdad no tiene patrias ni fronteras, no hace distingos entre ricos y pobres. Se terminaron, pues, las jerarquías y las divisiones territoriales. Como si se tratara de una consigna, los ilustrados se imponen iluminar la vida humana con la fuerza de la razón, y para esa tarea no hay tiempo que perder.

Antes de la Ilustración, el mundo había estado sumergido en la oscuridad, viviendo en medio del error y la ignorancia. Con la llegada de la razón, un gran rayo de luz se proyecta sobre las grandes masas de sombra que todavía cubrían el mundo. La luz es la palabra mágica de una época que se sabe distinta. Será la primera época que se refiera a sí misma como tal. No esperarán a que la historia o los historiadores digan:

«Aquí empezó la Edad Media. A continuación vino el Renacimiento, después el Barroco...». Los ilustrados saben que están viviendo un momento excepcional de la historia y se complacen en decirlo y en repetirlo. Ellos son los hijos del Siglo de las Luces, las antorchas que nos van a dirigir por el camino recto, la lámpara que va a destruir la venda que nos cubre los ojos. Están tan convencidos del poder de la razón, de su capacidad de revelar la verdad, de denunciar el error, que escribirán todo tipo de textos y panfletos sobre la época y lo que significa ser ilustrado. En este clima triunfal, se gestará el proyecto de la *Enciclopedia*.

La originalidad de esta obra, aglutinada alrededor de las figuras de Diderot y D'Alembert, consiste en que reúne y clasifica para uso público todos los conocimientos humanos disponibles, en todos los ámbitos, sin excluir los relacionados con los diversos oficios. La *Enciclopedia* se convierte en toda una aventura editorial y en una herramienta incomparable de educación intelectual y científica. No sólo reúne a las mejores plumas, a los sabios más cualificados; también participan en su realización los técnicos, ingenieros y artesanos más habilidosos. Se recogen saberes teóricos y prácticos. Esta circulación abierta de conocimientos constituye una novedad, sobre todo en el terreno de los oficios y de las técnicas artesanales. Lo que internet ha hecho hoy en día posible con la propagación de todo tipo de tutoriales —incluso para cuestiones sumamente técnicas—, lo encontramos perfectamente anticipado en la *Enciclopedia*. Hay una firme voluntad de generalizar la transmisión de conocimientos. Los expertos hablan ahora para el público en general, los volúmenes de láminas muestran los dispositivos prácticos y su funcionamiento. Todo lo que la experiencia había logrado perfeccionar en el plano teórico y práctico se pone al alcance de la ciudadanía.

Además de englobar el saber humano en su conjunto y exponerlo de un modo metódico, la *Enciclopedia* pretende brindarnos una guía práctica en un mundo que comienza a llenarse de máquinas. En efecto, en 1733, John Kay inventa la lanzadera; en 1738, John Wyatt y Lewis Paul patentan la máquina de tejer; y en 1767 aparece el prodigio de los prodigios: la máquina de vapor. Estamos ante un acontecimiento verdaderamente revolucionario que cambiará la vida de la humanidad. La *Enciclopedia* no duda en exaltar y dignificar este momento histórico. Hay que dar a conocer al pueblo esas artes mecánicas que la filosofía en general ha ignorado o desdeñado en una época en que sólo la metafísica les parecía digna de meditación. Los encargados de redactar la *Enciclopedia* irán a los talleres, verán cómo un encuadernador viste sus volúmenes, un carpintero construye sus cajas, un vidriero sopla sus botellas. Y, como es lógico, al resaltar la importancia de las artes mecánicas revalorizarán igualmente la condición de quienes las ejercen.

Sin embargo, esta orientación del pensamiento hacia la técnica no tarda en toparse con un problema. Los artículos sobre el funcionamiento de las máquinas, escritos por intelectuales al uso, difícilmente sirven para que alguien aprenda a manejarlas con su sola lectura. Y a la inversa, cuando son los trabajadores quienes escriben los artículos, puesto que ellos sí que saben manejar las máquinas y su funcionamiento no alberga el menor secreto para ellos, son incapaces de dar forma teórica a aquello que tan bien saben hacer. Diderot intentará salvar este escollo impulsando a los intelectuales a que trabajen con las máquinas, a que aprendan a montarlas y desmontarlas, a que experimenten en la práctica su funcionamiento. Pero la iniciativa no cuajará. A pesar de sus esfuerzos por universalizar la razón, el incremento de los conocimientos

irá acompañado de una mayor división técnica, aunque también de una división social del trabajo mucho más fuerte y arraigada en la todavía incipiente sociedad industrial del siglo XVIII.

LA FILOSOFÍA NOS DA LA FELICIDAD

«Si la filosofía no nos ayuda a ser felices, o a ser menos infelices, ¿de qué sirve entonces?» Esta es una de las preguntas clave de la Ilustración. Formula una idea recurrente en la gran cantidad de escritos que se publican en esta época acerca de la felicidad. En efecto, son innumerables los ilustrados que repiten que la filosofía debe cambiar nuestra vida. De lo contrario, no valdría la pena «dedicarle ni una hora». Y todo ello porque la Ilustración parte de la siguiente premisa: todo ser humano desea la felicidad. Es más, tras la muerte de Dios, ya es posible soñar con ella. Se trata de un axioma que no necesita ser demostrado. Cada uno de nosotros lo subordina todo a la felicidad y está dispuesto a superar cualquier obstáculo para alcanzar esta meta. He aquí una verdad que cae por su propio peso:

> Hay un principio en la naturaleza, más universal aún que lo que se llama la luz natural, más uniforme todavía para todos los hombres, tan presente al más estúpido como al más sutil: es el deseo de ser feliz. ¿Será una paradoja decir que es de ese principio de donde debemos sacar las reglas de conducta que hemos de observar, y que por él debemos reconocer las verdades que hay que creer? [...] Si quiero instruirme acerca de la naturaleza de Dios, de mi propia naturaleza, sobre el origen del mundo, sobre su fin, mi razón se confunde, y todas las sendas me dejan en la misma oscuridad. En esta igualdad de tinieblas, en esta noche profunda, si encuentro el sistema único que puede satisfacer el deseo que tengo de ser feliz, ¿no debo reconocerlo en ello como verdadero? ¿No debo creer que el que me conduce a la felicidad es el que no podría engañarme?[5]

Suponiendo que la razón pueda procurarnos los medios necesarios para alcanzar la felicidad, ¿por qué deberíamos esperar al «más allá» para ser felices? ¿Por qué no aspirar a la felicidad en este mundo? La buena nueva que traen los ilustrados es que, tan pronto como los cielos se han vaciado, podemos acceder al verdadero objeto de nuestro deseo. Está en nuestras manos disfrutar del placer de la vida. Se ha levantado la barrera que prohibía nuestra felicidad. No hace falta que nos comportemos como los estoicos, con un alma sana y robusta, propia de seres celestiales, pero apartada de las pasiones y de los bienes corporales. No hace falta soñar con una felicidad sobrehumana: los ilustrados no desean ser felices si eso significa despreciar la vida, prescindir del bienestar que pueden procurarnos los bienes de este mundo.

Contrarios a las salvaciones celestiales de cualquier clase, los ilustrados diseñan el proyecto de una felicidad material, terrenal. Es un plan de largo alcance, cuya realización se presenta estrechamente ligada a la idea de progreso. Gracias a la felicidad, todos los progresos avanzan ahora al mismo paso. Todo lo que permite el incremento de nuevos conocimientos, contribuye al perfeccionamiento de la moral y a las posibilidades de una vida más justa. Todo lo que hace avanzar a las ciencias y a las artes, aumentando de ese modo la participación en los saberes, promueve la consecución de mayores cotas de libertad, igualdad y fraternidad. Un solo y mismo progreso, en forma de conocimientos y de derechos universales, nos señala el camino que debe seguir el individuo para ser feliz. Pero no tardarán en salir las primeras voces discrepantes.

JEAN-JACQUES ROUSSEAU: GUIRNALDAS DE FLORES SOBRE LAS CADENAS DE HIERRO

Rousseau es hijo de la Ilustración, pero también uno de sus más acérrimos enemigos. Él no cree que haya ningún motivo para secundar el optimismo excesivo y engañoso del que hacen gala los *philosophes*. Los pensadores de la Ilustración nos han pretendido convencer de que el progreso de las ciencias y el progreso político y moral discurren por la misma senda. También nos quieren hacer creer que los avances técnicos no tienen contrapartidas de ningún tipo. Pero, como dice Rousseau, no toda verdad científica significa necesariamente una mejora de la humanidad; no todo progreso técnico sale gratis. En lo que atañe a los saberes puede que tengamos más poder, pero nuestra alma se ha deformado y secado. Respecto al desarrollo técnico, es probable que se hayan multiplicado nuestras ventajas materiales, pero nos hemos alejado irremediablemente de la naturaleza: a base de instrumentalizarla y convertirla en objeto de nuestro dominio, ya no somos capaces de entender en qué lenguaje nos habla. ¿En qué consiste esta degradación en los tiempos felices de la Ilustración? Esta es la cuestión fundamental a la que nos enfrenta la filosofía de Rousseau.

Su posición respecto al apogeo de las artes y las ciencias no puede ser más distinta a la defendida por los medios ilustrados y enciclopedistas. En las páginas del *Primer discurso* logra sumergirnos inmediatamente en un paisaje emocional donde nos impone una opción definitiva, sin posibilidad de mediaciones:

> Mientras que el gobierno y las leyes proveen a la seguridad y al bienestar de los hombres mancomunados, las ciencias, las letras y las artes, menos despóticas y más poderosas quizá, tienden guirnaldas de flores sobre las cadenas de hierro de que están cargados, ahogan en ellos el sentimiento de esa libertad original para la que parecían haber nacido, les hacen amar su esclavitud y forman así lo que se llama pueblos civilizados.[6]

Haciendo alarde de una brillante retórica, Rousseau nos ofrece un agudo retrato de la vida de su tiempo, de la servidumbre y la miseria social que el Siglo de las Luces parece acoger tan favorablemente y del papel que ha desempeñado la filosofía en la aceptación de esa misma situación:

> Hoy, cuando rebuscamientos más sutiles y un gusto más refinado han reducido a principios el arte de agradar, reina en nuestras costumbres una vil y engañosa uniformidad, y todos los espíritus parecen haber sido fundidos en un mismo molde: la urbanidad exige siempre, la conveniencia manda; se siguen siempre usos establecidos, jamás la inspiración personal. Ya no se atreve nadie a parecer lo que es; y en ese perpetuo cohibirse, los hombres que forman ese rebaño llamado sociedad, puestos en las mismas circunstancias harán las mismas cosas, si no hay motivos más poderosos que de ello las retraigan. Así pues, no se sabrá nunca con quién se codea uno. Para conocer al amigo será preciso esperar a las grandes ocasiones, es decir, esperar a que sea tarde, puesto que es justamente para esas ocasiones para lo que hubiera sido esencial conocerle.[7]

Ahí es donde Rousseau sitúa el foco de su discurso. Se trata de mostrar la hipocresía, la excesiva dependencia de la opinión ajena, la falta de singularidad, el gregarismo de la sociedad de su tiempo, que tan fácilmente podemos identificar con la nuestra. Tras ese velo de cortesía, tras esa urbanidad tan bien ponderada, tras esa máscara, se hallan los temores, la frialdad y el odio. Poco queda de la estimación auténtica que, según Rousseau, parece estar enraizada en el corazón humano. La cortesía, los modales hipócritas, el arte del buen decir, convierten al pueblo en un rebaño y, lo que es más importante, matan toda emoción verdadera, esto es, la posibilidad de percibir nuestros sentimientos. A la pregunta «¿Quién soy yo?», Rousseau ya no responde como Descartes: «Una cosa que piensa», sino que afirma directamente: «Yo soy mi corazón». El afecto, la sensibilidad y las emociones ya no tienen por qué ser consideradas pasiones más o menos inferiores y peligrosas. Para llegar a ser filósofo, convenía desconfiar de esa parte de nuestro yo. Era preferible llevar las riendas, controlándolas a través de la razón. Con Rousseau, todo cambia.

«Corazón», «sentimiento», «intuición», «voz de la conciencia», son expresiones recurrentes en la filosofía de Rousseau. Según él, lo único que cuenta es esa voz pura que percibimos en nuestro interior. Hay algo que habla dentro de nosotros que puede leerse a corazón abierto, sin intermediarios, sin libros. La reflexión y los conocimientos dejan de ser apoyos indispensables. La inteligencia es capaz de erigir barreras artificiales y de instaurar distancias que enturbian la relación con nuestro corazón. De repente, toda la miseria humana se presenta como un efecto inevitable de esa profunda desnaturalización a la que parece habernos sometidos el afán ilustrado por la razón y el progreso:

> El efecto es cierto, la depravación efectiva, y nuestras almas se han corrompido a medida que nuestras ciencias y nuestras artes se han acercado a la perfección.[8]
>
> Hemos visto desvanecerse la virtud a medida que la luz de artes y ciencias se alzaba sobre nuestro horizonte, y el mismo fenómeno se ha observado en todos los tiempos y en todos los lugares.[9]
>
> La astronomía nació de la superstición; la elocuencia, de la ambición, del odio, de la lisonja, de la mentira; la geometría, de la avaricia; la física, de la curiosidad vana, y todas ellas, sin excluir la moral, del orgullo humano. Las ciencias y las artes deben, pues, su nacimiento a nuestros vicios.[10]
>
> Si nuestras ciencias son vanas en cuanto al objeto que proponen, todavía son más peligrosas por los efectos que producen. Hijas del ocio, lo nutren a la vez; y la pérdida irreparable del tiempo es el primer perjuicio que causan necesariamente a la sociedad.[11]

Esa obsesión de los *philosophes* por conocerlo todo es para Rousseau un lujo innecesario, fruto de una sociedad ociosa y envilecida que enmascara sus verdaderas pasiones y acentúa la insensibilidad, la frialdad y los corazones apagados. Rousseau nos invita a quedarnos «en nuestra oscuridad», pues «no tenemos necesidad de saber más». Su crítica a la filosofía es furibunda. No le corresponde a ella legitimar y embellecer las ciencias y las artes, ni propagar el amor por estos conocimientos que oprimen a los seres humanos. La filosofía debería abstenerse de «tender guirnaldas de flores sobre las cadenas de hierro», no debería hacernos amar todo lo que nos esclaviza y nos aleja de nuestra verdadera naturaleza. No es extraño que Rousseau lance su ofensiva más dura contra los filósofos: lo que está tras ellos es un discurso que crea sumisos.

EL MARQUÉS DE SADE: HAGAMOS DEL GOCE UN DERECHO POLÍTICO

Si el *Primer discurso* de Rousseau pone de manifiesto los aspectos más sombríos de la Ilustración, será el Marqués de

Sade quien subraye su dimensión más perversa. Conocido sobre todo por su literatura erótica, algunas de sus obras nos muestran también un intento de pensar los vínculos perturbadores que unen la Ilustración y la Revolución francesa. Para Sade, la «muerte de Dios» es algo más que una simple metáfora. El acontecimiento que mejor lo ha encarnado sería la decapitación de Luis XVI durante el Terror revolucionario. Tras la muerte del monarca, «todo está permitido»: en Francia se ha impuesto el estado de excepción, todos los lazos políticos se han abolido y cualquiera se halla en condiciones de hacer cualquier cosa a otra persona, pues se ha impuesto una relación de cercanía tan descarnada como irreprimible por las leyes de la sociedad. Los ilustrados difícilmente habrían imaginado una revolución así. Querían sencillamente ser ciudadanos en un régimen de libertad, igualdad y fraternidad. Y, sin embargo, piensa Sade, los ideales políticos de la Ilustración nos han conducido a este callejón sin salida, directos al Terror revolucionario.

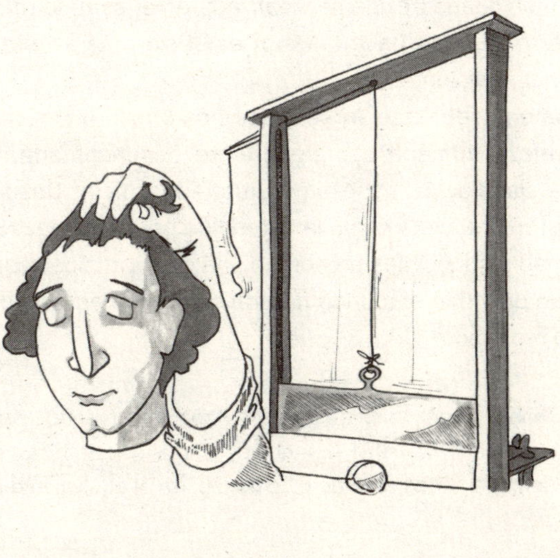

Esta idea es la que Sade expresa en *La filosofía en el tocador*, en un panfleto sumamente irónico que lleva por título: «Franceses, un esfuerzo más si queréis ser republicanos». Lo que nos dice es algo tan sencillo como inquietante: si Francia quiere ser una verdadera república, apliquemos los principios que nos ha enseñado la Ilustración y no excluyamos a nadie de la felicidad. Si es preciso incluir nuestro derecho al goce en la Declaración Universal de los Derechos Humanos, hagámoslo y seamos lo más consecuentes posibles con el espíritu de libertad e igualdad que reclaman los pensadores ilustrados: «¡Amémonos los unos a los otros sin límite alguno! ¡Convirtamos el goce en una norma universal». Esta es la enseñanza de Sade: «Si quieres ser un republicano de verdad, no me prives de tu cuerpo»; «dejémonos, pues, de contratos y de consentimientos: tomemos los cuerpos de los otros como nos plazca». En esto consiste la verdadera república de los *philosophes*, la propia marcha de sus sueños políticos cuando se les deja discurrir sin ningún tipo de frenos, el verdadero sentido de su utopía cuando exige ser realizada en el sentido más literal del término. Sólo hace falta un esfuerzo más. Ni siquiera el Terror es suficiente.

Como puede observarse, Sade nos ofrece una visión de la naturaleza humana completamente desencantada. Cuanto más alejada de los espejismos ilustrados, mejor. Desde luego, no es tan optimista como la defendida por Rousseau. Sus rasgos más reconocibles presentan una cierta afinidad con Voltaire, que describe el mundo natural como una escena de exterminio recíproco:

> Todos los animales se masacran recíprocamente, llevados por un impulso irrefrenable [...]; no hay animal que no tenga su presa y que, para apoderarse de ella, no recurra al equivalente de la as-

> tucia y a la furia con que la reprobable araña atrae y devora la mosca inocente. Al pacer en la hierba, un rebaño de ovejas devora en el lapso de una hora una cantidad de insectos que supera la de hombres en el planeta.[12]

Esa masacre, observa Voltaire, forma parte del proyecto de la naturaleza: «Estas víctimas mueren sólo después de que la naturaleza haya provisto otras nuevas. Todo renace merced al asesinato». No es sorprendente que estas palabras tengan una influencia decisiva en el Marqués de Sade y le lleven a afirmar que el asesinato es un comportamiento propio del hombre, dado que en la naturaleza está en todas partes. A Sade le gusta recrearse en la imagen de la naturaleza como una madre cruel que convierte la destrucción en su ley suprema. Y así como los ilustrados se empeñan en defender el incesante perfeccionamiento moral del género humano, Sade disfruta invirtiendo este ideal en sus novelas y argumentando lo contrario, a saber: que el mejor modo de servir a nuestra moralidad es actuar conforme a la naturaleza y, si es posible, llevar nuestra imaginación siempre más allá, convirtiéndonos en verdaderos virtuosos del mal, haciendo del crimen y el asesinato, como diría Thomas de Quincey, una de las bellas artes. Un personaje de su obra *Juliette* llamado Belmon lo expresa abiertamente:

> Usted habría debido darse cuenta de que mis más dulces goces con usted son aquellos que dando vuelo a nuestras dos cabezas nos permiten crear seres de una lubricidad tal que su existencia es infelizmente imposible [...]. Se devasta el mundo [...]. Uno lo repuebla con objetos nuevos que se inmolan también. He aquí sus nalgas, Juliette, las tengo bajo mis ojos, las encuentro bellas, pero mi imaginación, siempre más brillante que la naturaleza y más diestra, me permito decirlo, ha creado otras más bellas todavía

DATO CURIOSO

El sadismo no es masoquismo

Hoy lo decimos en una sola palabra, «sadomasoquismo», y, sin embargo, el sadismo y el masoquismo son dos prácticas que no pueden identificarse, aunque tendamos a relacionarlas como una pareja complementaria. El sadismo es un término que deriva del Marqués de Sade. Sus obras principales están escritas en plena Revolución francesa, bajo el contexto del Terror, y son la expresión de una violencia tan radical como desgarradora. En la literatura de Sade difícilmente encontraremos goce del lado de las víctimas: sólo horror y sufrimiento.

El «masoquismo», en cambio, debemos situarlo a mediados del siglo XIX en las obras de Leopold von Sacher-Masoch. El Estado de Derecho se ha consolidado, pero ahora la violencia se camufla bajo la forma de un contrato. Lo firman individuos que se reconocen iguales, aunque en la puesta en escena cada cual represente un rol de sumisión o dominación. El sexo se convierte en una obra teatral en la que el amo y el esclavo asumen perfectamente sus papeles, saben cuáles son los límites, qué prácticas pueden ejercerse y cuáles deben evitarse.

Las diferencias entre ambos autores son claras. En la obra de Sade la naturaleza humana es malvada, hay un instinto de dominación que no admite ningún tipo de mediación política: debe imponerse el más fuerte, sin compasión alguna. En Sacher-Masoch, por el contrario, se escenifica el triunfo de la política; se fijan unos derechos mínimos que garantizan la integridad del más débil, incluso cuando es él quien reclama el goce a través del sufrimiento.

Hoy, en nuestros tiempos políticamente correctos, no podemos admitir el sadismo sino bajo el amparo de una forma de consenso. Por eso preferimos englobar ciertas prácticas con el nombre de «sadomasoquismo» (o en las siglas BDSM). Nos cuesta reconocer que hay personas que gozan violando, que disfrutan hiriendo, que sienten placer asesinando. Esas personas se llaman precisamente sádicas.

> [...]. No quiero hacer con usted lo que todo el mundo quiere hacer, me parece que haré con ese culo, obra de mi imaginación, cosas que los dioses no inventarían.[13]

IMMANUEL KANT: «*SAPERE AUDE!*»

Mientras Sade se complace en pervertir los ideales de igualdad y libertad de los ilustrados, denunciando del modo más crudo posible en qué se han convertido, Immanuel Kant se embarca en la tarea opuesta: mostrar en qué sentido las promesas ilustradas distan mucho de haberse realizado. Treinta años después de la publicación de la *Enciclopedia*, Kant intenta responder a la pregunta «¿Qué es la Ilustración?». Si los filósofos franceses se consideraban a sí mismos ilustrados y no dudaban en emplear este apelativo, Kant, en cambio, ya no tiene tan claro el sentido de esta palabra. El mero hecho de preguntárselo pone de manifiesto que la Ilustración ha dejado de ser algo evidente. Hay que volver a pensar en qué consiste su proyecto, recordar cuáles son sus verdaderas posibilidades. En la respuesta que nos ofrece Kant no faltan elementos de continuidad con los *philosophes*, aunque destacan especialmente los que se presentan como una ruptura. Su opúsculo *¿Qué es la Ilustración?* comienza con esta famosa definición:

> La Ilustración consiste en la salida del hombre de su minoría de edad. Él mismo es culpable de ella. La minoría de edad estriba en la incapacidad de servirse del propio entendimiento sin la dirección de otro. Uno mismo es culpable de esta minoría de edad cuando la causa de ella no yace en un defecto del entendimiento, sino en la falta de decisión y ánimo para servirse con independencia de él,

sin la conducción de otro. *¡Sapere aude!* ¡Ten el valor de servirte de tu propio entendimiento! He aquí la divisa de la Ilustración.[14]

Según Kant, la Ilustración es la voluntad del hombre de salir de su minoría de edad, de la que sólo él es culpable. Pero es evidente que lo primero que llama la atención en esta definición es el señalamiento de una culpa. En dos ocasiones se apela a la autoculpabilidad (*selbstverschuldeten*) del hombre. Se trata de una constatación importante en la que conviene detenerse. Hasta ahora, el ser humano ha buscado aquello que lo convierte en un ser sumiso. Lo dice Kant más adelante: «Si un libro piensa por mí, si un pastor vela por mi conciencia, si un médico cuida de mi cuerpo, ¿para qué esforzarme?». El problema es que siempre hay un guardián que vela por nosotros para que no salgamos de este estado de eterna niñez. La cuestión es si estamos dispuestos a servirnos de nuestro entendimiento para entrar en la mayoría de edad.

La vía de escape que nos propone Kant es que seamos por fin responsables de nosotros mismos. El abandono de la minoría de edad exige un coraje suplementario, puesto que ya no tenemos un dios ni una autoridad a la que podamos endosarle la culpa de nuestro estado. De este modo, Kant insiste en desplazar el acento de la culpa hacia nosotros mismos. Tanto es así que el paso a la mayoría de edad se expresa a través de un enunciado imperativo: *Sapere aude!*, «¡Atrévete a saber!». Kant no formula aquí ningún tipo de deseo, sino que se trata más bien de un deber. Si queremos continuar haciendo filosofía, debemos acatar esta orden. Atrás quedan los tiempos de Platón, cuando la filosofía resultaba inconcebible sin la presencia de *eros*. Lo que nos mueve a pensar ya no es simplemente el deseo de pensar, sino un deber insoslayable para cualquier ser humano.

En efecto, estamos muy lejos de Grecia, de la época en que la filosofía implicaba un vínculo erótico, una pasión por la verdad. Pensar ahora es un imperativo, una orden incondicional cuyo rigor no admite ningún tipo de excusa. Pero, al mismo tiempo, representa una conquista: una autonomía y una madurez irrebatibles. Los logros derivados del «*sapere aude*» ponen de manifiesto que el verdadero fin del proyecto ilustrado no es en modo alguno la felicidad del género humano, sino la consecución de su «mayoría de edad». Hablar de Ilustración es referirse, pues, a un pensamiento verdaderamente emancipado, que ha conquistado su libertad y se ha desembarazado de todo tipo de padres y tutores para llegar a una época de ciudadanos libres. Pensar por uno mismo significa, por tanto, razonar con autonomía, formar una nueva comunidad en la que no haya amos ni señores, convertir la verdad en algo a lo que podamos llegar de un modo crítico.

Por eso Kant suele insistir en la necesidad que todo individuo tiene de poder hacer «uso público de su razón». Expresarse sin ser amenazado o castigado, criticar si es necesario el poder o las instituciones religiosas, disponer de libertades públicas: todo esto forma parte de lo que Kant llama «uso público de la razón». Por eso acallar a los filósofos no es algo deseable, ya que sería lo mismo que intentar enmudecer la razón humana. Ahora bien, esto no significa que podamos hacer un uso ilimitado de nuestra razón. Pensar libremente no nos autoriza a hacer cualquier cosa. En textos como *El conflicto de las facultades*, Kant es todavía más taxativo cuando asegura que la libertad de pensar debe «dirigirse al público ilustrado y al monarca para su esclarecimiento, y no al pueblo con el fin de incitarlo a la rebelión». Y en otro momento dirá: «Ciertamente resulta agradable elaborar en nuestra mente constituciones políticas que correspondan a las exigencias de la razón (especialmente desde el punto de vista del derecho); pero es presuntuoso proponerlas y culpable [quien] subleva con ellas al pueblo para abolir las constituciones existentes».

El uso público de la razón se mueve, pues, dentro de unos límites bien precisos. Debajo de todo ello encontramos una valoración de la rebelión por parte de Kant no excesivamente alentadora ni optimista. Puede que una revolución logre derrocar a un individuo déspota y acabe con la opresión generada por la codicia o la ambición. Pero, tal como nos recuerda Kant, «nunca logrará establecer una auténtica reforma del pensar». El problema de la revolución es que puede cambiar el marco que determina las relaciones de poder, pero apenas cambia el marco de lo pensable y, si lo hace, es de un modo superficial. Esto explica que Kant desmitifique la revolución como vía emancipatoria. Si hay algo políticamente revolucionario es el esfuerzo de pensar por nosotros mismos, de no querer reproducir lo que ya ha sido dicho. Atreverse a pensar de otro modo: esa debería ser la verdadera tarea de una razón ilustrada.

¿QUÉ HEMOS APRENDIDO?

En el Siglo de las Luces, la oscura figura de Dios comienza a desvanecerse. Denigrado por su permisividad con el mal, por la incomprensión de sus designios o por conducirnos a una vida sombría y triste, Dios se ve obligado a rendir cuentas de su comportamiento. Sin duda son los *philosophes* quienes llevan a cabo este juicio sumarísimo. Se trata de someter a Dios a los más severos escrutinios de la razón. Pero, de un modo más general, se debe liquidar cualquier vestigio de sacralidad en una época caracterizada por su racionalidad.

El pensamiento ilustrado supone la desmitificación de los dogmas religiosos, la oposición frontal a cualquier forma supersticiosa de conocimiento, el descrédito absoluto de la fe. La razón humana ya no está al servicio del conocimiento de unas verdades eternas. A partir de ahora hay que buscar la felicidad, un ideal que los ilustrados identifican con el progreso material, moral y político del género humano.

Sin embargo, no todos comparten el optimismo de los ilustrados. Rousseau niega que el rasgo distintivo de la especie humana sea el avance inevitable hacia el progreso. Al contrario, si hay algo que parece alejarnos de nuestra verdadera naturaleza es precisamente la fe en este avance mecánico que proclaman tan ciegamente las ciencias y la filosofía. Sade también desconfía del proyecto ilustrado, pues lo ve como un producto pervertido de la razón y presenta el Terror revolucionario como una consecuencia lógica e inevitable de sus ideales de libertad e igualdad.

Kant, por su parte, no considera que la Ilustración esté destinada al fracaso. Pero es preciso fundamentarla de nuevo, someterla a una revisión crítica, confrontarla con sus efectos, tanto los deseables como los no deseables. De este modo, no correremos el riesgo de traicionar la Ilustración, sino todo lo contrario: al ser críticos con ella, nos mantendremos fieles a su espíritu y pondremos en práctica sus enseñanzas. La revolución filosófica de Kant pasará precisamente por su atención a la crítica, que marcará de un modo radicalmente nuevo los límites del pensamiento humano.

¿QUÉ COMENZAR A LEER DE LA ILUSTRACIÓN?

Las *Cartas filosóficas*, de Voltaire; *El arte de gozar*, de La Mettrie; *El cristianismo al descubierto*, del Barón D'Holbach; los *Pensamientos filosóficos*, de Diderot; el *Segundo discurso sobre el origen de la desigualdad entre los seres humanos*, de Rousseau; *La filosofía en el tocador*, del Marqués de Sade... ¡La lista es interminable!

Otras lecturas recomendables

Cassirer, Ernst, *Filosofía de la Ilustración,* México, Fondo de Cultura Económica, 1993.

Foucault, Michel, «¿Qué es la Ilustración?», en *Saber y verdad*, Madrid, Ediciones de la Piqueta, 1991, págs. 197-207.

Hazard, Paul, *El pensamiento europeo en el siglo XVIII*, Madrid, Alianza, 1998.

Klossowski, Pierre, *Sade mi prójimo*, Madrid, Arena, 2005.

Stiegler, Bernard, *La técnica y el tiempo: el pecado de Epimeteo*, Hondarribia, Hiru, 2002, págs. 129-209.

Venturi, Franco, *Los orígenes de la Enciclopedia*, Barcelona, Crítica, 1980.

8

LA TRIPLE CRÍTICA DE KANT

LA RAZÓN ANTE LA RAZÓN

La figura de Kant está inevitablemente asociada a la Ilustración. Lo está por razones cronológicas, pero sobre todo porque comparte los presupuestos básicos de la Ilustración. Como los *philosophes*, cree haber encontrado en la razón un instrumento de lucha contra el oscurantismo, una herramienta emancipadora capaz de hacernos salir de nuestra minoría de edad. Sin embargo, a diferencia de ellos, no cree que el ser humano esté en disposición de conocerlo todo. Tampoco se dedica a vanagloriar la razón como si fuera una deidad intocable, sino que prefiere someterla al duro ejercicio de la crítica. Su intención es poner límites a esta razón que se cree capaz de todo, acotar del modo más preciso posible cuál es su alcance teórico y en qué consiste su uso práctico. En Kant encontramos, pues, un examen metódico de la razón, que cambiará radicalmente el paisaje mismo de la reflexión filosófica.

En efecto, el pensamiento europeo ya no será el mismo después de su filosofía crítica, expuesta en sus tres obras fundamentales: *Crítica de la razón pura*, *Crítica de la razón práctica* y *Crítica de la capacidad de juzgar*. Esta profunda reforma del pensamiento emprendida por Kant está directamente ligada al significado de la palabra «crítica». En el sentido más amplio del término, la «crítica» recoge la idea de una razón que lo interroga todo, incluida ella misma; un pensamiento donde poder reventar desde dentro cualquier posición. La «crítica» retira de la filosofía algunas preguntas inútiles, pero al mismo tiempo tiene la extraña habilidad de adentrarnos en nuevos y apasionantes callejones sin salida. Tiene la intención de retomar todo aquello que la Ilustración ha puesto de manifiesto tras la muerte de Dios. Para ello es preciso realizar un inventario de las capacidades efectivas de nuestra razón y de los resultados a los que podemos aspirar. ¿Qué puedo saber?, ¿qué debo hacer? y ¿qué puedo esperar?: estas son las preguntas que en adelante convendrá plantearse y que la filosofía no podrá ya seguir ignorando.

LAS GAFAS VERDES

En el siglo XVII, pensadores como Descartes, Spinoza o Leibniz conciben la razón como un espejo capaz de reflejar el orden necesario del mundo, de reproducir fielmente las leyes inmutables a las que está sujeta la naturaleza, y de determinar las verdades metafísicas a las que debemos atenernos. Su función más importante es proporcionarnos una imagen exacta y sin defectos de la realidad. En la *Crítica de la razón pura*, Kant nos ofrece una imagen de la razón completamente distinta. Esta ya no funciona como un espejo, sino como una lámpara. A partir de ahora, hay que entender que la realidad sólo puede ser conocida en la medida en que es la razón la que la ilumina y produce:

> [Bacon, Galileo o Torricelli] ya habían comprendido que la razón sólo entiende lo que ella misma produce según su propio plan; que ella debe tomar la delantera con principios de sus juicios según leyes constantes, y debe obligar a la naturaleza a responder a sus preguntas, mas no debe sólo dejarse conducir por ella como si

> fuera llevada del cabestro; pues de otro modo observaciones contingentes, hechas sin ningún plan previamente trazado, no se articulan en una ley necesaria, que es, empero, lo que la razón busca y necesita.[1]

La naturaleza no nos ofrece por sí misma ninguna respuesta, sino que es la razón la que debe dirigirse hacia ella e interrogarla, «pero no como un escolar que deja que el maestro le diga cuanto quiera, sino como un juez en el ejercicio de su cargo, que obliga a los testigos a responder a las preguntas que él les plantea». Esto mismo es lo que propone Kant en el ámbito del conocimiento. Hasta ahora hemos partido de la idea de que todo nuestro conocimiento debía regirse según la realidad. Sin embargo, Kant propone el camino inverso: en lugar de partir de la realidad y buscar qué es verdadero y qué es falso, debemos examinar las condiciones que determinan la posibilidad de una verdad:

> Ocurrirá lo mismo que con los pensamientos de Copérnico, quien, al no poder adelantar bien con la explicación de los movimientos celestes cuando suponía que todas las estrellas giraban en torno al espectador, ensayó si no tendría mejor resultado si hiciera girar al espectador y dejara, en cambio, en reposo a las estrellas. En la metafísica se puede hacer un ensayo semejante, en lo que concierne a la intuición de los objetos.[2]

Kant nos dice que ya no podemos razonar del siguiente modo: «Ese bolígrafo que veo encima de la mesa es y existe fuera de mí, tal y como aparece en mi mente». Se suponía que las cosas que aparecían en nuestra mente eran copias exactas de las cosas exteriores y que, por lo tanto, se nos mostraban en nuestra mente tal y como eran. Lo que Kant nos plantea es la relación inversa: de las cosas sólo conocemos aquello que nuestra mente pone en ellas. Para entender lo que significa este giro copernicano, podemos recurrir a la imagen de las gafas verdes que emplea Heinrich von Kleist en una de las cartas dirigidas a su prometida: imaginemos que todos viéramos el mundo a través de unas gafas con cristales verdes, ¿no nos veríamos obligados a juzgar que todo es verde? ¿Cómo podríamos estar seguros de que nuestros ojos ven las cosas tal como son realmente, o si, por el contrario, somos nosotros los que imprimimos el color verde en el mundo?

Estas son las cuestiones que nos ofrece Kant: no hay modo de decidir si lo que llamamos verdad es realmente verdad, o si simplemente nos parece que es así; tampoco podemos saber con certeza si la imagen que nos llega del mundo, a través de esas gafas verdes, es exactamente igual a la imagen «real» del mundo. Pero Kant va aún más lejos cuando asegura que no podemos quitarnos esas gafas verdes y prescindir de ese filtro si realmente queremos conocer las cosas de este mundo. La

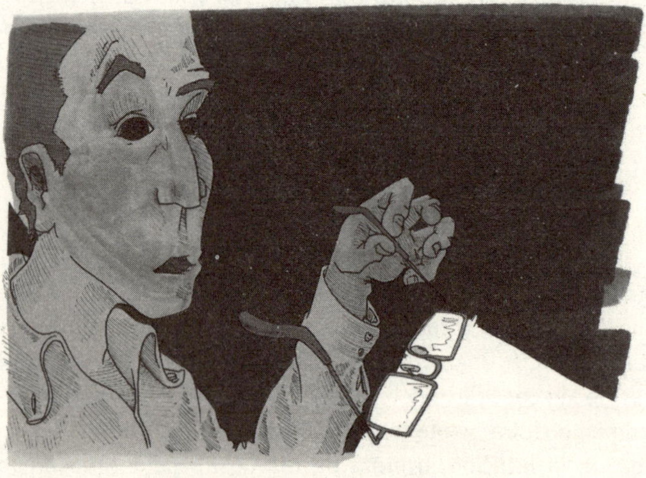

razón es la siguiente: todo lo que llamamos tiempo y espacio no se encuentra en el campo de las cosas, sino en el de nuestro entendimiento. Hasta ahora habíamos creído que el tiempo y el espacio eran atributos que forman parte de la realidad. La *Crítica de la razón pura* subraya, por el contrario, que el tiempo y el espacio son categorías mentales: filtros a través de los cuales percibimos la realidad sin que podamos separarnos de ellos.

Como no conocemos nada sin la mediación de estos filtros, Kant nos dice que podemos saber cómo son las cosas en el espacio y en el tiempo, pero que no tenemos modo de acceder a lo que son «en sí mismas». Lo único que podemos llegar a conocer de las cosas de este mundo es el modo en que aparecen en el tiempo y en el espacio, es decir, dentro del campo de nuestra experiencia. Más allá de este filtro, es imposible conocer lo que son las cosas en sí mismas. Así pues, sólo podemos estar seguros de aquellos conocimientos constituidos dentro del ámbito de la experiencia. Cuando salimos de este territorio, la razón se extravía, se ilusiona: cree que conoce cuando lo único que hace es comportarse como un visionario soñador.

Con Kant se fija la frontera que debería separar para siempre la reflexión filosófica de la pura especulación metafísica. De ahora en adelante, el saber se refiere a todo lo que podemos conocer con las lentes de nuestro entendimiento y no a lo que pueda haber más allá de esas lentes. De modo que nunca podemos llegar a conocer la realidad en sí de las cosas. Los grandes sistemas metafísicos del siglo XVII pueden vanagloriarse de haber encontrado la verdad e incluso de haber derribado las teorías de sus adversarios de mil maneras posibles. Pero no hay que engañarse: cuando Kant esclarece qué puede conocer la razón, a qué verdades puede acceder y con qué límites

DATO CURIOSO

Bastan cien táleros para refutar a Dios

El primer argumento ontológico nace en la Edad Media con san Anselmo. Su intención es demostrar a Dios con una lógica que parezca evidente e irrefutable. Veámoslo en una sencilla frase: «Tengo en mi mente la idea de perfección. Un ser que existe como idea en la mente y existe asimismo en la realidad será más perfecto que un ser que sólo existe en la mente. Dios es perfecto, luego Dios existe». Aunque el argumento parece implacable, Kant nos ofrece en su *Crítica de la razón pura* una de las refutaciones más demoledoras que se recuerda. Primero señala que no podemos probar la existencia de algo (Dios) si la prueba de esa existencia se basa en una cualidad que le presuponemos (perfección, grandeza, existencia). Y a continuación toma como ejemplo la idea de cien táleros, la antigua moneda alemana, y nos dice: «Puedo concentrar toda mi energía en pensar que tengo cien táleros en el bolsillo de mi chaqueta, del mismo modo que puedo tener alojada en mi cabeza la idea de que Dios es perfecto. Y sin embargo, ¿quién me asegura que, por mucho que me concentre, esos cien táleros estarán realmente en mi bolsillo cuando vaya al mercado?». Ante un argumento como el de san Anselmo, sólo hay una moraleja: hay que llevar el dinero siempre encima.

puede hacerlo, el lugar de la metafísica queda seriamente comprometido. Al alejarla de la realidad, Kant se niega a considerar la metafísica como un saber filosófico. Se trata, en efecto, de una creencia, un postulado completamente vano e ilusorio, pura cháchara discursiva cuyos contenidos resultan inaccesibles para los medios de nuestra razón. Veamos qué sucede cuando Kant ejercita la crítica en el ámbito práctico.

DEL CIELO ESTRELLADO A LA LEY MORAL

Según Kant, hay dos cosas que son capaces de provocar en el ánimo del individuo un respeto y una admiración inigualables: el cielo estrellado que vislumbramos sobre nuestras cabezas y la ley moral que encontramos en nuestro interior. El espectáculo de las constelaciones estelares había conmovido a un joven Kant todavía influenciado por Newton. Le resultaba fascinante comprobar lo insignificantes que podemos llegar a ser en la infinitud del universo. Pero gracias a Rousseau, Kant se sentirá especialmente sobrecogido a lo largo de su vida por otro tipo de espectáculo que se halla alojado en nuestro interior y que nos revela una dimensión muy distinta del ser humano: la presencia de un sentimiento moral que ya Rousseau identifica con la voz de la conciencia. Estos son los términos que emplea la *Crítica de la razón práctica* para referirse a este sentimiento:

> ¡Deber! Tú que portas tan sublime e insigne nombre, tú que nada estimas a cuanto conlleve o contenga la más mínima zalamería, tú que reclamas por el contrario sumisión, si bien tampoco amenazas con algo que suscite una repugnancia natural en el ánimo e infunda un temor destinado a mover la voluntad, limitándote a erigir una ley que sepa encontrar por sí misma un acceso al ánimo y consiga de suyo verse venerada sin quererlo (aun cuando no siempre logre su cumplimiento), haciendo acallar todas las inclinaciones aunque conspiren en secreto contra dicha ley, ¿cuál es el origen digno de ti?, ¿dónde se halla esa raíz de tu noble linaje que repudia orgullosamente cualquier parentesco con las inclinaciones y de la cual desciende la condición indispensable del valor que únicamente los seres humanos pueden darse a sí mismos?[3]

Los esfuerzos de Kant exigen ahora respuesta a una serie de interrogantes nuevos: ¿Qué debo hacer? ¿Cómo puedo saber cuál es mi deber? ¿Se puede enseñar? ¿Depende de cada cual? ¿De qué manera descubriré la ley moral? El punto de partida de Kant es la pregunta por lo que determina la moralidad de nuestras acciones. Podríamos sentirnos tentados a decir que lo que en última instancia nos impulsa a actuar en un sentido moral u otro son el bien y el mal. Pero, tal como ha quedado de manifiesto en la *Crítica de la razón pura*, no podemos hablar propiamente del bien ni del mal, puesto que ambas realidades están fuera del alcance de nuestro conocimiento. No vale imaginarse un objeto que identifiquemos con el bien o el mal y a partir de ahí asignarle una serie de atributos reconocibles. La moralidad de nuestras acciones, dice Kant, no puede depender de eso.

¿Qué es lo que nos propone entonces la *Crítica de la razón práctica*? Cambiar radicalmente nuestra manera de pensar la moral, recurrir a un criterio que cualquiera de nosotros pueda conocer de manera intuitiva e inmediata, preguntándonos «¿puedo convertir mi acción en una ley universal?». Este es el segundo giro copernicano que Kant introduce en la historia de la filosofía. Para determinar si una acción es moralmente buena o mala no debo preguntarme si tiene algún tipo de correspondencia con una idea concreta de lo que es el bien o el mal. Kant nos dice que debemos actuar basándonos en la regla siguiente: que todo aquello que queremos para nosotros lo queramos igualmente para todos. Una acción es buena cuando lo que es válido para mí tiene que ser válido de manera universal. Así es como puede ponerse a prueba la validez moral de cualquier comportamiento: si no puede aplicarse a los demás lo que yo hago, entonces no puede servir como ley moral.

Kant lo ilustra con un ejemplo. Supongamos que tenemos a

un amigo hospedado en nuestra casa. De repente llaman a la puerta y, al abrir, nos encontramos con alguien que pregunta por nuestro huésped porque quiere matarlo. Ante una situación así, seguramente recurriríamos a una mentira piadosa que intentase despistar al potencial asesino y alejar el peligro que se cierne sobre la vida de nuestro invitado. Esto es lo que haríamos la mayoría de nosotros si estuviéramos en esa situación. Pues bien, lo que nos enseña la *Crítica de la razón práctica* es justamente lo contrario. Para que nuestro acto sea moral, según Kant, no deberíamos mentir ni en un caso así, puesto que no podemos convertir en universal un comportamiento basado en la mentira. Incluso en estas circunstancias, deberíamos actuar respetando estrictamente nuestro deber moral y decir la verdad, sean cuales sean las consecuencias derivadas de nuestro acto.

Esta situación suele ser utilizada por los detractores de Kant para caricaturizar su extremo rigorismo y echar por la

borda el carácter excesivamente formal de su moral. También nos plantea el problema de si puede existir en el mundo tal grado de pureza en el comportamiento humano. Con todo, la *Crítica de la razón práctica* tiene el gran mérito de separar por completo el campo de la moral respecto de las costumbres, el interés e, incluso, la felicidad. Kant es el primero en desmarcarse de la larguísima lista de escuelas, pensadores y obras de la Antigüedad grecorromana que no habrían dudado ni un instante en identificar la felicidad con la consecución de una vida virtuosa. Les habría costado entender que la búsqueda del bien, su definición, los medios para discernirlo, los males que conviene evitar y los caminos más eficaces para alcanzar la virtud puedan desligarse de la felicidad.

En este punto, Kant se distancia también de los ilustrados, que hablan de la inclinación natural a la felicidad, de una razón universal que pueda facilitarnos los medios para llegar a ella, y de una moral que ha de garantizarnos la consecución de semejante estado. La felicidad no puede ser un criterio de moralidad, según Kant, porque cada cual lo entiende a su manera. No existe una verdad cierta de lo que pueda ser la felicidad, y, por lo tanto, no puede existir ningún saber de la felicidad. Para Kant, este es el principal error de los *philosophes*: la filosofía no le puede decir a nadie cómo alcanzar la felicidad. Puede aconsejarnos sobre cómo ser felices, pero eso no tiene nada que ver con un concepto o un saber y, lo que es más decisivo, la búsqueda de la felicidad no nos hace necesariamente buenos.

Estos son los efectos radicales y definitivos de la ley moral, del denominado «imperativo categórico kantiano». La moralidad no es una cuestión de sentimientos: si haces algo porque te hace sentirte bien, tu comportamiento no responde a lo que debería ser moral. Debes hacer algo porque es lo correcto, porque así lo exige el deber, independientemente de cómo te haga sentir. Si te paras a ayudar a alguien que necesita auxilio simplemente porque así cumples con los preceptos de tu religión, ese comportamiento tampoco puede ser considerado moral. Tan sólo es moral porque es tu deber, porque tú harías lo mismo que debería hacer cualquiera que se encontrara en tu posición. En resumen, el acto genuinamente moral no puede depender de ningún tipo de interés o de deseo, por muy bienintencionado que sea.

También en este punto puede observarse la introducción de una nueva fisura en el proyecto filosófico de Kant. Si la *Crítica de la razón pura* plantea en el plano del conocimiento la escisión entre la manera en que la realidad se presenta dentro del campo de la experiencia y tal y como es en sí misma, ahora lo que se presenta como una escisión irresoluble es la que surge en el interior de nuestro yo. Mientras que una parte de nuestro yo está conectada con el mundo y muchas de las acciones que llevamos a cabo están determinadas por algún tipo de motivación o deseo, existe en cambio otra parte del yo que para actuar moralmente debe conducirse de manera pura, racional, desligada de todo interés. La segunda crítica kantiana nos ofrece pues una nueva división, y es que el deseo y el deber son incompatibles. No pueden tener cabida en un único yo, ni ser autónomos sin molestarse mutuamente. La cuestión es si puede haber algún modo de superar tal escisión. La respuesta a este interrogante debemos buscarla en la *Crítica de la capacidad de juzgar*.

DATO CURIOSO

La puntualidad kantiana

Contrariamente a la de Diderot, la vida de Kant no fue demasiado espectacular. Era un hombre de complexión enfermiza, que no salió nunca de su lugar natal, Könisberg. Tenía, sin embargo, un rasgo muy peculiar: era exquisitamente puntual. Su vida era la eterna repetición de una estricta rutina: se levantaba cada día a las cinco de la mañana, impartía sus lecciones de siete a nueve y luego se dedicaba al estudio. Después de comer, le gustaba pasar la sobremesa con sus compañeros y por la tarde realizaba su paseo diario, siempre a la misma hora. Era tan puntual que sus vecinos aprovechaban la referencia de su paseo diario para poner en hora sus relojes. Hasta la fecha, no se tiene constancia de que a Kant se le hubiera parado alguna vez el reloj. Pero de haber sido así, tampoco habría supuesto ningún problema.

EL PASO POR LA BELLEZA

En la tercera crítica, Kant se ve obligado a transitar por el terreno de la belleza y de lo sublime. No es algo que tuviera previsto de antemano, ya que la filosofía de Kant apenas muestra interés por el arte. De modo que si se adentra en este tipo de cuestiones es porque se ve obligado a superar los problemas que plantea la segunda crítica. Nuestro yo ha quedado dividido en una parte que actúa en función de sus deseos e intereses y otra que lo hace conforme a la razón y al deber moral. Pero lo cierto es que el campo del deseo ha quedado en un segundo plano, como si hubiera sido un ámbito degradado para Kant. El objetivo de la tercera crítica será rehabilitar precisamente todo este territorio a fin de ofrecernos una imagen de nuestro yo lo más completa posible. Para ello habrá que determinar si existe alguna forma de deseo que podamos considerar realmente universal. Es ahí donde entrarán en juego lo bello y lo sublime.

Kant se fija en la belleza porque supone la presencia de algo que es capaz de atraernos a todos por igual, de movilizar nuestro deseo de una manera indiscriminada, de causarnos un placer singular y específico. En la experiencia de lo bello, Kant advierte un tipo de goce que no puede reducirse al gusto particular de cada cual:

> Sería ridículo que alguien que se preciase un tanto de gusto, pensara justificarlo con estas palabras: «Ese objeto (el edificio que vemos, el traje que aquel lleva, el concierto que oímos, la poesía que se ofrece a nuestro juicio) es bello para mí». Muchas cosas pueden tener para él encanto y agrado, que eso a nadie le importa; pero, al estimar una cosa como bella, exige a los otros exactamente la misma satisfacción.[4]

Cuando nos encontramos algo bello no tiene sentido decir que «cada cual tiene su gusto particular». Es imposible que lo que para unos es bello, para otros no lo sea. Que eso pueda decirse a propósito de cosas que nos resultan agradables (un edificio, un traje, un concierto o un poema) no plantea ningún problema, pero sí resulta problemático con relación a lo bello. Si algo es bello de verdad, dice Kant, no puede depender del gusto de cada cual. Ha de ser reconocido por todos. No es algo, pues, que sólo pueda ponerse en relación con mi deseo en particular. Lo bello presenta un componente universal. Pero ¿cómo detectarlo? ¿Cómo determinar que estamos ante un objeto bello?

Cuando se trata de responder a la pregunta «¿en qué consiste la belleza?», Kant no nos ofrece un listado de los atributos positivos y de las propiedades que supuestamente definen una cosa como bella. Al contrario, reconocer que algo es bello exige pasar por tres negaciones: supone admitir que la belleza es algo sin interés, sin concepto y sin fin. Vayamos por partes.

Lo primero que nos dice Kant es que la belleza es desinteresada. Para que algo nos resulte bello nos tiene que atraer de un modo desinteresado. Cualquier intento de añadirle un interés por nuestra parte impide que podamos reconocerlo como bello. Para Kant, no tiene sentido plantearse si una cosa bella me puede aportar algo. No tiene relación alguna con su utilidad. En lo que respecta a la belleza no puedo preguntarme: «¿De qué me sirve el deseo que siento por esto?». Al contrario, la belleza es algo completamente inútil, no podemos asociarle ningún interés. Pero gracias a su inutilidad y a su carácter esencialmente desinteresado sentimos un placer especial cuando la experimentamos.

En segundo lugar, la belleza nos complace sin conceptos. Cuando hablamos de un objeto bello, dice Kant, no podemos atribuirle un significado. Debe ser algo que no esté en función de ningún condicionante social, cultural o histórico. Esto significa que, independientemente de la educación que hayamos recibido, del idioma y de la etnia, podemos de entrada ser sensibles a la belleza de una obra creada por otro ser humano. Según esta definición, los indios de la Amazonia deberían poder apreciar la música de Mozart y Kant tendría que poder reconocer la exquisita belleza de los tatuajes en espiral de los maorís. Lamentablemente, sabemos que sus prejuicios eurocéntricos le impidieron admitir esto último.

Y el tercer aspecto que define la belleza es que el placer producido por ella no puede estar ligado a ningún fin determinado. Por ejemplo, el juego de las olas nos puede parecer bello porque nos presenta un constante ir y venir, un vaivén de acá para allá que no está vinculado a fin alguno. Ninguno de los dos extremos de ese vaivén son la meta final del movimiento. Al contrario, ese vaivén es un fin en sí mismo. Esto es precisamente en lo que está pensando Kant cuando observa el espectáculo de la naturaleza: hay un juego de movimientos que no parece sujeto a ningún fin determinado y, si llegáramos a conocerlo, lo más probable es que ese espectáculo ya no nos pareciera bello. La naturaleza no está expuesta a ningún fin y, aun así, es tan bella en el juego de muchas de sus formas y sus movimientos que a veces cuesta imaginar que no haya intervenido algún tipo de inteligencia o voluntad ordenadora. Kant no habla en ningún momento de Dios, pero poco le falta.

LAS COSAS SE PONEN SERIAS: LO SUBLIME

La experiencia de la belleza lleva consigo una suposición: ¿y si la naturaleza fuera un juego artístico?, ¿y si pudiéramos contemplarla como expresión de una voluntad plasmadora? ¿Por qué no pensar la belleza natural como señal de una inteligencia creadora oculta en las cosas? Kant nos recuerda que es un postulado y, como tal, no es algo que podamos conocer con certeza. Podemos suponer que hay una fuerza divina, pero nada nos garantiza que la naturaleza sea bella. En realidad, hay muchos fenómenos naturales que nos invitan a pensar lo contrario: la furia de una tormenta, el carácter devastador de un terremoto, las catástrofes más salvajes. Puede que la naturaleza no haya sido especialmente diseñada para nosotros y estemos ante una hipótesis que debamos plantearnos igualmente. De ahí que Kant complemente el campo de sus reflexiones con un nuevo objeto: lo sublime.

Lo sublime es un sentimiento que nos sobrecoge cuando entramos en relación con algo cuyos límites no están bien definidos. Es como si la naturaleza nos pusiera frente a algo que nuestra imaginación es incapaz de representarse. Lo sublime nace de este sentimiento ante lo infinito:

> Rocas audazmente colgadas y, por decirlo así, amenazadoras, nubes de tormenta que se amontonan en el cielo y se adelantan con rayos y con truenos, volcanes en todo su poder devastador, huracanes que van dejando tras sí la desolación, el océano sin límites rugiendo de ira, una cascada profunda en un río poderoso, etc., reducen nuestra facultad de resistir a una insignificante pequeñez, comparada con su fuerza.[5]

Lo sublime nos pone ante una experiencia en la que, lejos de sentirnos acogidos, nos vemos literalmente arrojados al mundo, empequeñecidos ante el poder de una naturaleza desbordada, desatada, carente de toda medida. Kant tiene presente en todo momento la obra de Edmund Burke titulada *Investigaciones acerca de lo bello y de lo sublime*, donde el filó-

sofo inglés nos descubre una naturaleza cuyas cualidades están directamente asociadas a la «fuerza», la «vastedad», la «infinitud» y la «magnificencia»; lo ha visto representado en el terrible terremoto que asoló la ciudad de Lisboa el 1 de noviembre de 1755, cobrándose cien mil vidas en un solo día. No es extraño que ante una catástrofe de tales dimensiones irrumpa directamente en la filosofía el problema de lo sublime y esta no pueda evitar preguntarse: ¿por qué pasan estas desgracias? ¿Por qué la naturaleza puede llegar a comportarse de un modo tan cruel como indómito? Lo sublime en Kant recoge precisamente este sentimiento de desajuste con el mundo, este desencaje con la naturaleza que hace que nos sintamos brutalmente desamparados.

Podríamos pensar que ante la presencia de lo sublime no tenemos nada que hacer, e incluso sentirnos tan desvalidos que deseáramos el retorno de Dios. Pero no sucede nada de eso. Según Kant, lo sublime nos permite descubrir en nuestro interior una fuerza aún mayor, capaz de elevarnos por encima de las catástrofes más violentas de la naturaleza:

> La sublimidad no está encerrada en cosa alguna de la naturaleza, sino en nuestro propio espíritu, en cuanto podemos adquirir la conciencia de que somos superiores a la naturaleza dentro de nosotros [...]. Todo lo que excita en nosotros ese sentimiento, entre lo cual está la fuerza de la naturaleza que provoca nuestras facultades, llámese entonces (aunque impropiamente) sublime.[6]

El hecho de que no sucumbamos ante el poder insondable de la naturaleza, sino que nos reafirmemos frente a ella, con una elevación de todas nuestras fuerzas, es justamente lo que pone de manifiesto lo sublime, lo que constituye su profundo atractivo. Lo sublime nos hace sentirnos extremadamente indigentes, pero esta sensación de abandono no hay que vivirla como un empequeñecimiento de nuestro ser, sino como una especie de exaltación y liberación. Es muy probable que en este punto Kant tuviera en mente esta célebre cita de los *Pensamientos* de Pascal: «El hombre sabe que es miserable; pero es grande en la medida en que lo sabe». El efecto de lo sublime es igual de irónico: nos muestra cómo una carencia absoluta puede convertirse en un poder absoluto. En esto consiste el descubrimiento de nuestra propia infinitud.

Lejos de quedar replegados sobre nosotros mismos, quietos y aterrorizados ante el poder de la naturaleza, lo que este sentimiento provoca no es la pasividad, sino todo lo contrario: lo sublime nos moviliza, nos fuerza a seguir adelante y a reafirmarnos en nuestra independencia frente al mundo. Ninguna otra vivencia nos hace sentir tan vulnerables, pero al mismo tiempo tan libres. La mala noticia es que nos han arrojado a un mundo hostil, en el que no contamos con nada más que nuestros propios recursos; la buena es que, gracias a ese abandono, no hay límite alguno a todo lo que podamos hacer. Estamos a solas con nuestra libertad.

De este modo, Kant logra traspasar la última frontera que la Ilustración se había fijado a sí misma. Los *philosophes* creían que estábamos ligados a un fin determinado y que la razón no podía imponerle otro vínculo natural que no fuera el deseo de ser feliz; pero el sentimiento de lo sublime nos descubre algo completamente distinto: que no hay ningún fin al que estemos sujetos, ningún destino que nos haya sido asignado de antemano por ninguna instancia (ya sea Dios, la naturaleza o quien sea). Carentes de fin, podemos perseguir el fin que queramos; carentes de mundo, tenemos todo un mundo que ganar. Desprovistos de todo, tenemos lo único que no nos pueden arrebatar: nuestro apego a la libertad, nuestro afán por sostener el deseo libre de toda atadura, la fuerza de perseverar en él hasta donde haga falta. Este es el secreto de lo sublime kantiano: descubrimos en nuestro interior el abismo de la libertad y hacemos de la infinitud de nuestro deseo nuestro modo de estar en el mundo.

¿QUÉ HEMOS APRENDIDO?

Los ilustrados estaban convencidos que tras la muerte de Dios se habían eliminado todas las barreras. Teníamos simplemente que ejercitar la razón para alcanzar la verdad, la moral y la felicidad. Pero con la aparición de la crítica, Kant no sólo somete a examen la idea misma de la razón, sino que, al mismo tiempo que determina sus posibilidades, pone en juego tres interrogantes cruciales: ¿qué puedo conocer?, ¿qué debo hacer? y ¿qué puedo esperar?

En la *Crítica de la razón pura* asistimos a la primera revolución kantiana. La cuestión no es qué verdades debemos buscar, como si existieran ideas verdaderas y tuviéramos que hacer lo imposible por descubrirlas. Lo que hay que hacer es otra cosa: preguntarse si puede haber una verdad y, en este sentido, cuáles son los límites del pensamiento humano. Este es el principal hallazgo de la primera crítica: el terreno de lo que es posible conocer (las cosas tal y como se nos presentan) debe distinguirse de aquel en que está lo que no se puede conocer (las cosas tal y como son en sí mismas).

En la *Crítica de la razón práctica*, Kant se propone acotar el terreno de la moral. Hasta ahora determinábamos la moralidad de nuestras acciones con arreglo a una idea que identificábamos con el bien y el mal. El nuevo criterio invocado por Kant se basa en esta sencilla regla: una acción es moralmente buena si puedo convertirla en ley y aplicarla a todos por igual, sin excepción. El problema es si en el mundo en que vivimos, inevitablemente atravesado por múltiples deseos e intereses, podría realizarse una acción moral como la descrita por Kant.

La *Crítica de la capacidad de juzgar* intenta buscar un deseo que sí pueda universalizarse. Kant sostiene que la belleza tiene el poder de complacernos a todos por igual. Ante algo bello experimentamos un goce desinteresado, sin que esté mediado por ningún concepto y libre de todo fin determinado. En lo sublime, en cambio, descubrimos la presencia de una fuerza oculta en nuestro interior. Tan pronto como nos vemos expuestos a la vastedad de la naturaleza, podemos reconocer en nosotros un poder aún más ilimitado: la capacidad de hacer de nosotros lo que libremente queramos.

Si la crítica de Kant acota el terreno de la razón y se dedica a delimitarlo para confirmar sus posibilidades, Hegel, por el contrario, insistirá en el carácter dinámico de la razón. Con él, que trata de pensar la totalidad de la historia y de las distintas verdades forjadas por los hombres, la razón tendrá que ser considerada como algo en movimiento, como un proceso, un camino, y no simplemente como una realidad petrificada en un marco rígido e inamovible. En el desván de su casa, Hegel oculta la máquina que embarcará a la razón en una nueva aventura. Se llama dialéctica y Marx aprenderá mucho de ella.

¿QUÉ EMPEZAR A LEER DE KANT?

Si te asusta la dificultad y la aridez de las tres críticas, no temas a Kant y escoge otras obras suyas tan interesantes como *Probable inicio de la historia de los hombres*, *El fin de todas las cosas* o *El conflicto entre facultades*.

Otras lecturas recomendables

Bowie, A., *Estética y subjetividad: la filosofía alemana de Kant a Nietzsche y la teoría estética actual*, Madrid, Visor, 1999.

Cassirer, E., *Kant: vida y doctrina*, México, Fondo de Cultura Económica, 1993.

Deleuze, G., *La filosofía crítica de Kant*, Madrid, Cátedra, 1997.

Martínez Marzoa, F., *Desconocida raíz común: estudio sobre la teoría kantiana de lo bello*, Madrid, Visor, 1987.

Rodríguez Aramayo, R., *Immanuel Kant*, Madrid, Edaf, 2001.

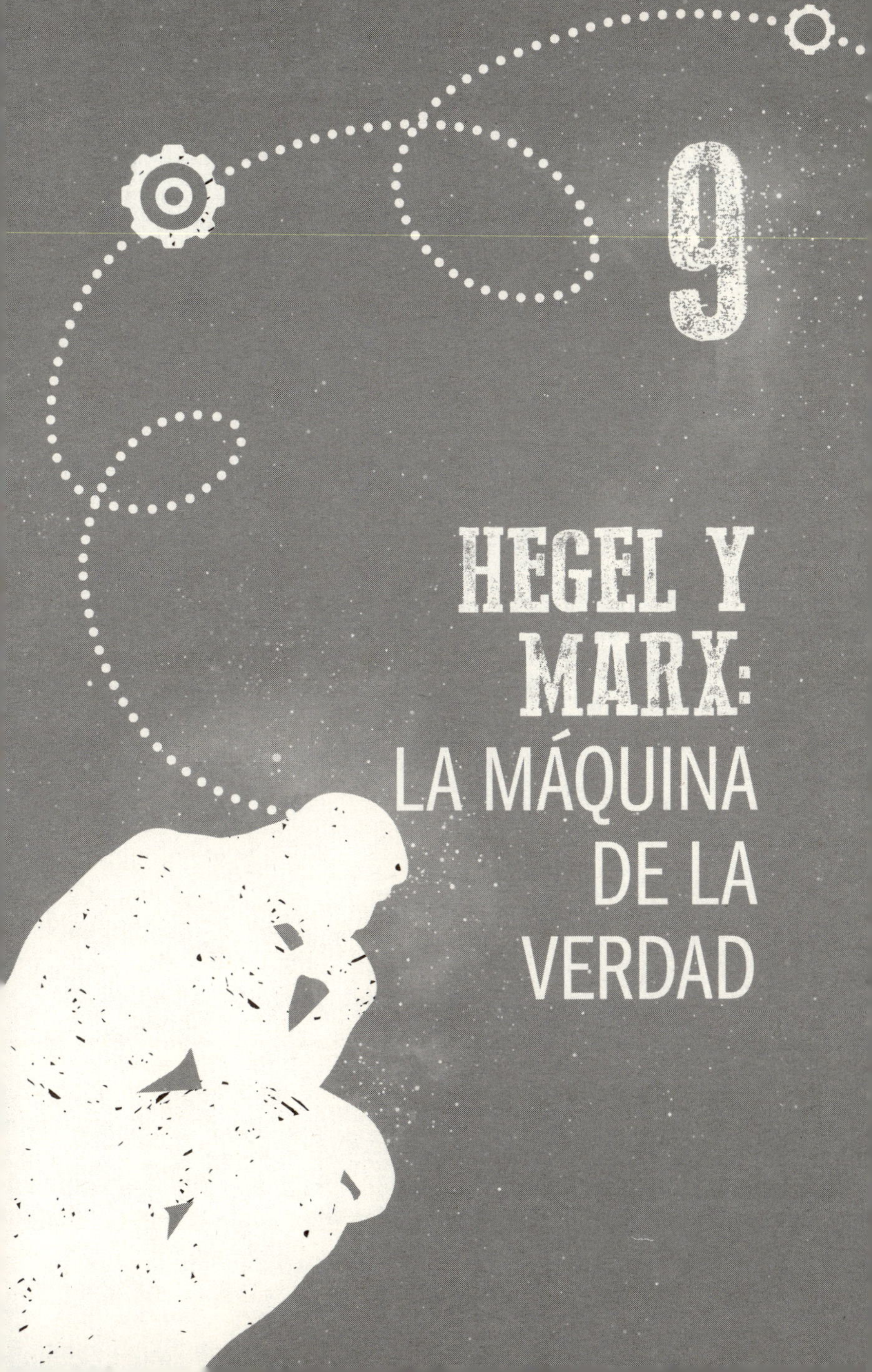

9

HEGEL Y MARX: LA MÁQUINA DE LA VERDAD

Digámoslo desde el principio: Hegel (1770-1831) es un filósofo complicado, difícil de seguir. Para los fanáticos de la claridad, es toda una agonía tratar de entender a Hegel. En efecto, hay muchos pasajes de su obra en los que no se sabe de qué demonios está hablando. Sus textos son espesos, impenetrables, rodeados de una bruma a menudo irrespirable. Y, sin embargo, esta dificultad es parte de su encanto. Es, incluso, la razón de ser de su filosofía. No es que Hegel sea un filósofo deliberadamente hermético, un autor obcecado en esconder sus tesis; al contrario, tiene la extraña virtud de querer exponerlo todo, de decir todo lo que se tiene que decir del modo más explícito posible. En la lectura de Hegel, no sirve de nada estudiar formulaciones aisladas ni entrar en controversias interminables sobre qué haya querido decir en este pasaje o en aquel otro. Hay que seguirlo como podamos, armarnos de paciencia y dejarnos llevar por su disertación.

Al leer a Hegel, conviene recordar lo que dijo su alumno Hotho cuando asistió a sus clases en Berlín. Hotho explica que Hegel se sentaba abatido y melancólico, con la cabeza inclinada, y pasaba las hojas una tras otra, hacia delante y hacia atrás, sin dejar de hablar. Carraspeaba y tosía constantemente, lo que dificultaba la fluidez de su discurso. Todas las frases quedaban entrecortadas; las pronunciaba casi de mala gana, fragmentadas, pero de repente algunas cobraban inesperada-

DATO CURIOSO

El envidiado Hegel

En los últimos años de su vida, Hegel impartió clases en la Universidad de Berlín. Sus cursos alcanzaron tal fama que las aulas donde enseñaba estaban siempre abarrotadas de estudiantes procedentes de todos los rincones de Europa. Como se ve, Hegel causaba furor entre sus coetáneos, pero no todos quedaron prendados de él. Si alguien se resistió a su magnetismo, ese fue Arthur Schopenhauer. Sus clases se impartían exactamente a la misma hora que las de Hegel, a petición expresa del propio Schopenhauer, y se anunciaban con este programa: «Enseñamos toda la filosofía y la teoría del carácter del mundo y del Espíritu Humano». Por supuesto, se trataba de una mofa hacia la obra de Hegel, pero eso no impidió, muy a pesar de Schopenhauer, que sus clases siguieran siendo tan concurridas. Así ocurrió año tras año hasta 1831, cuando Hegel murió de cólera.

Podríamos pensar que la profunda animadversión que Schopenhauer sentía por Hegel no saldría de los muros de la universidad. Pero no fue así, pues por sus obras desfilan numerosas críticas en forma de caricaturas, insultos y vejaciones varias. He aquí un ejemplo:

> Estaría bastante en lo cierto si afirmase que la así llamada filosofía de este Hegel es una colosal mistificación, que proveerá a la posteridad con una inagotable fuente de risas a costa de nuestro tiempo, que es una pseudofilosofía que paraliza la mente, asfixia todo pensamiento real y, mediante el más inaceptable uso del lenguaje, pone en su lugar la cháchara más vacía, sin sentido, sin pensamiento, y, como ha sido confirmado por su éxito, la que mejor consigue adormecer a la inteligencia.

mente un énfasis exagerado, como si en su discurso tuviera la necesidad de ir repitiendo lo más fundamental a medida que avanzaba. Esa sensación es justamente la que tenemos cuando nos acercamos a los escritos de Hegel: aunque haya muchos detalles de su obra que nos resulten crípticos y su filosofía sea un penoso caminar lleno de digresiones, retrocesos y anticipos, percibimos que hay algo que se repite y aparece insistentemente, una especie de impulso que la mueve, como si hubiera un deseo permanentemente renovado de seguir pensando.

El adjetivo que mejor define la filosofía de Hegel es su insaciabilidad. Su intención es alcanzar la totalidad, forjar un sistema filosófico que permita abarcar con el pensamiento la realidad en su conjunto. Cuando nos acercamos a la realidad, es inevitable hallar un sinfín de creencias incompatibles, posiciones que se excluyen mutuamente, discursos que se contradicen. No sabemos qué es la verdad y cómo posicionarnos frente a ella. Lo habitual entre los filósofos es imponer *su* verdad y descalificar todos los discursos que se le opongan. Lo hemos visto a lo largo de estos ocho capítulos. Cada uno de los distintos autores que conforman nuestro viaje se ha creído en posesión de la verdad. «El mundo de las ideas es la verdad», decía Platón; por lo tanto, quienes digan que la verdad no está en el mundo de las ideas se equivocan. «Dios es la verdad», decían los pensadores cristianos; luego, quienes digan que la verdad no tiene nada que ver con Dios se equivocan. Pues bien, esta forma de pensar es la peor manera de hacer presente la totalidad.

Hegel intenta otorgar al pensamiento un poder unificador. No quiere un pensamiento parcial, delimitado, separado, incapaz de ver todos los aspectos en su conjunto, incluso aquellos que se oponen y excluyen. Lo que nos propone es un modelo capaz de explicar todos los sistemas de pensamiento y, lo que es más importante, capaz de ponerlos en movimiento. Para Hegel, la filosofía tiene una historia o, mejor dicho, es historia: no es una sucesión discontinua de sistemas de pensamiento contradictorios. Cuando una filosofía entra en colisión con otra, no lo hace sólo para descubrir su tendón de Aquiles; incluso cuando se propone derrumbar el edificio de su antecesora, lo que le empuja a ello es algo mucho más poderoso que su afán destructivo. Se trata del deseo de comprender. Al buscar la inconsistencia del sistema anterior, en el fondo, quiere desvelar una consistencia más estrecha, un modo más preciso de concebir el todo.

El hecho de que haya una historia de la filosofía significa que no hay ninguna filosofía que haya podido decir la verdad. Debemos partir siempre de esta evidencia. Pero esto, que podría interpretarse como un fracaso, es en realidad el impulso mismo de la filosofía, la clave de su avance histórico. Hegel se propone, justamente, «hacer un sistema» con la suma de todos los intentos frustrados en el pasado por decir la verdad de las cosas. Para ello habrá que explicitar lo que en cada momento se ha dejado de pensar. Tendremos que explicar cómo aparece un determinado pensamiento a partir de las inconsistencias e insuficiencias de otro pensamiento, y así hasta que la cadena de estos pensamientos llegue a configurarse como un todo. Este entretejimiento orgánico de los distintos pensamientos es lo que constituye el camino de la verdad. Por eso, Hegel identifica la verdad con su propio movimiento. La verdad no está de este lado o del otro, de parte de Platón o de Aristóteles, de Descartes o de Spinoza. La verdad es recorrido, itinerario, paso de un lado al otro. Ninguna de las etapas que conforman la historia de la filosofía contiene *la* verdad. Solo el viaje en su totalidad constituye la verdad.

LA MÁQUINA DE LA VERDAD

No es ninguna exageración: Hegel disponía de una máquina perfecta que a más de un filósofo le hubiera gustado tener. Tenía la maravillosa virtud de detectar la verdad. Era un polígrafo perfecto, capaz de ver contradicciones por todas partes, de mostrar la manera en que se contraponen unos discursos a otros e, incluso, de reconciliarlos en una especie de síntesis superior. Esa máquina prodigiosa es lo que Hegel bautizó con el nombre de la dialéctica. Con el hallazgo de este impresionante mecanismo, Hegel daba satisfacción al viejo anhelo de construir una ciencia verdadera: un saber auténtico, liberado de la parcialidad de todas las opiniones, dispuesto a conocer lo que Kant había prohibido: cómo son las cosas en sí mismas. Gracias a la dialéctica, ya no tenemos por qué dudar de la supuesta verdad de nuestras verdades. Tampoco es necesario llevar a la razón al borde de la locura, sospechando de absolutamente todo, incluso de la propia sospecha. Mientras cumpla con su trabajo, estaremos en la senda de la verdad.

Para saber cómo funciona la dialéctica, conviene recordar la fórmula generalmente empleada por Hegel: «tesis, antítesis y síntesis». Supongamos que alguien afirma que «todo es negro». A esta tesis se le podría oponer otra que dijera exactamente lo contrario: «Todo es blanco». Para unos, «todo es negro»; para otros, «todo es blanco», sin que haya posibilidad de establecer ninguna mediación entre los opuestos. Tanto la tesis como la antítesis se creen en posesión de la verdad y no están dispuestas a reconocer que la otra pueda tener su contrario. Pero lo que nos dice Hegel es que, por mucho que una tesis se oponga a una antítesis, siempre cabe la posibilidad de pasar a una nueva posición (la síntesis) en la que se cambien por completo los términos del problema.

En este caso, el dialéctico razonaría del siguiente modo: la afirmación «todo es negro» es falsa porque para reconocer que algo es negro tenemos que oponerlo a algo que no lo sea, es decir, el blanco; pero la antítesis «todo es blanco» también es falsa por el mismo motivo, porque si el color blanco fuera el único realmente existente, no podríamos distinguirlo. Así las cosas, la única manera de salir de esta disyuntiva entre «todo es negro» o «todo es blanco» es el color gris. En este tercer color, el negro y el blanco quedan abolidos, suprimidos, destruidos por la mezcla y, sin embargo, están al mismo tiempo preservados, prolongados en él. Es solo entonces cuando ambos se niegan y se elevan a un nivel superior, cuando el blanco y el negro pasan a tener una entidad real.

Aunque el ejemplo sea bastante sencillo, nos muestra lo que a Hegel verdaderamente le interesa: la presencia de este tercer paso que niega y transforma el marco de lo que hasta entonces se había pensado. Para que haya rebasamiento o progreso filosófico es preciso que intervenga este momento de la síntesis. Sólo procediendo de esta forma se encamina la filosofía hacia el saber absoluto, que únicamente podrá alcanzar cuando se lleven a cabo todas las negaciones posibles. En ese estadio final, no debería haber ninguna distinción entre la manera como son las cosas y lo que nosotros decimos de ellas. Gracias a la dialéctica, las palabras y las cosas se habrán cosido definitivamente en un solo mundo. La filosofía de Hegel es el testigo final de este momento histórico. Con él, la historia de la filosofía habría llegado definitivamente a la verdad: ese punto en el que ya no hay nada que decir porque todo está dicho.

EL ESPÍRITU A LOS PIES DE LOS CABALLOS

Hegel es el primero en ofrecernos una filosofía de la historia en el sentido más pleno de la palabra. Está convencido de que detrás del caos aparente de los acontecimientos, del discurrir fortuito de las guerras, de la decadencia y el renacimiento de las diversas formas civilizatorias, hay un sentido que mueve la historia. Es un error pensar que las cosas suceden simplemente porque sí y que no hay ningún tipo de relación entre las historias particulares de los distintos pueblos y civilizaciones. Al contrario, Hegel cree que hay una totalidad hacia la que convergen necesariamente. Se trata del Espíritu Universal, cuya estela podemos rastrear en la historia de cualquier época, cultura o forma civilizatoria. Para ello, hay que situarse en una perspectiva en la que podamos tener una visión de la historia lo más completa posible. Sólo desde ese observatorio, podemos seguir el camino que ha recorrido el Espíritu. En ese lugar se encuentra Hegel, persuadido de que la historia ha llegado a su fin.

El 13 de octubre de 1806, el día en que «los franceses ocupan Jena y el emperador Napoleón atraviesa sus muros», constituye para Hegel toda una confirmación. Lejos de sentirse derrotado, Hegel escribe una carta en la que celebra la llegada de los hijos de la Revolución francesa y de quien para él representa el Espíritu Universal:

> He visto al emperador —esta alma del mundo— saliendo de la ciudad en tareas de reconocimiento. Qué maravillosa sensación ver a este hombre que, concentrado en este punto concreto y a caballo, se extiende por el mundo y lo domina. En cuanto a la suerte de los prusianos, no podría haber pronóstico mejor.

Para Hegel, Napoleón simboliza el nuevo mundo que nace sobre las ruinas del *Ancien régime* y la propagación de los ideales políticos de la Ilustración. Su figura representa la esperanza de poder exportar por toda Europa las libertades de los ciudadanos e impulsar la construcción de los nuevos Estados-nación. De ahí que Hegel llame a Napoleón «el alma del mundo». Es muy probable que el objetivo del emperador no tuviera nada que ver con la realización de este proyecto global. No obstante, al consolidar su reino y hacerlo universal, difundió los principios de la Revolución por toda Europa. Con Napoleón se había llegado al fin de la historia, porque todo lo que la Humanidad debía conquistar se estaba ya conquistando.

Por otro lado, el entusiasmo que el joven Hegel ya sentía por la Revolución francesa no le impide analizar el Terror revolucionario. De entrada, se niega a justificaciones del tipo «el ideal

revolucionario era en sí mismo maravilloso, válido y justo, pero al llevarlo a la práctica lo ensuciaron, convirtiéndolo en algo injusto y bárbaro». Para Hegel, este tipo de argumentos no tienen validez. No se puede separar un ideal de su realización. No se puede desear una cosa sin la otra, lo cual implica que deben defenderse o negarse como un todo. Lo interesante de Hegel es que en ningún momento afirma que la Revolución podría haber tenido lugar sin el complemento desagradable del Terror. No habla de esa fase de la Revolución francesa como una especie de distorsión que debería haberse evitado. Para él, no hay una cara buena y una cara mala de la Revolución. Al contrario, si ignoramos el Terror olvidamos una parte consustancial de la Revolución, suprimimos un elemento sin el cual se habría deshecho. En este aspecto, Hegel se comporta de un modo muy poco idealista: quien quiera hacer la revolución ha de asumir todas sus consecuencias.

LA PÁGINA EN BLANCO DEL LIBRO DE LA HISTORIA

Es muy probable que el día en que Hegel esperaba la llegada del Espíritu Universal oyera los cañonazos de las tropas napoleónicas a las puertas de su ciudad. Durante siglos, los seres humanos no habían hecho otra cosa que abrirse paso —por medio de infinitos trabajos, luchas y agonías— hacia ese momento final que Hegel contemplaba extasiado como la consumación de la meta de la historia. Sin embargo, tan pronto como se llega al final de esta odisea, se cae fácilmente en la cuenta del enorme precio que ha habido que pagar. En uno de los pasajes más célebres de su *Filosofía de la historia*, Hegel dice:

> También al contemplar la historia se puede tomar la felicidad como punto de vista; pero la historia no es un suelo en el que florezca la felicidad. Los tiempos felices son en ella páginas en blanco. Cierto que en la historia universal se da también la satisfacción, pero esta no es lo que se llama felicidad, pues es la satisfacción de fines que sobrepasan los intereses particulares. Fines de importancia para la historia universal requieren voluntad abstracta, energía, para ser mantenidos. Los individuos de significado para la historia universal, que han perseguido esos fines, han encontrado ciertamente satisfacción, pero han renunciado a la felicidad.[1]

Hegel será el primero en afirmar que la felicidad es radicalmente incompatible con la marcha de la historia. No hay progreso humano que no implique dolor. El avance histórico presupone la existencia de individuos y pueblos que estén dispuestos a aceptar los trabajos y penalidades que exige el cumplimiento de cualquier designio. Dice Hegel que, de haber preferido la felicidad, la mayoría de esos individuos y pueblos no habrían llevado a cabo nada de aquello por lo que finalmente son recordados. Si hubieran rechazado el sufrimiento o el sacrificio, no se habría podido llegar en la historia a ninguna nueva etapa de progreso. De ahí que la felicidad no sean más que páginas en blanco en el libro de la historia. Si hay algo que Hegel vincula al progreso histórico es justamente la idea del sufrimiento, así como la necesidad de justificarlo y a menudo, incluso, de rendirle culto.

Como un espectador distanciado e impasible, Hegel reconoce abiertamente todo el espanto de la historia. Pero después de constatar el horror que ha dejado tras de sí el implacable avance del Espíritu a lo largo de la historia, Hegel no puede evitar justificar tamaño sufrimiento y hasta da razones de ello. Su visión de la historia es descarnada. No está dispuesto a negar su rostro más doloroso y sombrío, con todas las muertes infligidas, la sangre derramada y los estragos producidos por el ansia de dominación. Aun así, Hegel acaba prestándole sentido a todo eso. La cuestión es si al darle sentido se ve obligado también a embellecer la historia. Y en el sistema hegeliano esa sospecha se vuelve inevitable, ya que todas las tragedias, miserias y desgracias acaecidas en la historia aparecen ahí como simples pasos de un camino que el Espíritu debe recorrer necesariamente. Hegel decía que ningún individuo, por muy clarividente que fuera, podría ir por delante del mundo que le ha tocado vivir. Lo único que nos permite ser mejores es conocer el mundo tal como es; lo único que podemos realmente hacer es comprender su propia racionalidad, por muy fascinante, dolorosa o violenta que pueda ser.

KARL MARX: EL CAMINO MATERIALISTA

La recepción del pensamiento de Hegel pronto se bifurca en dos direcciones opuestas. Los hegelianos de derecha sostienen que el punto de máxima realización del Espíritu es el Estado prusiano y que, por tanto, ya no queda otra opción que aceptar la realidad de sus instituciones económicas y sociales. Los jóvenes hegelianos, la vertiente más progresista de Hegel, emplean la crítica para hacer que el Espíritu avance y penetre en todas las esferas de la sociedad, convirtiendo la religión y la política en el principal objeto de su crítica filosófica. Entre los hegelianos de izquierda se encuentra el joven Karl Marx (1818-1883), especialmente comprometido en las luchas por la democracia y por la emancipación de los trabajadores, pero todavía no ha escrito ninguna de las tesis fundamentales de su obra teórica.

Marx ha aprendido de Hegel el arte de la dialéctica, un arma arrojadiza que ya en sus obras de juventud maneja con una soltura insultante. Pero no se limita a utilizarla como su maestro, sino que transforma radicalmente su manera de entenderla. Se trata de un gesto fundamental, que supone un nuevo modo de hacer filosofía. Así se recoge en *La ideología alemana*:

> Totalmente al contrario de lo que ocurre en la filosofía alemana, que desciende del cielo sobre la tierra, aquí se asciende de la tierra al cielo. Es decir, no se parte de lo que los hombres dicen, se representan o se imaginan, ni tampoco del hombre predicado, pensado, representado o imaginado, para llegar, arrancando de aquí, al hombre de carne y hueso; se parte del hombre que realmente actúa y, arrancando de su proceso de vida real, se expone también el desarrollo de los reflejos ideológicos y de los ecos de este proceso de vida. También las formaciones nebulosas que se condensan en el cerebro de los hombres son sublimaciones necesarias de su proceso material de vida, proceso empíricamente registrable y sujeto a condiciones materiales. La moral, la religión, la metafísica y cualquier otra ideología y las formas de conciencia que a ellas corresponden pierden, así, la apariencia de su propia sustantividad. No tienen su propia historia ni su propio desarrollo, sino que los hombres que desarrollan su producción material y su intercambio material cambian también, al cambiar esta realidad, su pensamiento y los productos de su pensamiento. No es la conciencia la que determina la vida, sino la vida la que determina la conciencia.[2]

De este modo Marx le da la vuelta a la dialéctica. Hasta entonces se creía que la conciencia determinaba la vida, esto es, que los seres humanos organizaban su mundo material, sus relaciones económicas, sus relaciones de poder, etc., en función de las ideas que tenían en la cabeza. Pero, según

Marx, sucede justamente al revés: es la vida la que determina la conciencia. Las relaciones económicas, el modo en que los seres humanos organizan sus condiciones materiales, son lo que produce nuestras representaciones sobre el mundo. Así pues, son las condiciones materiales las que engendran las ideas y no las ideas las que dan forma a las condiciones materiales. A partir de ahora, el mundo de las ideas ya no tiene nada de eterno ni de incondicionado; el «más allá» se vacía de todo sentido y plenitud en pro del «aquí abajo» terrestre. En el fondo, lo que determina las ideas, nuestra visión del mundo, son nuestras condiciones de vida (el país donde nos hemos criado, la clase social a la que pertenecemos, el dinero del que disponemos, el trabajo que llevamos a cabo, etc.).

En la obra de Marx, encontramos otras afirmaciones suyas que van precisamente en esta misma dirección, como cuando en 1844, en la undécima de las *Tesis sobre Feuerbach*, escribe: «Los filósofos no han hecho otra cosa que interpretar el mundo de distintas maneras; lo que importa es transformarlo». En lugar de plantear los problemas del hombre real, la filosofía ha preferido evadirse, hablándonos desde otro lugar, al margen del mundo. Se ha convertido en una reflexión desconectada de la realidad. Le ha pasado lo mismo que a aquel sabio que, por mirar las estrellas, ya no sabe dónde pisa. Marx nos dice que la filosofía no puede adoptar una posición meramente contemplativa: ha de ser un instrumento de esa «transformación del mundo», a la que apela con la impaciencia y la cólera de aquello que no puede esperar. Basta ya de especulaciones interminables, de refugiarnos en abstracciones e ideas: ha llegado el momento de que la filosofía intervenga en la realidad y cambie la sociedad en que vivimos.

LA FILOSOFÍA ENTRA EN LA FÁBRICA

Un ejemplo muy claro de lo que Marx exige a la filosofía se puede encontrar en el primero de los *Manuscritos* que escribió en París. Si queremos transformar nuestra vida, debemos analizar aquello que seguramente más la condiciona: el trabajo. En tiempos de Marx, el trabajo forma ya parte de la rueda capitalista. Hemos pasado de los viejos oficios al trabajo asalariado en las fábricas: hay una jornada pautada en horas y se percibe un salario por los días trabajados, independientemente de qué sea lo que produce el trabajador o cuánto produce. Para que las fábricas sean lo más rentables posibles se exige, además, que cada trabajador ocupe un lugar determinado en el proceso de producción. A diferencia del zapatero que hacía el zapato de principio a fin, el obrero forma parte de una cadena de montaje en la que ya no puede crear o improvisar, sino que se ve obligado a hacer siempre lo mismo. Con la mecanización de este proceso se harán muchos más zapatos, pero ahora el trabajador dejará de ser autor para convertirse en una pieza más del engranaje.

Aquí encontramos el paso decisivo de Marx. Por muy productiva que sea la fábrica, el trabajador jamás tendrá la satisfac-

ción de haber creado un zapato: se limitará a repetir como un autómata aquella parte de la producción en la que intervenga, sin ver jamás el resultado final de su trabajo. En esto consiste la alienación. La idea fundamental es que el trabajador se relaciona con la actividad productiva como si fuera algo ajeno a él mismo:

> La enajenación del trabajador en su objeto se expresa, según las leyes económicas, de la siguiente forma: cuanto más produce el trabajador, tanto menos ha de consumir; cuanto más valores crea, tanto más sin valor, tanto más indigno es él; cuanto más elaborado el producto, tanto más deforme el trabajador; cuanto más rico espiritualmente se hace el trabajo, tanto más desespiritualizado y ligado a la naturaleza queda el trabajador.[3]

Esta es la consecuencia que Marx señala acerca de la alienación del trabajador. Cuanto más produce este, más se empobrece; cuanto más se mecaniza la producción, más se degradan sus condiciones de vida. La economía se ha convertido en una máquina insensible a la vida de los trabajadores. Al mundo real de los cuerpos, los deseos y las fatigas, el capitalismo superpone otro mundo: un universo deshumanizado donde lo único que se mueve es el dinero. «El dinero es el medio y el poder universales», escribe Marx al final de sus *Manuscritos*. Estamos ante una de las denuncias más enérgicas de lo que significa haber transformado el mundo en algo radicalmente inhumano. En estos textos se empieza a perfilar la anatomía de una sociedad y un modo de producción que alcanzará su trazo más vigoroso y pleno en *El capital*, la obra cumbre de Marx.

DATO CURIOSO

La miserable situación de la clase obrera

Para saber contra qué realidad luchaba exactamente Marx, basta con leer un puñado de fragmentos de *La situación de la clase obrera en Inglaterra* de Friedrich Engels. Hijo de un fabricante alemán, Engels fue enviado por su padre a Manchester para familiarizarse con la vida de aquella ciudad industrial. Allí conoció de primera mano la realidad de la población trabajadora, denunciada en este libro, en el que abundan los detalles sobre las condiciones de trabajo, la adulteración de alimentos y las deficiencias de la vivienda obrera. Con estos términos tan crudos describe la vida de alguno de los barrios en los que se amontona la clase trabajadora:

> A menudo, a decir verdad, la miseria habita en callejuelas escondidas, junto a la de los palacios de los ricos; pero, en general, tiene su barrio aparte, donde, desterrada de los ojos de la gente feliz, tiene que arreglárselas como pueda. En Inglaterra estos *barrios feos* están más o menos dispuestos del mismo modo en todas las ciudades; las casas peores están en la peor localidad del lugar; por lo general, son de uno o dos pisos, en largas filas, posiblemente con los sótanos habitados, e instalados irregularmente por doquier. Estas casitas, de tres o cuatro piezas y una cocina, llamadas cottages, son en Inglaterra, y con la excepción de una parte de Londres, la forma general de la habitación de toda la clase obrera. En general, las calles están sin empedrar, son desiguales, sucias, llenas de restos de animales y vegetales sin canales de desagüe y, por eso, siempre llenas de fétidos cenagales. Además, la ventilación se hace difícil por el defectuoso y embrollado plan de construcción, y dado que muchos individuos viven en un pequeño espacio, puede fácilmente imaginarse qué atmósfera envuelve a estos barrios obreros.[4]

EL FETICHISMO DE LA MERCANCÍA

El capital constituye uno de los análisis más críticos y profundos que se hayan hecho jamás del funcionamiento de la sociedad capitalista. El retrato que Marx nos ofrece del capitalismo, a partir de todo tipo de documentos estadísticos e informes oficiales, así como de periódicos y autores nada sospechosos de anticapitalistas, es realmente desgarrador. Pero conviene tener en cuenta dos cosas. Primero, que las descripciones empleadas por Marx no pretenden sacudir conciencias, sino fundamentar sus tesis sobre el modo de producción capitalista. No hay que olvidar que estamos en un momento histórico en el que las máquinas no alivian las condiciones de trabajo y la lucha por la duración de la jornada laboral es un componente crucial de la explotación obrera. Segundo, por muy crítico que sea Marx con el sistema capitalista, *El capital* constituye una «crítica a la economía política», es decir, hay un intento de revisar algunos conceptos básicos de lo que hasta entonces había sido la economía clásica. Esto significa que debe pensarse en términos radicalmente nuevos lo que hasta ese momento se había defendido acerca del mundo de las mercancías.

El objetivo de Marx es iluminar qué tipo de implicaciones básicas lleva consigo la mercancía. Hay que examinar lo que sabemos de ella, pero, sobre todo, lo que oculta y enmascara. La mercancía no es una cosa cualquiera, pero es que, además, no todos los objetos producidos son mercancías: posee una diferencia específica, una cualidad esencial, un secreto. Dice Marx que hay algo en ella que la hace parecer «fantasmagórica», «enigmática», «misteriosa», «mística», como si no pudiéramos adoptar ante ella más que una posición reverencial, de sumisión, de acatamiento. Cuando nos acercamos a la mercancía de una manera ingenua y superficial, tan sólo advertimos el conjunto de sus propiedades «naturales», es decir, vemos directamente un objeto que satisface una necesidad nuestra (por ejemplo, tomamos coca-cola porque creemos efectivamente que nos sacia la sed o que produce el efecto de calma deseado, al igual que el agua, la cerveza o el vino). Sin embargo, una mirada más atenta a la mercancía nos muestra qué tipo de cualidades encubre:

> Si los objetos útiles adoptan la forma de mercancías es, pura y simplemente, porque son *productos de trabajos privados independientes los unos de los otros*. El conjunto de estos trabajos privados forma el trabajo colectivo de la sociedad. Como los productores entran en contacto social al cambiar entre sí los productos de su trabajo, es natural que el carácter específicamente social de sus trabajos privados sólo resalte dentro de este intercambio. También podríamos decir que los trabajos privados sólo funcionan como eslabones del trabajo colectivo de la sociedad por medio de las relaciones que el cambio establece entre los productos del trabajo y, a través de ellos, entre los productores. Por eso, ante estos, las relaciones sociales que se establecen entre sus trabajos privados *aparecen* como lo que son; es decir, no como relaciones directamente sociales de las personas en sus trabajos, sino como *relaciones materiales entre personas* y *relaciones sociales entre cosas*.[5]

Pese a la dificultad del texto, Marx nos está transmitiendo dos cosas cruciales. Primero: que la mercancía adopta una forma que nos impide ver que es el resultado de un trabajo humano; aparece como algo con valor propio, natural, completamente separado de lo que haya podido intervenir en su producción. Segundo: que los productos se vuelven mercancías porque se realizan de manera privada. El pastelero no tiene la menor idea de cuánto producirá el fabricante de receptores de radio, ni le interesa. Tampoco le importa saber si la gente realmente necesita pasteles. Como cualquier otro productor de mercancías, se dedica a elaborarlas con absoluta indiferencia respecto de las necesidades de las personas o, mejor dicho, estas necesidades sólo le interesan en tanto medio para vender. Lo que quiere es acumular dinero y por eso vende pasteles a los demás. Al igual que el pastelero, cada productor de mercancías ejerce su actividad de manera independiente. Sólo cuando llega al mercado, adquiere el producto de su trabajo una dimensión social.

Marx explica que las personas comen, se visten y satisfacen sus necesidades esenciales a través del mercado. De modo que las mercancías son las verdaderas protagonistas de la relación social más básica del capitalismo. Ahora bien, según Marx, hay un momento en el que las mercancías se desligan de quienes las han producido y pasan a marcar el compás de la producción. Ya no se produce para satisfacer las necesidades vitales de los individuos, sino que son las mercancías —y, en último término, el mercado— las que crean esas necesidades a los individuos. Es lo que se conoce como «fetichismo de la mercancía». El producto pasa a percibirse de manera independiente, mientras que la vida de los productores termina subordinada a la vida de las mercancías y en dependencia directa de ella:

> En las neblinosas comarcas del mundo religioso, los productos de la mente humana parecen figuras autónomas, dotadas de vida propia, en relación unas con otras y con los hombres. Otro tanto ocurre con los productos de la mano humana. A esto lo llamo el fetichismo que se adhiere a los productos del trabajo, no bien se los produce como mercancías, y que es inseparable de la producción mercantil.[6]

Cada vez que compramos o vendemos alguna cosa, quedamos prendados por el fetichismo de la mercancía. Nos relacionamos con esos objetos como si estuvieran animados, movidos por una misteriosa fuerza que nada tiene que ver con nosotros y a la que también acabamos sucumbiendo. Al final, bailamos al compás de la mercancía tal y como en el mundo religioso bailábamos al compás de la divinidad. En ambos casos nos olvidamos de que son productos creados por nosotros mismos. Podríamos tener la ilusión de que no fuera así y tratar de impedir que las mercancías no adquirieran esa vida propia que hemos descrito; podríamos creer que es posible imponerles nuestra voluntad y que, cuando vamos a comprar, somos nosotros los que en último término tomamos la decisión de hacer esa compra. Pero no hay que ser ingenuos, nos dice Marx. Si realmente eso fuera posible, las mercancías dejarían de ser lo que son: habría que sacarlas del mercado capitalista y convertirlas en simples medios para vivir. La idea fundamental es que mientras sea el mercado el que marque las necesidades de las personas, y no al revés, no hay manera de salir de la lógica de las mercancías; una red en la que todos estamos atrapados, tanto obreros como capitalistas. Por eso debemos comprender su mecanismo.

LA RISA DEL CAPITALISTA

El mérito de *El capital* es que Marx no se limita a presentarnos el capitalismo como un simple sistema económico, sino como un modo de producción tan absolutamente identificado con la realidad que no hay ninguna parcela de nuestra vida que no se vea de algún modo condicionada por él. El capitalismo rige de un modo decisivo nuestra manera de relacionarnos con el tiempo, nos fuerza a vivir como productores y consumidores y, lo que es más importante, nos convierte a nosotros mismos en mercancías. Para entenderlo basta analizar la fuerza de trabajo. Lo que Marx detectó en el siglo XIX cuando los obreros acudían a las puertas de las fábricas para pedir trabajo, hoy lo vemos claro en el propio diseño de nuestros currículums: en ellos señalamos nuestros conocimientos, aptitudes y competencias a fin de acreditar qué tipo de cualificación tenemos y a qué precio se nos puede contratar según la demanda de nuestro trabajo. Que haya un «mercado laboral» y que sea allí donde tengamos que vender nuestra fuerza de trabajo pone de manifiesto la primera verdad que nos señala *El capital*: nos hemos convertido en mercancías.

Marx nos recuerda que hubo un tiempo en que los trabajadores iban al mercado con el producto ya elaborado y allí lo cambiaban, pero no por dinero, sino por otros productos necesarios para su vida. En el sistema capitalista, ya no vendemos simplemente el producto de nuestro trabajo; tenemos a un nuevo personaje, un «propietario de mercancías», dispuesto a cambiar su dinero por nuestra fuerza de trabajo: es el capitalista. En su fábrica, este extraño personaje se pone a producir mercancías y las vende por lo que valen. Cumple aparentemente todas las leyes del mercado: entra invirtiendo dinero y luego lo recupera con un beneficio. Pero entonces, ¿dónde se produce el milagro de su revalorización?, ¿cómo obtiene resultados? Según Marx, el beneficio se obtiene porque lo que se paga por nuestra fuerza de trabajo siempre será inferior a lo que realmente cuesta. De ahí la risa del capitalista: después de habernos contratado, tiene los bolsillos más llenos que antes.

Esta es la principal singularidad de esa mercancía llamada fuerza de trabajo: nunca se paga por ella lo que realmente vale. Dado que el precio viene marcado por el mercado, siem-

pre llevará implícita la presencia de la «plusvalía», es decir, aquello que permite que el capitalista obtenga beneficios. La idea de Marx es que nunca nos van a pagar «lo justo» por nuestra fuerza de trabajo, porque de lo contrario el capitalista no ganaría dinero. Un ejemplo muy sencillo nos puede ayudar a entenderlo. Supongamos que A posee una máquina de hilar: si trabaja 8 horas con su máquina produce 25 metros de tela que le suponen 200 euros. Con esta cantidad de dinero podría subsistir una semana. Pensemos ahora en B, que no es dueño de las telas ni de las máquinas: él tiene que trabajar 10 horas en la fábrica para que le paguen también 200 euros. Aunque es una cantidad de dinero que le alcanza para vivir, tiene que trabajar dos horas adicionales. Quizá pudiera cubrir sus necesidades trabajando solamente 8 horas, pero el capitalista lo contrata por 10 y se apropia de esas otras dos horas que, a la larga, le supondrán más metros de tela para vender.

A esa utilización que hace el capitalista de la fuerza de trabajo por encima del tiempo necesario que esta debería trabajar, Marx la denomina «explotación de la fuerza de trabajo». El empleo de este término es de lo más apropiado, ya que «explotar» es precisamente lo que hacemos con las cosas cuando tratamos de sacarles el máximo rendimiento. Marx está pensando lo mismo cuando se refiere a la fuerza de trabajo. En un sistema capitalista, por muy generoso que se quiera ser con los trabajadores, siempre se acaba obteniendo una rentabilidad de ellos, aunque su salario esté muy por encima del sueldo mínimo.

Al margen de las objeciones e incomprensiones que sigue suscitando esta tesis, lo interesante aquí son las dos cuestiones filosóficas subyacentes: para Marx, el tema central no es solamente que el trabajo esté explotado, sino además que la explotación del trabajo en el capitalismo esté «naturalizada». La prueba es que los trabajadores nos vemos a nosotros mismos como si fuéramos dueños de nuestra fuerza de trabajo y perfectamente libres de intercambiarla con quien realmente queremos. Ahí está la trampa: ¿de qué sirve ser libres para vender nuestra fuerza de trabajo si al final resulta que estamos obligados a venderla para sobrevivir? ¿De qué libertad disponemos en el capitalismo contemporáneo, cuando hay tanta mano de obra innecesaria o, para ser más exactos, su necesidad ya no es indiscriminada y ha de regularse como cualquier mercancía del mercado?

Hay una segunda cuestión todavía más apasionante relacionada con esta mercancía que tiene el carácter de producir más valor de lo que vale en sí misma. Y es que la fuerza de trabajo, esa mercancía que el trabajador lleva inscrita en su propia piel, implica que, en esencia, la vida se reduce a tiempo. De hecho, esa y no otra es la verdadera forma del dinero. Cuando vendemos nuestra fuerza de trabajo, lo que estamos entregando en último término es tiempo. Esta es la verdadera moneda del capital: aquel tiempo que era o podía haber sido vida en el sentido más puro de la palabra, es ahora la vida del capital, el tiempo convertido en un bien rentable. De hecho, hoy en día vivimos el tiempo exactamente como lo vive el capitalismo: tratando desesperadamente de ganar tiempo al tiempo.

En todo caso, lo que Marx pretende denunciar es que bajo unas relaciones contractuales aparentemente «justas» y «libres», se ocultan cosas tan groseras como la explotación. En el capitalismo, las ideas de libertad y justicia enmascaran la realidad, puesto que incluyen necesariamente un caso específico que deja al descubierto su falsedad. Esa libertad que tiene el obrero de vender sin ningún tipo de coacción su propio trabajo en el mercado es justo lo contrario de la libertad real y efectiva: al vender su trabajo «libremente», el obrero pierde su libertad; el contenido real de ese acto libre de venta es la explotación. Y en este sentido se entiende que el enfrentamiento de clase se revele como algo inevitable, pues el capitalismo no puede existir sin dejar de rentabilizar la fuerza del trabajo.

Que el capital no sabe desarrollarse al margen de la plusvalía es algo que nos recuerda Marx en una fórmula magistral contenida en el tercer volumen de *El capital*, cuando dice: «El verdadero límite de la producción capitalista es el propio capital». Él mismo se encarga de revolucionar permanentemente sus propias condiciones de producción. Este es el único modo que tiene de resolver, una y otra vez, las crisis que van surgiendo en su desarrollo. Como dice Marx, esas crisis no son accidentes causados por errores superables, sino que le son intrínsecas. Pese a todo, nos sigue sorprendiendo que las haya, nos escandalizamos y pedimos cuentas a los gobernantes para que les pongan fin. Pero lo interesante es que las crisis forman parte del propio funcionamiento del capital y de su lógica histórica. Y en ello reside la paradoja propia del capitalismo, su recurso más eficiente: es un sistema capaz de transformar su límite en el origen de su poder. Cuanto más se «pudre» y más se agravan sus contradicciones, cuanto más evidentes son sus crisis, más debe revolucionarse a sí mismo para seguir riendo.

¿QUÉ HEMOS APRENDIDO?

Hegel es el primero en decir que la filosofía es historia, «pensamiento que se piensa a sí mismo». La discontinuidad de pareceres que nos muestra la historia de la filosofía, la mezcla de verdades que en ella intervienen, la suma de malentendidos, podría llevarnos a pensar lo contrario. Pero Hegel hace una lectura bien distinta: en cada momento el pensamiento vuelve sobre lo que ha pensado, lo deshace y comienza de nuevo, ofreciéndonos así la prueba de que lo que verdaderamente mueve a los filósofos es su empeño por decir la verdad, su deseo de recuperar la totalidad.

El mérito de Hegel reside en que da a esta historia su poder y presencia; entiende que la verdad sólo se alcanza de manera paulatina, a medida que se despliega en el tiempo y en los acontecimientos. Si existe una historia es porque el pensamiento no está conjuntado con la realidad, no ha conseguido su unidad. De ahí que Hegel se proponga poner fin a la historia de la filosofía, poner al pensamiento en el lugar que le es propio, reconciliarnos definitivamente con la realidad. Para ello cuenta con una máquina prodigiosa que le permitirá soldar los dos mundos. Gracias a la dialéctica, podemos decir todo lo que hay que decir sin dejarnos nada. Y gracias a ese mecanismo, descubrimos también que la historia en general tiene un sentido, una razón que no cesa de empujarla, un designio universal que subyace tras la infinita diversidad de los individuos, de las clases, de las épocas, de las culturas: el deseo del Espíritu por conocerse a sí mismo.

La filosofía de Marx es un intento de darle la vuelta a Hegel. Hasta ese momento se había insistido *ad nauseam* en que la conciencia determina la vida. El cambio radical que introduce Marx es su capacidad para demostrar justo lo contrario: que son nuestras condiciones de vida las que producen nuestras ideas, de modo que cualquier intento de pensarnos a nosotros mismos pasa en realidad por analizar cuáles son las condiciones materiales que organizan nuestras vidas.

En lugar de la marcha triunfante del Espíritu y de la reflexión abstracta y metafísica, la filosofía debe ser un modo de acción política, debe aspirar a transformar la historia. El objetivo es conseguir que desaparezca la explotación del hombre por el hombre, salir de este tiempo de servidumbres dominado por espejismos como la religión y, en gran medida, el fetichismo de la mercancía. La gran virtud de *El capital* es que nos muestra hasta qué punto muchas de nuestras maneras de pensar el mundo son, de hecho, un efecto directo del actual modo de producción capitalista. Esta inversión materialista realizada por Marx tendrá su continuidad en el pensamiento de Nietzsche: el superhombre nacerá de su decidido rechazo a otros fines que no sean los estrictamente terrenales; bajo un cielo todavía ensangrentado por la muerte de Dios, nos conminará a lograr la completa dominación de la Tierra. Pero antes de llegar a este punto habrá que arrojar la dialéctica al basurero de la historia y proclamar a los cuatro vientos que el reino de la verdad ha llegado a su fin.

¿QUÉ EMPEZAR A LEER DE HEGEL Y MARX?

Con paciencia, sin agobios y, sobre todo, sin malhumorarte, intenta adentrarte en ese fascinante universo que es *La feno-*

menología del espíritu. También puedes leer un texto bastante asequible de Hegel como son sus *Lecciones sobre la filosofía de la historia universal*. En cuanto a Marx, te sorprenderán *La cuestión judía* y los *Manuscritos*. Tampoco está de más que le eches un vistazo al *Manifiesto del Partido Comunista*.

Otras lecturas recomendables

Althusser, L., *Para leer «El Capital»*, México, Siglo XXI, 1973.

Bermudo, J. M., *Del ágora al mercado*, Batiscafo, 2015.

Buck-Morss, S., *Hegel y Haití*, Barcelona, Norma, 2005.

D'Hondt, J., *Hegel*, Barcelona, Tusquets, 2002.

Hyppolite, J., *Génesis y estructura de la Fenomenología del Espíritu*, Barcelona, Península, 1990.

Martínez Marzoa, F., *La filosofía de «El Capital»*, Madrid, Taurus, 1983.

Negri, A., *Marx más allá de Marx*, Madrid, Akal, 2001.

Zizek, Slavoj, *Menos que nada: Hegel y la sombra del materialismo dialéctico*, Madrid, Akal, 2015.

10

EL PROFETA QUE ABRAZABA LOS CABALLOS

UN PASEO TRÁGICO POR LAS CALLES DE TURÍN

El 3 de enero de 1889, Friedrich Nietzsche (1844-1900) abandona su casa de la calle Carlo Alberto, en Turín, para dirigirse al centro de la ciudad. Es una mañana radiante aunque probablemente gélida. En el transcurso de su paseo es testigo de una escena que le obliga a detenerse: un cochero está maltratando a su caballo que, exhausto, se niega a retomar la marcha. Nietzsche no puede permanecer pasivo ante lo que está presenciando. Irrumpe en la escena, rodea el cuello del caballo con los brazos y rompe a llorar como un niño. Lo que viene después es bien conocido: Nietzsche se derrumba, deja de hablar y poco a poco va enloqueciendo. Le esperan diez años de silencio radical hasta su muerte en 1900, justo en el cambio de siglo.

Aquella mañana, el mismo hombre que había incendiado la historia de la filosofía, el autor que «había partido en dos la historia del mundo» se parte a sí mismo tras ver aquel caballo maltratado en las calles de Turín. Sabemos que Nietzsche había trabajado intensamente en los meses anteriores a aquel fatídico suceso y que 1888 fue uno de los años más productivos en su trayectoria intelectual. Entre los diversos libros que publica entonces, se encuentra esa obra plena de sutilezas pero, en cierto modo, ya desquiciada que es *Ecce homo*. Que el desplome de Turín fuera la consecuencia natural de ese último año no es algo que podamos descartar, aunque nunca lo sabremos con certeza.

Aun así, nada impide que nos recreemos en la escena que debió de presenciar Nietzsche, cómo su mirada debió de clavarse en algún momento en los tristes ojos de aquel caballo. Podemos imaginarnos al cochero propinándole un sinfín de latigazos. El caballo está ahí, inmóvil; no puede ni quiere continuar la marcha, y, pese a todo, su amo sigue pegándole, una y otra vez, ebrio de ira: «¡Te he dicho que tires! ¡Tira!». El caballo no puede sacar fuerzas de flaqueza, así que el cochero vuelve a lanzar su brida sobre sus ojos llorosos, sin tregua alguna. Nietzsche, enardecido, acude en su auxilio y se abalanza sobre el caballo para poner fin al sufrimiento de ese animal indefenso. El desamparo de este ser vivo es lo que seguramente impulsa a Nietzsche a abrazarlo, como impulsado por un resorte automático, instintivo. Pero el desamparo es precisamente lo que excita y seduce a los que disfrutan pegando. Eso fue lo que vio Nietzsche: esa fiera que anida en todo humano, que se exalta con sólo oír los gritos de su víctima torturada, que es capaz de infligir un sinfín de tormentos, sin comprender en muchas ocasiones por qué lo hace.

Nietzsche era consciente de que ese instinto diabólico se puede sofisticar en instituciones mucho más refinadas. Sabía que la cultura en su conjunto es sólo una fachada decadente tras la cual opera en realidad la crueldad. Lo expuso en la mayoría de sus libros con esa musicalidad y ese lenguaje tan plástico y vigoroso que caracteriza su escritura; lo describió con toda crudeza en muchos de los fragmentos o aforismos que conforman su extensa obra. Pero tuvo que salir a la calle para presenciarlo y encararse directamente con ello. Lejos quedan ya aquellos sabios que en sus paseos nocturnos mira-

ban las estrellas. Ahora todo se ve a la luz del día y, en lugar de un hoyo, encontramos la vida en toda su desnudez. No deja de ser irónico que el día que Nietzsche se topó con la vida —esa vida desprovista de cualquier maquillaje— se desconectara definitivamente de ella, incapaz de soportarla.

UNA HISTORIA ÚTIL PARA LA VIDA

«Una sociedad no es libre de permanecer siempre joven. Cuanta más energía y audacia ponga para salir adelante, más rica será en fracasos, en deformidades, y más cercana estará la caída.» Estas palabras de Nietzsche ponen de manifiesto una de las ideas más recurrentes de su obra: si hay algo presente en toda sociedad o cultura, es justamente la inevitabilidad de la decadencia. Pocos autores lo proclamarán con la agilidad y la contundencia de su estilo. Hay un proceso de descomposición que amenaza con llevar a Occidente, paradigma por antonomasia de todo orden cultural, a su inevitable final. A diferencia de otros autores más melancólicos, Nietzsche anuncia este fin con encendido entusiasmo, pues considera que la decadencia es intrínseca a toda cultura y no tiene sentido lamentarnos por eso. «Al contrario, la razón exige que respetemos sus derechos.»

Esta reivindicación de la decadencia contiene un dardo que va dirigido contra la idea hegeliana de progreso. La historia es, desde su perspectiva, todo lo contrario al recorrido de un Espíritu que, tras mucho sufrimiento, alcanzará por fin la libertad. Para Nietzsche, no puede ser la odisea de una entidad abstracta e ideal que nada tiene que ver con nosotros, y en la que todo lo que sucede obedece a un destino prefijado. De ahí que nos ofrezca un nuevo concepto de historia que pueda ser verdaderamente útil para el género humano:

> Contempla el rebaño que paciendo pasa: no sabe qué significa el ayer ni el hoy, salta de un lado para otro, come, descansa, digiere, salta de nuevo, y así de la mañana a la noche y día tras día, atado estrechamente, con su placer o dolor, al poste del momento y sin conocer, por esta razón, la tristeza ni el hastío. Es un espectáculo difícil de comprender para el hombre —pues este se jacta de su humana condición frente a los animales y, sin embargo, contempla con envidia la felicidad de estos—, porque él no quiere vivir más que eso, vivir, como el animal, sin hartazgo y sin dolor. Pero lo pretende en vano, porque no lo quiere como el animal. El hombre pregunta acaso al animal: ¿por qué no me hablas de tu felicidad y te limitas a mirarme? El animal quisiera responder y decirle: esto pasa porque yo siempre olvido lo que iba a decir —pero de repente olvidó también esta respuesta y calló: de modo que el hombre se quedó sorprendido.[1]

Con estas reflexiones, Nietzsche inicia *Sobre la utilidad y perjuicios de la historia para la vida*, una compilación de cuatro textos en los que critica la cultura alemana, la opinión pública, el sentido histórico y la educación, entre otros temas. Su ataque se dirige en este caso hacia la ciencia histórica de la época. Según nos cuenta Nietzsche, el animal no sabe lo que es la historia y no parece necesitarla para su felicidad. Pero el ser humano es distinto: aunque querría vivir como el animal, se distingue de este por cuanto tiene un pasado y una conciencia que no le permite vivir «sin hartazgo» y «sin dolor». Si el pasado fuera simplemente ir dejando atrás lo que ya ha sido, estaríamos tan bien dotados para la felicidad como los animales. El problema es que no siempre podemos prescindir del pasado, sino que, en muchas ocasiones, nos definimos a partir de él, como si nuestra identidad no fuera más que el resultado de una vida que ha quedado congelada.

Nietzsche es consciente de que la sombra del pasado es muy alargada y que el peso de la tradición y la cultura tiene una influencia decisiva sobre nosotros. Podemos cantar himnos y ofrecer incienso y coronas a nuestros predecesores; o podemos negarnos a glorificar sus hechos y a sollozar ante un muro de lamentaciones. Pero no podemos ignorar la carga del pasado, dice Nietzsche, hay que considerarla en su conjunto y aceptarla tal como es. Sólo cuando afrontamos esto plenamente, comenzamos a hacer historia o, mejor dicho, nos damos una historia. Cualquier intento de manipular el pasado, de maquillarlo o embellecerlo para adaptarlo a nuestros intereses del presente constituye «una tentativa siempre peligrosa», porque tendemos a confundirlo con la verdad. Y si hay algo que se opone a la vida, según Nietzsche, es este intento de reducir el pasado, todo lo que ha ocurrido, a una única verdad.

La misma pretensión de los historiadores de referirse a algo que llamaríamos «hechos», como si estuviéramos ante unos datos cuya objetividad está fuera de duda, es igual de peligrosa. El error de la historiografía imperante es que sigue operando bajo la idea de que primero están los hechos y después se harán las interpretaciones. Pero sucede más bien al contrario: como partimos de unas interpretaciones concretas, seleccionamos aquellos hechos que mejor se adecúan a tales explicaciones. Nietzsche lo dice todavía más claro cuando asegura que «no hay hechos, sólo interpretaciones». No hay una sola manera de escribir la historia, sino que hay tantas «verdades» como perspectivas tengamos acerca del pasado. Nietzsche distingue así dos maneras de hacer historia: una se dedica a «constatar» y «describir» para explicar cómo fueron realmente las cosas; la otra parte de la base de que hay interpretaciones y permite tantas apreciaciones de la historia como quieran darse.

Habrá quien piense que cuando Nietzsche afirma que «todo es interpretación» está proponiendo algo así como que en la historia «todo vale». Pero lo que subyace tras esta fórmula es algo bien distinto. Nietzsche nos dice que la filosofía no puede dejar de interpretar la historia. Por eso no cabe seguir sosteniendo la supuesta neutralidad de los hechos, como si tuvieran por sí mismos una autoridad indiscutible. Nietzsche se niega a encerrar la realidad histórica en una totalidad definida de antemano, con un principio y un final predeterminados. De ahí que las interpretaciones que podamos hacernos de ella sean siempre parciales, provisionales, revisables; en fin, dependientes del punto de vista. Contrariamente a lo defendido por Hegel, la historia no ha llegado a su fin y tampoco apunta a una meta ideal: la materia de la que está hecha puede estar sujeta a infinidad de determinaciones, a miles de relatos y usos, ninguno de ellos necesario. Este es el único modo en que, según Nietzsche, podemos «utilizar el pasado para poder vivir, y hacer de lo ocurrido historia». Sólo cuando es capaz de acoger la extraordinaria variedad de lo sucedido y no reducirlo a una sola lectura puede la historia ser realmente útil para la vida.

PONGAMOS FIN AL REINO DE LA VERDAD

Según Nietzsche, el error de Hegel es haber creído que todo lo que ha ocurrido en la historia sólo se puede ver desde una perspectiva. La historia admite tantas perspectivas como interpretaciones y, lo que es más importante, no estamos obligados a identificar una de ellas con la verdad. Hasta ahora, el objetivo de la filosofía siempre había sido la búsqueda de la verdad. Con Nietzsche se empieza a denunciar, desmontar y superar ese objetivo aparentemente tan loable. ¿Y si todo eso que los filósofos han buscado no fuera más que un universo imaginario en el que refugiarse? ¿Y si la razón última de todo ello fuera su incapacidad para soportar el mundo tal como es? O, lo que es peor, ¿y si nos hubiéramos olvidado de que la verdad es una ficción que nos hemos inventado nosotros mismos? Esta es la terrible constatación que nos plantea Nietzsche:

> En algún apartado rincón del universo centelleante, desparramado en innumerables sistemas solares, hubo una vez un astro en el que animales inteligentes inventaron el conocimiento. Fue el minuto más altanero y falaz de la historia universal: pero, a fin de cuentas, sólo un minuto. Tras breves respiraciones de la naturaleza el astro se heló y los animales inteligentes hubieron de perecer. Alguien podría inventar una fábula semejante pero, con todo, no habría ilustrado suficientemente cuán lastimoso, cuán sombrío y caduco, cuán estéril y arbitrario es el estado en el que se presenta el intelecto humano dentro de la naturaleza.[2]

Así empieza el fragmento *Sobre verdad y mentira en sentido extramoral* de Nietzsche. Dos ideas destacan por encima de todo: la efímera irrelevancia del ser humano en el cosmos y su necesidad de fingir el conocimiento para sobrevivir... ¡aunque sólo sea un minuto! La imagen nos recuerda inmediatamente la anécdota de Tales. Pero ahora debemos representarnos la caída al pozo de otra manera. Para Nietzsche, lo que hace que los filósofos pierdan de vista el mundo es precisamente su soberbia. Estos inventores del conocimiento están convencidos de que los ojos del universo tienen puesta telescópicamente su mirada en nuestras obras y pensamientos. Ese orgullo es como «una niebla cegadora que los engaña sobre el valor de la existencia». Es también lo que les lleva a inventar todo tipo de ilusiones y fábulas para no admitir su insignificancia y el miedo que les inspira la vida:

> ¿Qué es entonces la verdad? Una hueste en movimiento de metáforas, metonimias, antropomorfismos; en resumidas cuentas, una suma de relaciones humanas que han sido realzadas, extrapoladas y adornadas poética y retóricamente y que, después de un prolongado uso, un pueblo considera firmes, canónicas y vinculantes; las verdades son ilusiones de las que se ha olvidado que lo son; metáforas gastadas y sin fuerza sensible, monedas que han perdido su troquelado y no son ahora ya consideradas como monedas, sino como metal.[3]

Nietzsche nos cuenta que hay un instante en que todas esas metáforas e invenciones se convierten en una verdad sólida y firme. Pero esa solidez es una ilusión. Desde el inicio de los tiempos nos hemos inventado grandes mentiras: dioses, infiernos, paraísos celestiales, etc. Pero nos hemos acostumbrado a tomar lo que antes era mentira por una verdad. Ha habido grandes mentiras a lo largo de la historia de la humanidad, y no todas son metafísicas: el Estado, la familia, la propiedad privada, el amor, el trabajo y, por supuesto, la verdad. Toda la filosofía de Nietzsche será un intento de liquidarlas, de licuar al máximo su solidez. Será un ajuste de cuentas, porque él sabe mejor que nadie que quien las ha inventado es el filósofo.

El «mundo de las ideas» es, sin ir más lejos, la gran mentira de la filosofía. Con Platón, los filósofos han forjado la imagen de una verdad inmutable, fija, ubicada en un mundo distinto del nuestro, donde nada se degrada y todo se mantiene idéntico. Nietzsche lo considera no sólo una mera ilusión, sino además la señal de una especie de enfermedad profunda. Al concebir «el mundo de las ideas», al crearlo conforme a sus instintos debilitados, enfermos y decadentes, los filósofos no han hecho otra cosa que apartarse y evitar el mundo real: el mundo del cambio perpetuo, de las fuerzas enfrentadas y de los conflictos incesantes. Al inventarse un reino de verdades inmutables, han forjado una poderosa ficción. Pero Nietzsche nos recuerda que estas verdades, por muy complacientes, útiles, ingeniosas o despreciables que nos parezcan, no dejan de ser mentiras.

UN GRAN ENFERMO LLAMADO SÓCRATES

Detrás de Platón y su «mundo de las ideas», se halla la arrogancia de los sabios, su deseo de monopolizar el terreno de la verdad y de establecer una relación de dominio. Si hay algo que constituye el enemigo supremo para Nietzsche, el sentido de su combate y su lucha radical, es esa obsesión que han tenido los filósofos desde el principio por ningunear la vida y subyugarla al imperio de la razón.

En el *Crepúsculo de los ídolos* encontramos condensado el núcleo de toda esta crítica. Según Nietzsche, los filósofos se han dedicado a presentar la razón como un modo de conocimiento cuando en realidad es un instrumento de ordenación y legislación; nos han hecho pensar que lo que la movía era su voluntad de conocer la verdad, cuando resulta que lo único que la empuja es su voluntad de poder. De este modo se nos presenta a la razón y la verdad como contrarias a la vida y aliadas del poder. En el fondo, lo que hacen es excluir la vida espontánea y conforme a los instintos para servir a un tipo de vida enferma y decadente. Sirven a un amo que Nietzsche simboliza en Sócrates:

> Con Sócrates el gusto griego da un vuelco a favor de la dialéctica: ¿qué es lo que ocurre aquí propiamente? Ante todo, con esto queda vencido un gusto aristocrático; con la dialéctica la plebe se sitúa arriba. Antes de Sócrates la gente, en la buena sociedad, repudiaba los modales dialécticos; eran considerados como malos modales, comprometían a uno. A la juventud se la prevenía contra ellos. También se desconfiaba de toda exhibición semejante de las propias razones. Las cosas honestas, lo mismo que los hombres honestos, no llevan sus razones de la mano de este modo. Es indecoroso mostrar los cinco dedos. Poco valioso es lo que necesita ser probado. En todo lugar donde la autoridad sigue formando parte de la buena costumbre y lo que se da no son «razones», sino órdenes, el dialéctico es una especie de payaso: la gente se ríe de él, no lo toma en serio: ¿qué ocurrió aquí propiamente?[4]

Nietzsche se pregunta cómo es posible que una cultura tan brutalmente aristocrática, tan altiva, tan celosa de sus costumbres, de su sentido de las distancias y de su educación en la discreción como era la griega, se haya dejado fascinar por Sócrates, el «hombre de pueblo», el «hombre feo» que exhibe vulgarmente sus razones, el dialéctico que se esfuerza sin piedad en poner al pueblo ateniense en contradicción consigo mismo. En este ídolo que es Sócrates, sacralizado por más de dos mil años de veneración, Nietzsche ya no ve al padre de la filosofía, sino al iniciador de la decadencia griega. Está harto de celebrar en Sócrates al hombre que aseguró el triunfo de la razón; ese sabio que «hacía temblar y llorar a los jóvenes más arrogantes»; ese hombre que, por su afán dialéctico, constituyó el disolvente más poderoso del gusto aristocrático. Para Nietzsche, Sócrates simboliza el triunfo de la razón despótica, cuyo único fin es dominar, aplacar, arruinar los argumentos del contrario. Ante un maestro de la dialéctica como Sócrates, la tesis que se quiera defender es lo de menos: si el interrogado adopta una tesis, Sócrates destruirá esa tesis, y si escoge la contraria, también la destruirá. Su único objetivo es subyugar al interrogado, probar ante el pueblo que el intelecto de su adversario es el de un idiota. De ahí que Sócrates se dedique a demoler las tesis de sus oponentes sin ofrecer ninguna alternativa: quiere que experimenten su impotencia y, al mismo tiempo, dejarles desamparados. En esto consiste el disfrute peculiar de Sócrates, ese dialéctico ruidoso que se regodea mofándose de la ineptitud e incompetencia de los nobles atenienses.

Sin embargo, el hecho de que la dialéctica tenga un componente embaucador entre los griegos es lo que impide, según Nietzsche, que Sócrates sea tomado por un payaso. Si Aristófanes emplea la comedia para mofarse de Sócrates, equiparándolo al más mediocre de los sofistas, Nietzsche en cambio no tiene a su disposición más que el martillo. Hay que derribar y golpear este gigantesco tótem llamado Sócrates, a este fanático de la razón cuyo desprecio por la vida y los instintos no tiene límites:

> He dado a entender con qué cosas fascinaba Sócrates: parecía ser un médico, un salvador [...]. Sócrates fue un malentendido: la moral toda del mejoramiento, también la cristiana, ha sido un malentendido [...]. La luz diurna más deslumbrante, la racionalidad a cualquier precio, la vida lúcida, fría, previsora, consciente, sin instinto, opuesta a los instintos, todo esto era sólo una enfermedad distinta —y en modo alguno un camino de regreso a la «virtud», a la «salud», a la felicidad [...]. Tener que combatir los instintos, esa es la fórmula de la *décadence*: mientras la vida asciende es felicidad igual a instinto.[5]

Lo que Nietzsche critica de Sócrates es precisamente su apuesta por «la racionalidad a cualquier precio». En esa opción hay una visión del mundo «fría, previsora, consciente» que anticipa los rasgos del racionalismo científico, instrumental, y su obsesión por construir un tipo de vida reducido al orden, al cálculo, a la utilidad, a la seguridad y a la monotonía. Los valores encarnados por este modelo de vida se oponen radicalmente a todo lo que defiende Nietzsche: una vida que aspire siempre a su superación, a potenciar la libre aparición de lo nuevo, a confiar en lo inesperado, los instintos y el genio. En realidad, el conflicto que plantea Nietzsche entre razón y vida encubre un conflicto más esencial entre dos formas de vivir: o conforme al deber, o conforme al deseo. No hay términos medios: en el primero caso, optamos por la impotencia, es decir, una vida controlada por la moral, la religión y la metafísica; en el segundo, abrimos de par en par las puertas de la verdadera vida y la acogemos con todas sus consecuencias. Pero para ello hay que cometer un crimen: rematar a Dios.

¡DIOS HA MUERTO! ¡Y LO HEMOS MATADO NOSOTROS!

Acabar con Dios no es tarea fácil porque, como decía Baudelaire, Dios es el único ser que no necesita existir para seguir reinando. Nietzsche sabe que no estamos ante un adversario cualquiera. El blanco inicial de sus críticas es, por supuesto, el Dios de la religión y, en particular, el del cristianismo, ese «platonismo para el pueblo» que se ha encargado de construir un «trasmundo», un espacio celestial y divino separado de nuestra realidad terrenal. Pero Dios es mucho más que esto. Cometeríamos un grave error si lo confundiéramos con una entidad trascendente. Y seríamos tremendamente ingenuos si identificáramos la muerte de Dios con la simple pérdida de la fe. De ser así, nos pareceríamos mucho a los que vieron llegar un día a ese loco de la linterna que Nietzsche nos presenta en uno de los pasajes más memorables de *La gaya ciencia*:

> ¿No habéis oído hablar de aquel loco que, con una linterna encendida en pleno día, corría por la plaza y exclamaba continuamente: «¡Busco a Dios! ¡Busco a Dios!»? Y como precisamente se habían juntado allí muchos que no creían en Dios, provocó una gran hilaridad. ¿Se te ha perdido?, dijo uno. ¿Se ha extraviado como un niño?, dijo otro. ¿No será que se ha escondido en algún sitio? ¿Nos tiene miedo? ¿Se ha embarcado? ¿Ha emigrado? Así gritaban y se reían a un tiempo. El loco se lanzó en medio de ellos y les echó penetrantes miradas. «¿Dónde está Dios? —exclamó—; ¡os lo voy a decir! ¡Nosotros lo hemos matado, vosotros y yo! ¡Todos somos unos asesinos! Pero ¿cómo lo hemos hecho? ¿Cómo hemos podido vaciar el mar? ¿Quién nos ha dado la esponja para borrar completamente el horizonte? ¿Qué hemos hecho para desencadenar a esta tierra de su sol? ¿Hacia dónde rueda esta ahora? ¿Hacia qué nos lleva su movimiento? ¿Lejos de todo sol? ¿No

nos precipitamos en una constante caída, hacia atrás, de costado, hacia delante, en todas direcciones? ¿Sigue habiendo un arriba y un abajo? ¿No erramos como a través de una nada infinita? ¿No sentimos el aliento del vacío? ¿No hace ya frío? ¿No anochece continuamente y se hace cada vez más oscuro? ¿No hay que encender las linternas desde por la mañana? ¿No seguimos oyendo el ruido de los sepultureros que han enterrado a Dios? ¿No seguimos oliendo la putrefacción divina? ¡Los dioses también se corrompen! ¡Dios ha muerto! ¡Dios está muerto! ¡Y lo hemos matado nosotros!»[6]

Gracias a este pasaje, entendemos por qué la «muerte de Dios» constituye un gran acontecimiento. El loco que lleva la lámpara ve lo que aquellos presuntos ateos son incapaces de ver: que Dios es una invención humana y que, como tal, se va metamorfoseando y ocultando tras diversas máscaras. Llegado un momento, los hombres asesinan a Dios, es decir, dejan de creer en él. Pero el loco, a diferencia de los que se encuentran en la plaza y se ríen de él, sabe que Dios no es solamente esa figura antropomórfica que todos conocemos. Es también la realidad que hasta ahora daba fundamento y sentido a nuestro mundo. Todo lo que nos permitía conferir valor a la vida. La verdad que anuncia el loco es justamente el fin de todo lo que hasta ese momento nos daba una razón de ser. Una verdad incomprendida, que provoca la burla de la ciudad, tal como le ocurre al filósofo descrito por Platón, que, deslumbrado todavía por la luz del sol, regresa a la caverna tras contemplar el mundo de las ideas. Al loco de la linterna le pasa exactamente lo mismo: nadie puede entender el significado de su relato; nadie es consciente de lo que verdaderamente está en juego; nadie se da cuenta de lo que está pasando.

Tal vez el anuncio del loco ha llegado demasiado pronto para los demás, que no lo escuchan ni lo comprenden. Dios ha muerto, y somos nosotros quienes lo hemos matado, aunque no podamos comprender lo que esto significa. Hemos dejado de creer en Dios, pero eso no implica que nos hayamos liberado del miedo, de la superstición y del temor. Sabemos que no iremos al infierno y, sin embargo, seguimos sintiéndonos culpables cuando hacemos algo malo. No creemos en la religión, pero cuando nos sucede una desgracia, rogamos a una divinidad desconocida para salir de ella. Esto es precisamente lo que ve el loco: hemos matado a Dios, pero el hedor de su cadáver continúa produciendo efectos. Por muy ateos que nos declaremos, seguimos comportándonos como creyentes. Por muy cínicos que seamos, sigue habiendo valores que nos constituyen y que no cuestionamos. Cuando la ciudad ríe, sólo el loco es capaz de decir esta verdad. ¿Se puede añadir algo más?

DATO CURIOSO

La santísima trinidad: Lou Andreas-Salomé, Paul Rée y Friedrich Nietzsche

Mucho se ha escrito acerca de la vida amorosa de Nietzsche, y cualquier biografía que se precie tomará la relación de amistad con Lou Andreas-Salomé y Paul Rée como un momento decisivo en la vida y la obra del autor. Se dice que si Nietzsche consiguió escribir *Así habló Zaratustra* fue a causa del dolor que le provocó que Lou Andreas-Salomé rechazara su petición de matrimonio. No obstante, al margen del sufrimiento de Nietzsche y de su resentimiento hacia Salomé tras el rechazo de su propuesta matrimonial —«nunca he conocido a una persona más pobre que tú»—, lo cierto es que Salomé, Rée y Nietzsche mantuvieron una intensa amistad que duraría varios meses. Se plantearon incluso vivir los tres juntos, algo completamente insólito para la época y que fue rechazado tanto por la familia de Nietzsche como por la de Salomé. Se hacían llamar «la trinidad» y gustaban de la conversación, especialmente acerca de la moral y de Dios. Una curiosa fotografía inmortaliza su amistad a tres bandas. Nietzsche y Rée aparecen en el extremo de un carro, como si fueran los burros que lo arrastraban, mientras que Salomé posa sentada en el pescante, con una fusta en la mano.

EL MENSAJE DE ZARATUSTRA

Para Platón era obvio que el filósofo debía transmitir un mensaje a los prisioneros de la caverna. Esa misión última era precisamente el mejor modo de combatir su parálisis contemplativa. Sabía que no debía dejarse seducir por la luz embriagadora del mundo de las ideas, sino que debía regresar y transmitir a los demás el afán de seguir buscando la verdad. En Nietzsche, por el contrario, la verdad es sólo una fachada, una máscara con la que ocultar una serie de intereses, pasiones y venganzas. Como ya no se puede predicar ninguna verdad, necesitamos un nuevo mensaje. Nietzsche se encargará de transmitirlo en *Así habló Zaratustra*, la más famosa de sus obras, mediante un recurso parecido al del mito de la caverna:

> Cuando Zaratustra llegó a la primera ciudad, situada al borde de los bosques, encontró reunida en el mercado a una gran muchedumbre: pues estaba prometida la exhibición de un volatinero. Y Zaratustra habló así al pueblo:
>
> Yo os enseño el superhombre. El hombre es algo que debe ser superado. ¿Qué habéis hecho para superarlo?
>
> Todos los seres humanos han creado hasta ahora algo por encima de sí mismos: ¿y queréis ser vosotros el reflujo de ese gran flujo y retroceder al animal más bien que superar al hombre?
>
> ¿Qué es el mono para el hombre? Una irrisión o una vergüenza dolorosa. Y justo eso es lo que el hombre debe ser para el superhombre: una irrisión o una vergüenza dolorosa.
>
> Habéis recorrido el camino que lleva desde el gusano hasta el hombre, y muchas cosas en vosotros continúan siendo gusano. En otro tiempo fuisteis monos, y también ahora es el hombre más mono que cualquier mono.
>
> Y el más sabio de vosotros es tan solo un ser escindido, híbrido de planta y fantasma. Pero ¿os mando yo que os convirtáis en fantasmas o en plantas?

> ¡Mirad, yo os enseño el superhombre!
>
> El superhombre es el sentido de la tierra. Diga vuestra voluntad: ¡sea el superhombre el sentido de la tierra![7]

Como puede verse, no estamos ante un tratado ni ante pensamientos expuestos de manera argumentada. *Así habló Zaratustra* está compuesto por una serie de relatos donde el pensamiento filosófico se encuentra perfectamente hilvanado con la poesía. Entre las enseñanzas impartidas por este profeta ideado por Nietzsche está el célebre superhombre. Por supuesto, aquí no se está anunciando la llegada de un hombre superior a los demás en virtud de su raza, sangre o cualquier otra cualidad asociada con el nazismo. Al contrario, su evangelio anuncia la superación de lo humano. Se refiere, pues, a una transformación decisiva de la vida humana en el futuro. Como dice Zaratustra: «El superhombre es el sentido de la tierra». Lo que reivindica es el retorno a la materia y al «aquí abajo» de la vida; nos impele a renunciar a todos aquellos fines que no sean estrictamente terrenales.

Zaratustra no se limita a predicar la rebelión contra todos los ideales, la subversión de todos los valores. Completa su mensaje con otro más esperanzador: la posibilidad de crear un mundo nuevo en el que, liberados por fin del deber y las reglas morales, seamos capaces de amar la vida. Ahora que hemos desmitificado el más allá, el superhombre se nos presenta como el único creador: «Muertos están los dioses: ¡de ahora en adelante queremos que viva el superhombre!, que esta sea, en el gran día, nuestra suprema voluntad». Este momento exaltado y audaz de la insurrección humana contiene en Nietzsche una llamada a la afirmación, a la autodeterminación, a querernos a nosotros mismos. Nos muestra asimismo el deseo de una filosofía que ansía liberarse de Dios, pero también de la culpa, del pecado y de cualquier efecto asociado al hedor de su cadáver. El riesgo, la audacia, el coraje, la resistencia, la tenacidad..., serán sólo algunos de los atributos que definan al superhombre. Con Nietzsche, la filosofía deja de mirar hacia las estrellas y se embarca en esta superación de lo humano llamada a conquistar la tierra y a amar la vida hasta el infinito.

¿QUÉ HEMOS APRENDIDO?

Nietzsche es el autor que se encarga de lanzar contra la idea de verdad las mayores sospechas. Su ataque es brutal, hasta el punto de llegar a proclamar que la verdad es una ilusión necesaria para nosotros: una mentira que hemos olvidado que es mentira. Como sugiere Nietzsche, el deseo de verdad es la gran ficción que ha construido la historia de la filosofía para enmascarar su verdadero deseo de dominación.

En consonancia con su profundo y radical rechazo de la idea de verdad, se encuentra también su cuestionamiento de la racionalidad. Nietzsche adopta una posición visceralmente antirracionalista. *Sobre verdad y mentira en sentido extramoral* propina de forma sintética pero contundente uno de los golpes más letales al concepto mismo de la razón. A través de sus conceptos, sus reglas y criterios, la racionalidad le pone a la vida una camisa de fuerza que le impide desplegarse. En último término, es un instrumento para sobrevivir a costa de la vida, una posición defensiva con la que obtener protección y seguridad frente a lo nuevo y lo imprevisto. Y si esta estrategia está presente en el lenguaje que empleamos en nuestra vida cotidiana, donde aparece como una red protectora, ¡qué no va a suceder cuando interviene la filosofía!

Nietzsche ataca ferozmente esa tendencia filosófica a creer

que la razón de ser de todas las cosas tiene necesariamente que estar fuera de ellas, en realidades eternas y trascendentes. Este hábito del pensamiento es especialmente dañino cuando se refiere a valores o criterios que determinan nuestra relación con el mundo. Porque logra hacernos olvidar que nociones como lo verdadero o lo bueno son ficciones arbitrarias creadas por nosotros mismos para que la vida nos resulte más fácil. El nihilismo surge cuando nos percatamos de esta situación, es decir, cuando eso que llamábamos valores supremos dejan de ser válidos para nosotros.

Los ateos que Nietzsche describe en *La gaya ciencia* han asesinado a Dios, pero siguen aferrados a la idea de que la vida tenga necesariamente un sentido. En el fondo, se niegan a aceptar ese mundo que viene después de la muerte de Dios. No son conscientes del paso que todavía deben dar. Esta será la verdad que Nietzsche predicará en *Así habló Zaratustra*. El superhombre se convertirá en la exigencia más poderosa del mundo: el emblema de una vida que, alejada de todo ideal, realmente se quiere a sí misma.

¿QUÉ EMPEZAR A LEER DE NIETZSCHE?

Si sólo pudieras llevarte un libro de Nietzsche a una isla desierta, no lo dudes: *La genealogía de la moral*.

Otras lecturas recomendables

Andreas-Salomé, L., *Friedrich Nietzsche en sus obras*, Barcelona, Minúscula, 2005.

Deleuze, G., *Nietzsche y la filosofía*, Barcelona, Anagrama, 1971.

Fink, E., *La filosofía de Nietzsche*, Madrid, Alianza, 1996.

Heidegger, M., *Nietzsche*, Madrid, Ariel, 2013.

Safranski, R., *Nietzsche, biografía de su pensamiento*, Barcelona, Tusquets, 2002.

QUIEN RÍE EL ÚLTIMO...

Comenzamos nuestro viaje con una imagen: la del sabio que, embobado con los astros en la oscuridad, fue incapaz de mirar dónde ponía los pies y cayó torpemente en un hoyo. También tenemos a la esclava que observó la escena, cuya risa no ha dejado de oírse a lo largo de la historia. Al finalizar nuestro viaje, nos encontramos con una figura muy distinta, el superhombre, una llamada a olvidarnos del cielo y a reapropiarnos de la tierra, a liberarnos de los ideales y de las grandes palabras, a desprendernos de nuestros deberes y responsabilidades, a pensar y desear por nosotros mismos, lejos de todas esas ficciones a las que nos han sometido en nombre de la verdad.

Nietzsche lo resume perfectamente en una escena terrorífica, pero al mismo tiempo conmovedora de *Así habló Zaratustra*: «Y, en verdad, lo que vi no lo había visto nunca. Vi a un joven pastor retorciéndose, ahogándose, convulso, con el rostro descompuesto, de cuya boca colgaba una pesada serpiente negra. Mi mano tiró de la serpiente, tiró y tiró: ¡en vano! No conseguí arrancarla de allí. Entonces se me escapó un grito: "¡Muerde!, ¡muerde!, ¡arráncale la cabeza!, ¡muerde!"». Al ver ese terrible espectáculo, Zaratustra sintió una mezcla de horror, asco y pena. Pero todo eso cambió repentinamente cuando el joven pastor mordió con fuerza, separó la cabeza de la serpiente, la escupió y se puso a reír con una risa que Zaratustra siempre recordará.

Nuestro viaje empezó con Tales porque algunos se rieron a su costa y termina con la risa del superhombre, aquel que ha descubierto que ya no necesita del auxilio de los dioses ni de las verdades de los filósofos. La risa de la muchacha tracia sigue recordándonos que la filosofía es una cosa excéntrica, rara, anómala, obligada a bascular entre dos mundos que están muy lejos de haber desaparecido. De ahí que podamos ponernos del lado de la criada y reírnos con ella cuando vemos que la filosofía y los filósofos se han quedado ensimismados en su propio mundo. La risa del superhombre también contiene una lección decisiva: nos invita a matar todo lo que nos impide vivir. El problema de esa risa es que es insostenible: sólo dura un instante antes de convertirse en el humo de un recuerdo. Aunque Dios esté muerto, vendrán nuevos dioses a los que estaremos dispuestos a entregar nuestras vidas: el Trabajo, la Familia, el Dinero, el Estado, la Identidad... Podríamos pensar que con el superhombre nuestro viaje ha llegado a su fin. Pero, afortunadamente, tenemos filosofía para rato.

NOTAS

1. Sócrates y Platón: del pozo a la fosa

1. Platón, *Apología de Sócrates,* 20d-21d, Madrid, Gredos, 1997, págs. 153-155.

2. Ibíd., 30e-31a, pág. 169.

3. Platón, *El banquete,* 215d, Madrid, Alianza, 1995, pág. 104.

4. Ibíd., 218d-219a, pág. 108.

2. Aristóteles y Epicuro: el cosmos se erotiza

1. Aristóteles, *Política,* 1259a 9-18. Citado por H. Blumenberg, *La risa de la muchacha tracia*, Valencia, Pre-Textos, 2000, pág. 37.

2. Aristóteles, *Metafísica*, 982b, págs. 11-32. Citado por Víctor Gómez Pin, «Aristóteles», en J. M. Bermudo (comp.), *Los filósofos y sus filosofías*, vol. 1, Barcelona, Vicens Vives, 1983, págs. 67-68.

3. Hermann Usener, *Epicurea*, 221, en *Epicuro, Obras*, Madrid, Gredos, 2007, pág. 177.

4. Epicuro, *Máximas capitales*, 54, en *Epicuro, Obras*, Madrid, Tecnos, 2008, pág. 83.

5. Diógenes Laercio, *Vidas de los filósofos,* X, 122, «Epicuro», Madrid, Alianza, 1981, pag. 141.

6. Hermann Usener, *Epicurea*, 117.

7. Ibíd., 163.

8. Diógenes Laercio, X, 131, pág. 143.

9. Hermann Usener, *Epicurea*, 361.

10. Diógenes Laercio, X, 124-125, págs. 141-142.

3. Escuelas filosóficas en tiempos de indigencia

1. Diógenes Laercio, IX, 62, en *Vidas y opiniones de los filósofos ilustres*, Madrid, Lucina, 2010, pág. 350.

2. *Pístis Sophía*. Citado por H. Jonas, *La religión gnóstica*, Madrid, Siruela, 2003, pág. 112.

3. Ireneo de Lyon, *Contra las herejías,* I, 21, 4. Citado por E. R. Dodds, *Cristianos y paganos en una época de angustia*, Madrid, Cristiandad, 1975, pág. 195.

4. Séneca, *Epístola a Lucilio*, 41. Citado por J. Taubes, *Escatología occidental*, Buenos Aires, Miño Dávila, 2010, pág. 87.

5. Epicteto, *Enquiridion*, I, 1, Barcelona, Anthropos, 1991, pág. 3.

6. Marco Aurelio, *Pensamientos*, III, 1, Buenos Aires, Losada, 2007, pág. 28.

7. Marco Aurelio, *Pensamientos*. Citado por S. Zizek, *Menos que nada*, Madrid, Akal, 2015, pág. 43.

8. Plotino, *Enéadas* I, 6, 9. Citado por E. Panofsky, *Idea*, Madrid, Cátedra, 2014, pág. 27.

9. Ibíd., I, 6, 8-9.

10. *Enéada* VI, 7, 34 y sigs.

4. San Agustín y Boecio: la cristianización del mundo

1. San Agustín, *Confesiones*, X, 3-4, Barcelona, Altaya, 1993.

2. Ibíd. VIII, 5.

3. Ibíd. X, 23.

4. San Agustín, *De moribus ecclesiae et de moribus Manichaeorum*, I, 38. Citado por H. Blumenberg, *Die theoretische Prozess der Neugierde*, Frankfurt, 1973, pág. 111.

5. San Agustín, *Confesiones*, X, 16, 277-278.

6. Ibíd., VII, 5.

7. Boecio, *La consolación de la filosofía*, Madrid, Akal, 1997, págs. 108-109.

8. Ibíd., pág. 175.

9. Ibíd., pág. 139.

10. Así lo recoge José M. González García en *La diosa Fortuna: Metamorfosis de una metáfora política*, Madrid, Antonio Machado Libros, 1986, págs. 75-76.

5. Ockham: el nombre de la risa

1. U. Eco, *El nombre de la rosa*, Barcelona, Lumen, 1983, págs. 37-39.

2. Ibíd., págs. 252-253.

3. Ibíd., pág. 41.

4. Ibíd., págs. 595-596.

6. Modernos en busca del orden perdido

1. R. Descartes, *Meditaciones metafísicas y otros textos*, § 1, Madrid, Gredos, 1987, pág. 15.

2. Ibíd., § 1, págs. 19-20.

3. Ibíd., § 5, págs. 59-60.
4. Ibíd., § 6, pág. 71.
5. Pascal, *Pensamientos*, n.° 201, Madrid, Alianza, 2004.
6. Ibíd., n.° 203.
7. Ibíd., n.° 252.
8. Ibíd., n.° 978.
9. Ibíd., n.° 530.
10. Ibíd., n.° 44.
11. B. Spinoza, *Ética* IV, props. XX y XXI, Madrid, Alianza, 2007, págs. 309-310.
12. B. Spinoza, *Tratado político*, § 2, 10. Madrid, Alianza, 2013, pág. 90.
13. G. Leibniz, *Discurso de metafísica*, § 30, Madrid, Altaya, 1994, pág. 93.

7. Luces y sombras de la razón ilustrada

1. D'Alembert, *Ensayos sobre los elementos de la filosofía*, citado por Ernst Cassirer, *Filosofía de la Ilustración,* México, Fondo de Cultura Económica, 1993, pág. 18.
2. Marqués de Sade, *Justine o los infortunios de la virtud*, Wikisource, 32.
3. Voltaire, Épître à Uranie, citado por P. Hazard, *El pensamiento europeo en el siglo XVIII*, Madrid, Alianza Universidad, 1998, pág. 53.
4. D'Holbach, *El cristianismo al descubierto*, Pamplona, Laetoli, 2008, pág. 81.
5. Maupertius, *Ensayo sobre filosofía moral*, 1749. Citado por P. Hazard, *op. cit.*, págs. 31-32.
6. «Discurso sobre las ciencias y las artes», en Biblioteca de Grandes Pensadores, *Rousseau*, Madrid, Gredos, pág. 12.
7. Ibíd., pág. 14.
8. Ibíd., pág. 15.
9. Ibíd., pág. 15.
10. Ibíd., pág. 22.
11. Ibíd., pág. 23.
12. «Il faut prendre parti», *Oeuvres complètes de Voltaire,* vol. 25, 1819, pág. 164. Citado por C. Ginzburg, *El hilo y las huellas*, México, Fondo de Cultura Económica, 2010, pág. 193.
13. Marqués de Sade, *Histoire de Juliette*, en *Oeuvres Complètes,* París, Cercle du Livre Precieux, 1962, págs. 500-501.
14. «¿Qué es la Ilustración?», en *Filosofía de la historia*, Buenos Aires, Nova, 1964, pág. 58.

8. La triple crítica de Kant

1. I. Kant, prólogo a la segunda edición de la *Crítica de la razón pura*, B XIII, Alfaguara, Madrid, 2002, pág. 18.

2. Ibíd., B XVI-XVII, pág. 20

3. I. Kant, *Crítica de la razón práctica,* Ak. V, 86, Madrid, Alianza, 2000, pág. 182.

4. I. Kant, *Crítica del juicio*, § 7, Madrid, Austral, 2013, pág. 138.

5. Ibíd., § 28, pág. 196.

6. Ibíd., § 28, pág. 199.

9. Hegel y Marx: la máquina de la verdad

1. G. W. Hegel, *Lecciones sobre la filosofía de la historia universal*, «La idea de la historia y su realización», citado por R. S. Ferlosio, *Ensayos y artículos*, vol. II, Madrid, Destino, 1992, pág. 415.

2. K. Marx, *La ideología alemana*, Barcelona, Grijalbo, 1974, pág. 26.

3. K. Marx, *Manuscritos: economía y filosofía*, I, 23, Madrid, Alianza, 1995, pág. 107.

4. F. Engels, *La situación de la clase obrera en Inglaterra*, Buenos Aires, Editorial Futuro, 1965, pág. 46.

5. K. Marx, *El capital*, Madrid, Siglo XXI, 2010, pág. 89.

6. Ibíd., pág. 89.

10. El profeta que abrazaba los caballos

1. F. Nietzsche, *Sobre la utilidad y los perjuicios de la historia para la vida*, § 1, Madrid, Edaf, 2000, págs. 35-36.

2. F. Nietzsche, *Sobre verdad y mentira en sentido extramoral*, § 1, Madrid, Tecnos, 2008, pág. 17.

3. Ibíd., § 1, pág. 25.

4. F. Nietzsche, *Crepúsculo de los ídolos*, «El problema de Sócrates», § 5, Madrid, Alianza, 2010, pág. 46.

5. Ibíd., § 11, pág. 49.

6. F. Nietzsche, *La gaya ciencia,* § 125, Barcelona, Olañeta, 1984, pág. 114.

7. F. Nietzsche, *Así habló Zaratustra*, prólogo, § 3, Madrid, Alianza, 2009, pág. 36.